문화예술 중심 놀이 활동

방과후 프로그램

Culture and Art after-school Program

CULTURE AND ART AFTER-SCHOOL PROGRAM

문화예술 중심 놀이 활동

방과후 프로그램

박수연 · 김현오 · 표은진 공저

동 문 사

현대사회는 경제발전과 더불어 다양한 가족형태가 형성되면서 아동의 양육과 보호의 책임을 가정에서 수행하기에는 어려움이 커졌다. 이에 사회적 측면에서 정부가 방과후 아동들의 보호와 교육에 관심을 갖게 되었다.

방과후 아동지도는 학교 수업이 끝나고 집에 돌아가도 돌보아 줄 성인이 없는 학령기 아동을 안전하게 돌보아 주어야 할 필요에서 출발하였다. 이후 점차 국가적인 우려인 저출산 문제나 과다한 사교육비 지출 문제를 해결하기 위한 사회적 선결 과제의 하나로 자리매김하기도 하였으며, 국가의 경쟁력 있는 미래 인재 양성 과제와 연결되면서 방과후 아동지도의 필요성과 중요성은 더욱 증가되었다.

방과후 지도의 대상인 아동은 스스로를 보호하기 어려우므로 책임 있는 성인의 도움을 필요로 한다. 방과후 아동을 안전하게 보호한다는 것은 그저 아동이 아무런 사고 없이 시간을 무의미하게 보내는 것을 의미하는 것은 아니다. 그러므로 방과후 아동지도는 아동을 위험한 환경으로부터 안전하게 보호하고 건강하게 자랄 수 있도록 배려하며 계획된 프로그램을 통해 아동이 건전하게 성장할 수 있도록 도와주는 것이어야 한다. 과거 우리 사회는 '건강한 신체'만 있으면 일을 하고 살아가는 데 별다른 문제가 없었으며, 그 이후에는 '유능한 두뇌'가 인정받았다. 하지만 오늘날은 인공지능 시대를 살아가므로 인간만이 가진 '따뜻한 가슴'이 필요한 시대를 살아가야 하기 때문에 이러한 측면에서 이 책은 그 의의가 크다고 할 것이다.

어린 시절부터 경험한 문화예술은 성인이 되었을 때 문화향유 정도와 문화의식 수준에도 영향을 미친다. 이는 개인의 삶의 질 향상과 사회적인 문화역량을 강화시킨다. 이러한 측면에서 방과후 문화예술 중심의 교육은 아동들이 삶 속에서 문화예술을 경험하고 이를 통해서 또래와 타인에 대한 다양한 이해와 더불어 창의적인 자아표현과 통합적 사고를 배양할 수 있도록 도와준다. 그리하여 이 책의 집필 방향은 방과후 교사들에게 필요한 이론뿐만 아니라 현장에서 요구되는 실제를 문화예술교육 프로그램을 중심으로 편찬하여 실제 수업에 적용하는 데 실질적인 도움이 되도록 하였다.

들어가는 말

이 책은 2부로 구성되어 있으며, 제1부는 방과후 아동지도를 위한 전반적인 이론으로 구성하였는데, 특히 제5장에서는 방과후 아동지도 프로그램의 문화예술적 접근을 구체적으로 제시하였다. 제2부는 문화예술 프로그램의 실제 12편에 대하여 누구라도 즉시 실행이 가능하도록 구체적인 계획안으로 구성하였다. 12편으로 정한 이유는 1년을 기준으로 정하여 다양한 문화예술이 가능하도록 하였기 때문이다. 특히 뮤지컬, 영화, 명화, 음악 등 다양한 장르를 통해 학습적 접근이 아닌 문화적 경험을 할 수 있도록 구성한 것은 매우 바람직한 문화예술 접근을 가능케 한 것이다.

마지막으로 이 책이 나오기까지 아낌없이 정성을 다해주신 도서출판 동문사 가족 여러분께 깊은 감사의 뜻을 전한다.

팔공산 자락에서

저자 일동

CONTENTS

차 례

01
PART

이론적 접근

CHAPTER 01

방과후 아동지도 프로그램

1. 방과후 아동지도 프로그램의 필요성

현대사회는 산업의 발전에 따라서 가족원의 형태와 그에 따른 구성이 변화되어 왔다. 1970년대 이후 우리나라의 급격한 경제발전은 산업구조뿐만 아니라 사회와 가족제도에 많은 영향을 미쳤으며, 산업구조의 변화는 여성의 사회진출을 유도하였고, 맞벌이 가정과 핵가족 등의 가족구조와 기능이 바뀌어 왔다. 이러한 가족구조와 기능의 변화는 자기보호 능력이 발달되지 못한 아동들이 장시간 부모 혹은 성인들의 지도 없이 방치되어 각종 안전사고와 방임, 성폭행 등의 사회적 문제의 증가로 이어지게 되었다. 이러한 상황은 맞벌이 부모들의 불안감이 증대되며 부모의 안정된 직장생활을 저해하는 요인이 되므로 방과후 아동지도와 보호에 대한 중요성이 부각되었다. 또한 방과후에 아동이 성인의 보호 없이 혼자 남겨져서 가스나 전기 등을 잘 다루지 못해 각종 안전사고의 위험에 노출되고 유해한 환경에 흡수될 가능성이 크며, 지나친 자기보호 의식으로 인해 긴장상태에 있게 된다. 그로 인해 아동은 필요 이상의 불안감과 타인에 대한 경계로 인해 사회에 대한 불신감마저 생겨 결국 청소년의 비행으로 이어지고 만다는 연구도 있다. 이를 반영하여 1970년대 저소득층 아동을 대상으로 시작된 공부방이 우리나라 방과후 아동지도의 출발이며, 1995년 세계추진위원회의 여성발전 10대 과제로 채택된 후, 영유아보육법의 보육대상에 초등학생이 포함됨으로써 방과후 아동지도는 제도화 되었다. 방과후 아동지도 프로그램은 저소득층 부모들에게는 방과후 아동을 안전하게 보호할 수 있어서 안심하고 경제 활동을 하거나 일이 없었던 경우 새롭게 직장을 구해 일을 할 수 있으므로 가계에 보탬이 된다. 중상류층 여성들도 방과후 자녀를 안전하게 보호할 수 있다면 더욱 더 자원봉사활동, 여가활동을 영위함으로써 풍요로운 삶을 영위할 수 있을 뿐 아니라 자녀와의 긴장관계를 해소할 수 있는 기회를 가질 수 있다. 즉, 모든 아동이 건전하게 성장 발달하며 가정이 안정될 수 있게 지원하기 위해 필요하다. 더불어 아동 권리의 복지권, 아동권리의 교육권, 아동의 전인적 발달과 안전한 보호권을 보장하기 위한 방과후 교육의 필요성이 제기된다.

첫째, 아동 권리의 복지권은 방과후 아동지도는 제도적 개념으로서 아동복지적 측면에서 전체 아동을 대상으로 하는 신체적, 지적, 정서적 발달을 안전하며 행복할 수 있도록 위험을 지키며 보호하기 위한 공사의 제 기관에서 실시하는 사회적, 경제적, 보건적인 제반 활동이다(한국교육개발원, 2007). 이는 헌법 제34조에는 '모든 인간은 인간다운 생활을 할 권리를 갖는다'라고 명시되어 있는 바, 아동에게도 당연한 권리인 것이다. 또한 1979년 '세계 아동의 해'가 정해진 후 1989년 유엔 총회에서는 보다 더 구속력을 가지고 아동의 권리를 보장해 주도록 하기 위해 '아동의 권리에 관한 국제 협약'을 통과시켰고 1990년 9월부터는 국제법으로서 효력이 발생하게 되었다.

둘째, 아동 권리의 교육권은 방과후 아동지도는 아동의 교육 및 지도에 책임지는 자는 아동의 최선이익을 그 지도원칙으로 삼아야 한다고 하였고 1989년 국제연합 총회의 아동 권리 국제협약에는 아동의 교육에 대한 권리를 보장할 당사국의 의무에 대하여 규정하고 있다(한국여성개발원, 1996). 이는 부모를 포함한 지방자치단체와 국가는 아동의 성장 및 발달을 위해 안전하게 보호하며 지도할 의무를 지니고 있으며 아동의 교육권은 헌법에 보장되어 있는 바와 같이 시민권적 기본권이며 방과후 아동지도 역시 교육받을 권리를 실현하는 것이다.

셋째, 아동의 전인적 발달과 안전한 보호권은 방과후 아동지도가 아동의 전인적 발달과 안전한 보호를 통하여 행복한 삶을 보장하기 위해 필요하다. 전인적 발달의 도모는 사회성발달과 공동체 의식의 함양, 보충학습 및 개별지도, 신체발달, 올바른 생활습관 형성을 위해서 필요하다.

이와 같이 방과후 아동지도 프로그램은 학교 내외의 인적·물적 자원 활용을 극대화하고 지역사회 교육문화센터로서의 기능을 확대함으로써 학부모의 과다한 사교육비를 해소하고 학생의 소질과 적성계발 및 보충·심화교육의 기회를 제공하여 바른 인성을 정착시키며, 더불어 아동들에게 학습적인 측면과 더불어 발달적 측면에서도 장점이 있다. Freud는 학령기 아동의 시기는 잠복기로서 성적 충동이 잠복 상태에 억압되어 있어 학업, 놀이, 운동 등으로 전환되어 사용된다고 보았고, Erikson은 근면성 대 열등감의 시기로 아동들은 학업과 운동에 열중하고 타인과의 협력하고 자신이 잘하는 일을 하면서 자부심을 느끼고 근면성을 발달시키며, 그렇지 못하는 아동은 열등감을 갖게 하는 데 그 목적이 있다.

2. 방과후 아동지도 프로그램의 개념

1) 방과후 아동지도 프로그램의 개념

방과후 아동지도 프로그램은 2006년부터 교육부가 사교육비 절감을 위하여 전면 도입하기 시작한 방과후 학교의 교육과정 운영시간표에 따라 이루어지는 교과 활동, 창의적 체험 활동 등 정규교육 활동 시간이 종료된 이후에 이루어지는 모든 교육 활동을 총칭하는 것으로 초등학교에서는 1995년부터 실시한 특기적성 교육 프로그램과 방과후 교실 프로그램을 통합한 개념이다(서울시교육청, 2006).

방과후 프로그램은 모든 학령기 아동을 위해 초등학교의 정규교육과정과는 별도로 학교가 문을 닫은 시간동안 학교나 지역사회기관이 프로그램을 비영리로 운영하는 것으로, 방과후 탁아 프로그램, 방과후 교육, 상설 특별 활동, 공부방 활동, 과외 활동(extracurricular activities), 협력교육과정 활동(co-curricular activities) 등의 용어를 모두 포괄할 수 있다(김선미·김경자, 1998). 한국여성개발원(1994)은 방과후 아동지도를 "아동의 방과후 보호와 교육을 위해 학교의 교육적 목적 및 가정의 자녀보호, 교육의 기능을 보완, 지원, 확장함으로써 학교와 가족과 아동을 효율적으로 연결시키는 역할을 한다"고 보았다. 즉, 방과후 아동지도 프로그램은 초등학교 방과후에 어른의 보호 없이 방임 및 유해환경에 노출되고 있는 아동의 안전한 보호와 전인적 성장·발달을 도모하기 위한 예방적 프로그램이다.

일본과 미국의 저소득층의 학령기 아동을 위한 방과후 프로그램은 다양한 특별 활동을 통해 아동들에게 교육경험의 기회를 넓혀주는 활동들이 주요 활동 내용이 되고 있어서 그림지도, 노래지도, 독서지도와 견학 등의 사회적 적응을 돕는 내용의 특별 활동이 방과후 활동에 포함되고 있다.

따라서 다양한 형태로 정의되어지는 방과후 아동지도 프로그램은 초등학교 6~12세 아동을 방과후에 아동을 보육하고 보호함으로서 학교와 가정의 기능을 보완, 지원, 확장하여 학교와 가정과 아동을 효율적으로 연결시키는 것이라고 볼 수 있다.

3. 방과후 아동지도 프로그램의 기능

방과후 아동지도는 가르침, 돌봄, 채움, 보탬, 살림, 만듦 등 기능을 가진 활동을 수행하며 일차적으로는 학교교육의 보완적인 기능보다는 가정의 자녀양육에 대한 보조적인 기능을 한다. 방과후 아동지도 프로그램의 기능은 크게 복지적 기능, 교육적 기능, 경제적 기능으로 나누어 설명하고 있다.

1) 복지적 기능

방과후 아동지도의 복지적 기능은 아동을 안전하게 보호(보호자가 있으나 근로 또는 기타 질병등과 같은 상황으로 아동을 직접 보호하기 힘든 상황)함으로써 부모가 안심하고 경제생활을 하게 하는 것이다. 복지적 기능으로 방과후 아동에 대한 지도는 지역주민의 소득수준을 높이고, 지역의 생활수준을 향상시키는 데 도움이 되는 것으로 아동복지기능, 가족복지기능, 지역사회기능으로 구분할 수 있다.

표 1-1 복지적 기능

구분	기능구분	세부내용
복지적 기능	아동복지 기능	• 아동이 방과후에도 여가시간을 즐겁고 안전하게 보낼 권리(아동권리에 관한 국제협약)을 지원하는 기능 • 아동이 학교에 제대로 적응하기 어려웠거나 어려움을 가지고 있는 경우 방과후 아동지도 기관의 자율적이고 소집단 중심의 상호작용을 통하여 심리적 위축과 불안정을 극복하고 자신감을 가진 아동으로 성장하도록 도움
	가족복지 기능	• 양질의 방과후 아동지도는 아동의 성장과 발달에 도움이 될 뿐 아니라 가족으로 하여금 직업을 가지거나 공부 또는 다른 가족을 돌보고 지역사회 활동에 참여할 수 있도록 도와주고 여성평등성을 향상시키는 데도 기여 • 맞벌이 가정이나 한부모 가정의 자녀들에게 방과후 아동지도를 제공하여 가족과 부모의 복지에 기여
	지역사회 기능	• 아동이 사회에서 위험한 상황에 처하거나 위험스런 존재가 되는 것을 예방 • 아동과 관련한 이슈를 중심으로 지역사회가 협동, 단결하는 장으로서의 역할을 함으로써 지역사회복지에 기여하는 역할

2) 교육적 기능

방과후 아동지도의 교육적 기능은 학교 내에서 받지 못한 정서적, 신체적, 사회적 발달의 균형을 꾀할 수 있도록 다양한 프로그램을 운영함으로써 학교 교육의 보완적인 역할을 담당하는 것이다. 스스로 숙제를 챙기거나 학습 준비물을 챙기는데 서투른 아동을 지도하고, 올바른 생활습관을 형성하도록 도와주는 것은 아동이 사회에 적응하고 독립심을 키우는 데 중요한 역할을 한다. 또한 방과후 공부방 프로그램에도 이것이 적용된다. 견학 프로그램의 경우 직접 우체국, 은행, 파출소, 동사무소 등을 견학하면서 수동적이 아닌 능동적인 교육을 제공할 수 있는 것으로 학교교육 보완기능, 가정교육 보완기능, 평생교육의 기능으로 구분된다.

표 1-2 교육적 기능

구분	기능구분	세부내용
교육적 기능	학교교육 보완기능	• 학교 안밖을 무대로 체험 활동을 하거나 정서적, 사회적 발달을 도모하는 것에 중점을 둔 방과후 프로그램을 통해 학교교육의 보완적 역할
	가정교육 보완기능	• 부모나 학교교사 이외의 다른 성인들과의 상호작용을 통해 다양한 사회적 기술을 익힐 수 있는 기회를 가짐 • 지역사회의 여러 교육 기관들과 더불어 방과후 활동을 통해서 가정에서 이루어지기 어려운 가정교육을 보완
	평생교육의 기능	• 기관을 이용하는 아동뿐 아니라 방과후 보육에 참석하는 성인의 관점에서도 평생 교육적 기능

3) 경제적 기능

방과후 아동지도의 경제적 기능은 표 1-3과 같다.

표 1-3 경제적 기능

구분	세부내용
경제적 기능	• 자녀양육으로 경제 활동을 할 수 없었던 여성들로 하여금 취업하여 일을 하거나 사회참여 활동을 하므로 개인의 경제와 지역사회 발전의 기반이 됨 • 학령기 자녀를 둔 취업자들이 자녀가 방과후에도 안전하게 보살핌을 받으며 유익한 여러 가지 활동에 참여하고 있다는 확신을 가지도록 하여 경제 활동에 안심하고 몰두함으로써 생산성이나 직업만족감을 높이는 데 기여 • 새로운 일자리를 창출하고 관련 산업이 활동화되는 경제적 효과 • 청소년 범죄 관련 국가재정을 감소시키는 기능

4. 방과후 아동지도의 유형

방과후 아동지도의 유형은 장소, 프로그램의 내용, 시간, 성인의 지도하에 있는지 또는 그렇지 않은지에 따라 표 1-4와 같이 성인직접지도, 간접지도, 지도부재에 따른 유형이다.

표 1-4 방과후 아동지도의 유형

	일부시간(기간)		전체시간
	특별 활동 중심	학습 지도 중심	보육 활동 중심
성인 직접 지도	• 단기레저 프로그램 • 클럽 활동 • 단체 활동 • 방과후 활동(특기재능교육) • 계절캠프 • 예체능학원	• 보습학원 • 청소년공부방	• 공부방 • 초등학교 • 보육시설 • 복지관 • 가정(친인척 보호)
간접지도	안전확인(VCheck-in) 프로그램		
지도부재	•Help-line •Self-care		

1) 성인직접지도

성인직접지도 프로그램은 특별 활동 중심, 학습지도 중심, 보육 활동 중심 프로그램으로 구분하여 일부시간 또는 기간과 전체시간에 따른 유형이다.

(1) 특별 활동 중심

특별 활동 중심 프로그램 유형은 일정시간 또는 기간 동안 성인이 직접 아동을 지도하는 방법으로 단기 레저 프로그램, 클럽 활동, 단체 활동, 방과후 활동, 계절캠프, 예체능계 학원 등이 이에 속한다. 이 프로그램은 주로 주간모임, 월간모임 혹은 계절모임으로 진행되고 있어서 아동과 부모에게 필요한 시간동안 아동을 보호, 지도할 수 없는 것이 단점이지만 학교나 가정에서 제공하기 어려운 활동이라는 점에서 아동에게 유익한 경험을 제공할 수 있으며, 아동 자신과 비슷한 취미나 관심을 가지고 있는 또래 집단이나 성인과의 상호 작용을 통해 아동의 사회성발달을 도모할 수 있다. 따라서 이들 프로그램은 보다 발전시켜 나가야 하며 아울러 전문적인 방과후 시설과의 연계 활동을 모색함으로써 상호 보완적 관계를 형성해 나갈 필요가 있다.

(2) 학습지도 중심

학습지도 중심형은 일정 시간이나 기간동안 성인이 직접 지도하는 프로그램으로 보습학원과 청소년 공부방이 있다.

보습학원은 우리나라에서는 매우 보편적인 방과후 아동지도의 한 형태이기는 하지만 학교 교육의 연장선상에서 이루어지고 있는 것이 현실이어서 아동의 자발성보다는 강제성을 띠고 있다는 문제점을 지니고 있다. 청소년 공부방은 지역사회의 공간을 이용하여(동사무소, 체육관, 회관 등) 아동과 청소년들이 자신이 이용 가능한 시간 아무 때나 와서 자율적으로 공부할 수 있는 곳이다. 특히 도서관 등의 아동 및 청소년들이 이용할 수 있는 공간이 상대적으로 적은 빈곤 지역의 경우에는 이러한 공공기관의 배려가 매우 의미 있는 일이다. 그러나 회원제가 아니어서 자신이 오고 싶을 때는 오고, 오고 싶지 않을 때는 오지 않아도 된다. 이는 아동과 청소년들에게 자율성과 책임성을 길러 줄 수 있는 반면 지속적인 보호와 지도를 할 수 없다는 것이 한계이다.

(3) 보육 활동 중심

보육 활동 중심 방과후 프로그램은 방과후 아동지도를 직접적이고 지속적으로 할 수 있는 프로그램으로 공부방, 초등학교, 보육시설(어린이집, 가정보육시설), 복지관, 가정(친인척보호)에서 운영되고 있다. 이는 방과후 아동지도의 제도화 이전부터 영세지역을 중심으로 운영되는 자연발생적 민간 방과후 아동지도 시설이다. 각 지역협의회를 중심으로 프로그램을 조정하고 연계하고 있으며 소규모 운영으로 지역 주민의 요구에 따라 다양한 변화를 꾀할 수 있는 것으로 활동 내용에 따라 학습 활동 중심형, 보육 활동 중심형, 특별 활동 중심형으로 유형화할 수 있다.

① 학습 활동 중심형

학습 활동 중심형은 방과후에 아동에게 학습지도를 중심으로 지도하는 방법으로 아동이 주로 학습지를 풀거나 교과서를 중심으로 예습과 복습을 한다. 대부분의 아동이 보습학원이나 속셈학원을 통해 학습지도를 받고 있으며, 저소득층의 아동을 대상으로 하는 공부방에서도 학습지도를 중심으로 프로그램을 운영하는 경우가 많이 있다. 이는 우리 나라의 입시현실과 맞물려 있는 것으로 학부모의 요구가 자녀의 학습향상이라는 것에 많은 비중을 두고 있기 때문에 어느 정도 불가피한 것으로 보인다. 아동은 이미 학교에서도 많은 시간을 학습하는 데에 보내고 있어서 자칫 아동에게 오히려 학습에 대한 저항감을 불러 올 수 있다는 우려가 많다. 그러나 학습 성취도가 낮은 아동의 경우 학습부진이 즐거운 학교생활을 할 수 없게 만드는 요인이 될 수도 있으므로 이런 아동에게는 학교에서 진행되는 학습 내용을 이해할 수 있을 정도의 학습 지도는 필요하다. 다만 아동이 스스로 학습에 대한 욕구를 불러 일으킬 수 있는 적절한 지도방법이 뒤따라야 한다.

② 보육 활동 중심형

보육 활동 중심형은 아동이 학교를 마친 시간부터 부모가 귀가하는 시간까지 한 장소에서 다른 장소로 이동하지 않고 보호를 받는 것으로 아동과 학부모에게 안정적인 서비스를 제공할 수 있다. 이는 아동과 부모의 요구가 다양해서 모두 충족시키기가 어려운 단점이 있다. 즉, 숙제지도, 학습지도, 특별 활동 등 다양한 프로그램을 제공해 주어야 하는데 한 교사가 다양한 활동을 제공하기가 쉽지 않다. 이를 보완하기 위해 외부강사를 통해 특별 활동 프로그램을 제공할 수도 있으나 비용이 발생한다. 그리고 보육 활동 중심형에서는 아동이 한 공간에서 장시간 있게 되므로 아동에게 지루함이나 피곤함을 느끼지 않도록 가정적인 분위기가 필수적이며 프로그램을 융통성 있게 운영해야 한다.

③ 특별 활동 중심형

아동의 전인적 발달에 대한 중요성을 인식하고 아동에게 예술 활동, 문화 활동, 신체 활동 등 학습 이외의 활동을 제공하려는 노력이 많아졌다. 이에 각종 예체능 학원이나 초등학교에서 방과후 이루어지고 있는 특기 재능교육, 사회체육시설에서 운영하는 레저 프로그램 등이 특별 활동 중심이며 참가 아동이 증가하고 있는 추세이다. 그러나 저소득층 가정의 아동은 학습을 위해 따로 학원을 보내기 어려우며, 대부분의 부모님들은 학습지도를 우선시 하는 경향이 있으므로 후순위가 될 수 있다. 또한 일반적인 아동들도 미술, 발레, 피아노 등 예체능 학원이나 특기재능교육을 위해 학습 활동을 병행하고 있는 경우가 많으므로 아동은 학교를 마치고 학습을 하고 난 후에 학원이나 기관을 통해 특별 활동을 하게 되므로 옮겨다니는 피곤함을 가져올 수 있는 단점이 있다.

2) 간접지도

방과후 아동의 간접지도 유형은 안전 확인(Check-in) 프로그램을 들 수 있다. 이는 원거리에서 부모가 이웃의 성인을 통하여 아동의 안전과 행방을 확인하고 감독하는 프로그램으로 아동이 집으로 돌아온 후 이웃이나 지역사회의 성인이 이를 확인하고 아동은 자신의 행방을 이들에게 알리는 방법이다. 때때로 전화를 통해 이루어질 수 있으므로 아동이 일정 정도의 준비가 되어 있어야 가능하며 부모와 이웃 또는 지역사회 성인과 적절한 의사소통이 이루어져야 유용하다. 현재 우리나라에서는 실제로 이웃 간에 많이 사용되는 방법이기는 하지만 이를 위한 조직적 체계는 마련되어 있지 않으므로 프로그램이라고 하기는 무리가 있다. 그러나 주민들 간의 협조와 지역사회의 아동에 대한 관심이 높아져가고 있으므로 활용 가능성은 있다. 안전 확인 프로그램은 아동에 대한 세심한 보살핌이 부족하기 때문에 초등학교 저학년에게는 적절치 않으며, 초등학교 고학년이나 청소년들에게 적당한 방법이다.

3) 지도부재

(1) Self-care

자기보호는 부모가 일하는 동안 방과후에 아동이 혼자 지내거나 형제자매와 함께 지내는 경우로 부모의 감독에서 전적으로 벗어나 있기도 하고 부모가 정해 놓은 규칙에 따라 멀리서 지도 받고 감독되기도 한다. 그러나 혼자서 식사를 할 수 있어야 하며 낯선 사람이 찾아왔을 때 처신하는 방법, 숙제를 할 수 있는 자율성 등을 훈련받아야 한다. 또한 아동의 성격적 특성이 이에 적합해야 하는데,

혼자 있는 것에 대해 두려워하거나 소외감을 느끼는 아동은 이러한 프로그램이 부적합한 것으로 볼 수 있다. 이 유형은 아동이 독립심, 자존감, 책임감을 증진시킬 수 있는 반면 소외감과 공포감을 느끼기 쉽고 비행에 가담하거나 영양결핍, 학업결손, 사고와 학대의 위험으로부터 보호되기 어려운 단점이 있으므로 부모가 귀가 후에 적절한 의사소통을 통해 아동의 상태를 항상 체크하는 것이 중요하다. 부모의 이러한 세심한 배려와 적절한 의사소통이 없으면 아동은 자칫 방치되기 쉬우므로 방과후 아동지도의 본래적 의미와는 다소 거리가 있기 때문에 진정한 의미에서 방과후 아동지도의 한 형태로 보기 어렵다.

(2) Help-line

전화협조선 유형은 저비용 프로그램이라는 점에서 경제적인 효율성은 높으나 아동을 직접 관리할 수 없으며 한 아동에 대한 지속적인 관심과 책임감이 없다. 또한 아동이 먼저 접촉을 시도해야만 하기 때문에 상담문화가 정착되어 있어야 한다. 특히 저소득층 아동이나 소극적이고 수줍음이 많은 아동에게는 적당하지 않다.

전화협조선 유형은 아동에게 도움이 필요할 때 도움을 제공해 주는 방법으로 지역사회의 인식, 운영비의 모금, 상담원의 가용성에 따라 다양하게 운영되는 것으로 아동의 문제에 대한 관심과 이해가 지역사회 차원에서 환기되고 기금마련과 인적자원을 구성할 수 있어야 한다.

02 CHAPTER 방과후 아동지도 활동

방과후 아동지도 활동은 가정의 안락함과 개인의 자유와 취미를 최대한 반영한 자유로운 분위기가 조성되는 것이 우선시되어야 하며, 성인의 보호가 부족한 경우 아동에게 가정에서 느껴야 하는 안락함을 제공하고, 아동의 자질을 계발할 수 있는 교육의 장을 마련해 주는 정서적 기능과 교육의 기능을 함께해야 할 것이다. 이를 아동상담에서 아동 부적응 행동과 방과후 아동의 상담, 생활지도, 의사소통 및 인간관계로 접근하고자 한다.

I. 생활지도

생활지도란 Guidance의 Guide에서 유래한 것으로 '인도하다', '지도하다', '조언하다'의 뜻이다. 미국의 초 · 중 · 고에서 대부분 사용되며 전문학교나 대학에서도 학생지도의 의미로 사용된다. 방과후 아동은 대부분 학령기로 발달특징에 따라 생활지도를 해야 할 것이다. 따라서 신체 · 운동발달, 언어발달, 정서발달, 사회성발달에 따른 생활지도방법을 제시하고자 한다.

1. 신체 · 운동발달에 의한 지도방법

1) 신체발달

이 시기 신체발달은 상당한 성장과 성숙이 일어나지만 영유아기나 청년기에 비해서 느리다. 신체의 비율은 성인과 거의 비슷하지만 팔 다리의 성장과 더불어 유아기 지방이 빠져 날씬해 보이므로 신체발달에 대한 생활지도는 충분한 영양과 규칙적인 생활을 하도록 지도해야 한다.

2) 운동발달

이 시기 아동은 가만히 앉아 있는 것을 피곤해 한다. 그러나 달리기나 뛰기, 자전거타기를 자신의 신체를 더욱 잘 통제할 수 있으며 더 오랫동안 앉아 있을 수 있고 주의를 기울일 수 있는 능력을 지니고 있으므로 정적 활동과 동적 활동을 적절히 균형을 이루도록 지도해야 한다. 특히 과거 여아에 비해 남아가 운동능력이 우세한 것으로 성차를 나타낸 것은 사회적인 기대나 운동에 참여하는 기회의 차이에 기인한 것(http://blog.daum.net/7343765)으로 보고 성차없이 운동에 참여하는 기회를 많이 제공해야 할 것이다.

2. 언어발달에 의한 지도방법

이 시기 언어발달에 따른 지도방법은 몇 가지 복잡한 문법적 구조에 혼동은 있지만 농담, 수수께끼, 언어유희와 같은 언어적 놀이를 할 수 있고, 9~10세 경에는 언어에 대하여 사고하고 토의할 수 있는 수준에 이른다. 이 시기에 부모나 교사는 아동의 흥미를 이용하여 최대한 계속 새로운 언어 능력 수준으로 발달할 수 있도록 도와 주고, 저학년 시기에는 농담이나 수수께끼와 같은 놀이 중심의 언어 능력발달학습이 효과적이고, 읽기·쓰기가 발달함에 따라 제2 외국어의 지도도 가능하다.

3. 인지발달에 의한 지도방법

이 시기는 구체적 조작기로 가역적 사고(reversibility)와 탈중심화(decentration)에 대한 인지발달이 발달하는 시기이다.

1) 가역성

가역성은 7~12세 아동이 자신의 사고나 행동에 대하여 객관적 관점에서 되돌아 볼 수 있으며 동시에 타인의 사고나 감정을 이해하고 예측할 수 있는 상호적 조망수준에는 미치지 못하지만 보존개념, 서열화, 유목화에 대하여 이 시기 획득해야 하는 발달과업이다.

2) 탈중심화

자기중심성을 벗어나 다른 특성 또는 전체로 신축성 있게 사물을 지각하고 자기 자신의 시각에서 타인의 시각으로 옮겨서 지각할 수 있는 능력을 말한다. 탈중심화는 정신적 조망의 회전 능력으로 다른 사람의 위치에서 공간적 시각을 추론할 수 있는 '공간조망'과 어떤 사태에서 타인의 감정을 추론해서 이해하는 '감정조망', 타인의 사고과정이나 행동의 원인을 추론하고 이해하는 '인지조망' 능력이 발달하는 것이다.

3) 인지양식

(1) 사려성과 충동성

IQ가 같고 같은 언어능력을 갖고 있는 아동도 문제가 주어졌을 때 다른 양식으로 반응한다. 이는 사려적인 아동은 체계적이고 효과적인 방법으로 사물의 특성을 탐색하고, 충동적인 아동은 체계적으로 탐색하지 않고 문제가 제시되는 즉시 반응하려는 성향이 있기 때문이다. 이러한 충동성과 사려성의 차이를 일으키는 원인은 정보처리 과정의 차이에서 비롯된다.

(2) 장의존성과 장독립성

장의존성은 장의 영향을 많이 받기 때문에 외적 단서에 의해 판단을 하는 인지양식이고, 장독립성은 장(field)의 영향을 받지 않거나 비교적 적게 받고 내적 단서에 의해 판단을 하는 인지양식이다. 연령이 증가함에 따라 장독립성이 발달하며, 장의존성과 장독립성은 부분적으로 유전에 기인하지만, 부모의 양육태도가 영향을 크게 미친다.

이 시기 부모의 권위를 덜 강조하는 환경에서 자란 아동은 장독립성이 높고, 권위가 강조되거나 일방적인 애정 표현 및 일관성 없는 환경에서 자란 아동은 장의존성이 높다.

4) 지능발달

지능발달은 출생~4세까지 50%, 4~8세까지 30%, 8~13세까지 12%, 13~17세까지 나머지가 약간씩 발달하는 것으로 10세 이후에는 상당히 안정성을 갖게 된다.

이와 같이 방과후 지도 시기에 지능은 약 92%가 발달하므로 다양한 경험과 놀이 등의 활동을 제공하여 지능발달이 이루어지도록 해야 할 것이다.

5) 창의력발달

창의력은 일상생활에서 당면하고 있는 여러 가지 문제 사태를 새롭고, 독특하고, 가치있는 방법으로 해결하려는 고차적인 정신 능력을 말하는데, 지능과 달리 성격적 · 동기적 특성이 포함되어 있다. 창의력이 높은 아동은 독립심이 강하고 폭넓은 개방성을 가진다.

4. 정서발달

이 시기 정서특징은 공포감, 분노, 불안감이다.

1) 공포감

이 시기 공포나 불안 및 기타 고통스러운 감정이 악몽이나 수면장애로 표출되며, 보통 피암시성이 강하고 정서적으로 미성숙한 아동은 몽유병적 경향을 보이기도 한다. 또한 학교생활에 대한 공포와 집을 떠나는 것에 대한 염려 때문에 발생하는데, 이는 부모의 과잉보호로 아동의 의존적, 절대적 욕구가 부모와의 격리를 두려워하기 때문이다. 그리고 8~10세에 경련을 많이 볼 수 있는데, 이는 심리적 긴장에 의한 증상으로 목적이 없는 반복적이고 자동적인 운동반응이다. 이는 엄격한 부모 밑에서 긴장을 느끼는 아동에게서 발생하는 것이다.

2) 분노

공포보다 훨씬 자주 일어나며 언어적 공격을 많이 사용한다. 욕망 좌절시, 진행 행동의 방해시, 놀림을 받았을 때, 비교당할 때, 자기의 실수나 어리석음을 알았을 때, 무시당할 때 분노를 표출한다.

3) 불안감

미래의 위험을 예상할 때 생기는 약한 공포반응으로 이 시기 지적발달, 특히 상상력발달과 생활권 확대에 따라 불안을 경험한다. 아동기 불안은 부모의 과잉기대, 가정 생활과 학교생활의 부조화, 교사의 전체적 지도에 대한 공포 등에 영향을 받는다.

5. 사회성발달을 위한 지도방법

방과후 교실에서 아동에게 적절한 사회성발달을 지도하기 위해 사용할 수 있는 지도방법에는 언어적인 지시, 보상과 벌, 모방학습, 이야기 나누기, 역할놀이 등이 있다.

(1) 언어적 지시

언어적 지시는 여러 번 제공해야 효과가 크며, 아동의 행동으로 인해 나타날 수 있는 부작용에 대해 명확한 지시를 내려 주어야 한다. 언어적인 지시는 아동의 행동을 비난하는 것이 아니라 아동의 행동을 있는 그대로 묘사해 주어야 행동수정에 도움이 될 수 있다.

(2) 보상과 벌

보상과 벌에서 칭찬은 구체적이고 서술적이어야 하며, 행동 직후에 바로 제공되어야 효과적이다. 강화와 함께 병행하는 것이 더 좋고, 비교하는 말과 함께 사용하지 말아야 한다. 벌을 줄 때는 왜 벌을 받아야 하는지에 대해 충분히 설명을 해주어야 하며, 벌도 부당한 행동이 일어난 바로 직후에 주어져야 하며, 동일한 상황에 대해 일관성 있는 벌이 주어져야지만 된다.

(3) 모방학습

아동은 다른 사람과 특히 부모나 교사 등의 행동을 모방한다. 친사회적 행동을 향상시키기 위해서는 말과 행동이 일관된 역할모델이 필요하다고 볼 수 있다. 도움주기를 즐기는 모델은 아동에게 남을 도우는 방법을 배우게 하며, 이타적인 행동에 수반되는 좋은 감정을 배우게 한다.

(4) 이야기 나누기

이야기 나누기는 자신의 느낌을 이해하고 말로 표현하도록 하며 다른 사람도 자신과 비슷한 느낌을 가지고 있다는 것을 인식하게 하는 데 도움이 된다. 아이들이 이야기를 나눌 때 몇 가지의 주의사항을 잘 지켜준다면 이야기 나누기는 효과적인 사회성 증진방법이 될 수 있다. 우선 서로 서로가 이야기를 나눌 때 얼굴을 모두 다 볼 수 있도록 둥글고 큰 탁자에 둘러앉아 있거나 바닥에 앉아서 이야기 나누기를 하면 좋다. 아이들의 참여를 높이기 위해서는 몇 가지 규칙이 정해져야만 되고, 이러한 규칙은 교사가 아니라 아이들이 직접 정하는 것이 훨씬 더 효율적이다.

아동이 이야기 나누기 활동을 할 때는 반드시 몇 가지의 규칙이 포함되어져야 합니다. 예를 들어, 모든 아동들이 모두 다 돌아가면서 말을 해야 된다거나 친구들이 하는 말은 반드시 경청해야 된다거나 라는 규칙들이 포함되어야만 한다.

(5) 역할놀이

집단게임은 서로 협조하면서 원만하게 아동이 살아가는 방법을 알게 해주며, 점차 아동이 자기중심성에서 벗어나 사회적 존재로 성장하게 하는 데 도움이 되므로 다양한 역할놀이는 사회성발달을 위한 훌륭한 지도방법이 될 수 있다.

아동의 사회성을 길러주기 위한 방법은 시청각 자료보기, 책보기, 강의듣기, 토론하기 등 다양하지만, 초등학교 아동의 이해를 돕기에 가장 편하고 방과후 교실 현장에서 사용하기 쉬운 방법은 아동이 스스로 문제를 설정하고 해결해 나가는 과정을 경험할 수 있는 역할극 놀이나 이야기나누기를 통해서 자연스럽게 사회성의 발달을 돕는 것이 효과적일 것이다.

6. 방과후 아동의 과제 및 학습지도

1) 과제지도

(1) 과제지도의 필요성

교사가 교육 목적을 가지고 아동이 집에서 할 수 있도록 내주는 예습, 복습 활동이 과제인데 과제는 아동이나 학부모 모두에게 종종 부담이 되기도 한다. 이는 아동이 스스로 하기에 어렵거나 양이 많은 경우 부담이 되기도 하고, 과거와 달리 외우고 반복해 연습하는 과제가 아니라 논리적으로 접근해야 하는 과제가 제시되므로 부담이 크다. 따라서 아동이 과제에 대해 부담 없이 긍정적으로 과제를 할 수 있도록 이끌어 주어야 한다. 과제지도의 내용으로는 받아쓰기, 수학익힘, 책읽기, 일기쓰기 등을 들 수 있다.

(2) 알림장 활용

알림장은 학교에서 담임선생님께서 그날 내준 숙제나 다음날 준비물을 적어 오는 공책이며, 알림장은 담임선생님과 학부모가 소통하는 통신역할을 하기도 한다. 숙제 및 준비물 확인을 하도록 하여 어두워지기 전에 준비하도록 한다. 특히 아동 스스로 알림장을 꺼내서 확인하는 습관을 들이도록 지도한다. 방과후 교사나 부모가 알림장을 보고 숙제와 준비물을 챙겨주면 아동은 책임감이 없어지게 된다.

2) 학습지도

(1) 학습지도의 필요성

저학년 학습지도의 목적은 공부를 잘 하는 아이로 만들기 위해서가 아니라 바른 습관, 공동생활을 하는 바른 태도를 길러주기 위해서이다. 특히 1학년 입학은 유치원에서 학교로 환경이 바뀐 것에 잘 적응하도록 돕는 것이다. 2학년에서도

1학년과 마찬가지로 공부하는 습관, 바른 생활 습관지도를 꾸준히 해야 하며, 신체 활동이 활발한 시기의 습관을 길러 주기 위해서이다.

(2) 학습지도시 주의 사항

첫째, 학습은 놀이하듯 지도한다.

고학년으로 갈수록 학습에 어려움을 느끼고 흥미를 잃는 경우가 많다. 이는 교과 내용이 어렵고 학습량이 많은 점도 이유가 되겠지만 저학년 때 공부가 재미있다는 경험을 많이 하지 못한 이유도 있다. 공부가 재미있다는 생각을 갖게 하려면 몸을 움직여서 공부하거나 생활과 연관지어서 하는 게 중요하다.

둘째, 하나하나 확인한다.

저학년 아동에게는 하나하나 쉬운 말로 풀어서 천천히 이야기해야 한다. 이해했는지 질문을 하면 그렇다고 대답은 하지만 실제 잘못 알아듣거나 반대로 들을 때가 많다. 이는 끝까지 잘 안 듣는 일이 있기 때문에 나타나는 현상이므로 방과후 교사는 중요한 내용은 다 같이 따라하게 하거나 다시 질문을 해서 확인해야 한다.

셋째, 칭찬해 준다.

아동이 학교에서 받은 점수를 보여주면 점수의 높고 낮음에 대한 반응보다 "잘 맞추었구나"라고 반응해 주는 것이 좋다.

넷째, 잘 듣는 태도를 길러준다.

방과후 교사가 학습 활동 준비는 잘 했는데 아이들이 집중하지 않거나 시도 때도 없이 말을 많이 하거나 해서 활동을 제대로 못하고 "바로 앉자" 같은 불필요한 언어를 사용하게 될 수 있다. 그러므로 저학년에서는 공부하는 바른 태도를 몸에 익히는 일이 중요하다. 왜냐하면 공부하는 몸가짐이 바르지 않으면 학년이 올라갈수록 정리를 못하고 중요한 내용을 놓쳐서 학습능률이 오르지 않을 수 있기 때문이다. 즉, 선생님이나 친구가 하는 이야기를 잘 듣는 태도가 중요하다.

다섯째, 즐거운 활동을 위한 규칙을 정한다.

저학년 아동은 남을 고자질하거나 수업시간에 자주 질문을 하는 등 선생님에게 많을 질문을 하는 경우나 선생님께서 이야기 할 때 아는 낱말이 나오면 무작정 이야기를 끊고 말하는 아이들도 종종 있다. 이런 문제를 그냥 넘어가면 수업이나 활동 진행이 어렵다. 이는 아이들이 선생님께 인정받고 싶은 마음이 크므로 무시하면 안 되고 가볍게 고개를 끄덕여 인정해주는 것이 방법이다.

여섯째, 자기가 쓴 학습 자료는 스스로 정리 정돈을 하도록 한다.

좋은 습관은 어릴 때 들여야 한다. 이는 나이가 들수록 습관을 들이기가 어렵기 때문이다. 숙제나 공부를 하기 위해 꺼낸 책이나 필기구 등은 쓰고 나면 잘 정리하여 제자리에 두도록 하고 자기 물건에는 꼭 이름을 써 두며 없어지면 찾도록 한다.

(3) 학습 및 과제지도의 원칙

방과후 교실에서 저학년 아동의 숙제와 학습지도를 할 때 먼저 할 일은 아이들이 주어진 과제를 스스로 해결하려는 의지를 갖도록 이끄는 것이다. 따라서 교사는 아동이 즐거운 마음으로 학습할 수 있도록 도우미 역할을 해야 한다.

① 학습능력과 수준파악

학습은 이전 경험을 기초로 지식, 기술, 태도를 익혀 새로운 상황에 적응해 나가는 과정이기 때문에 교사는 아동의 학습 능력과 수준을 잘 알아야 한다.

② 필요한 자료 찾아보는 훈련

아이들이 모르겠다고 질문하거나 궁금해 하는 것은 답을 먼저 알려주기보다 함께 찾아보는 것이 좋다. 백과사전이나 인터넷을 통해 필요한 자료를 찾아보는 것도 중요한 훈련이다. 이외에도 신문, 잡지 등 다양한 자료를 활용하는 방법을 알려 준다.

③ 예습과 복습

아이들이 공부하는 교과서를 한차례 훑어보는 것이 좋다. 그러면 방과후 수업과 학교수업을 자연스럽게 연결하는 활동이 가능해진다.

④ 주변 환경 점검

학습에 어려움이 있거나 숙제를 제대로 하지 못하는 경우 그 원인을 파악하는 것이 중요하다. 아동의 신체적, 심리적 특성, 아이를 둘러싼 사회적 요소들과 물리적 환경 역시 점검해서 학습에 영향을 미치는 원인을 찾은 후 문제를 해결할 수 있는 방법을 찾아야 한다.

Ⅱ. 아동상담

1. 방과후 아동의 상담 접근방법

1) 놀이치료적 접근

이는 놀이를 활용하는 접근방법으로 아동의 이해와 접근에 용이하고 의사소통의 수단으로 관계형성의 도움을 주며 아동의 억압된 부정적 정서를 표출할 수 있도록 한다. 또한, 일상생활의 유용한 사회적 기술이 발달되며 아동의 자발적 호기심, 참여, 몰입의 과정을 거치면서 학습의 통로이자 수단이 될 수 있다.

따라서 방과후 교실과 같은 준구조화되고 비형식적인 집단생활 상황에서 놀이의 치료적 힘과 학습적 가치를 최대한 활용할 수 있다.

2) 독서치료적 접근(동화, 그림책 치료)

독서치료는 책을 통한 심리치료로서, 책을 환자의 심층감정에 접근하는 효과적인 매개로 보고 치료적으로 사용하는 것으로, 아동이 자신의 사고와 경험을 표현하는 능력이 부족하거나 할 수 있는 상태가 되지 못할 때 우회적으로 아동의 내면세계로 접근하는 방법이다. 치료자는 아동의 사고과정들을 보조, 지원하는 입장에서 '주인공과 같은 경험을 해본 적이 있는지', '똑같은 것이었는지, 아닌지', '어떻게 했었는지' 그리고 '현재도 그런 경험을 하고 있는지' 등을 생각해 보도록 격려해줌으로써 아동의 이해와 통찰을 키워주는 역할을 한다. 이러한 독서 치료적 접근의 효과는 글자 읽는 능력과 문장 내용을 이해하고 해석하는 능력 향상되며, 개별 아동들의 부정적 정서들(불안, 분노, 두려움, 질투, 슬픔, 외로움, 그리움 등)을 직면 · 표현 · 이해 · 수용하거나 해소시키는 데 그 나름의 고유한 방식으로 도움을 줄 수 있다. 그리고 아동의 마음의 평화를 찾고 사고와 학습을 위한 여유와 성장을 위한 힘을 함양하여 아동의 건강한 발달을 지원할 수 있다. 독서치료 자료는 표 2-1과 같다.

표 2-1 독서치료를 위한 책

번호	영역	책	지은이
1	관계맺기	새 친구가 이사 왔어요	레아 골드버그
		내 친구 루이	에즈라 잭 키츠
		왜 도와야 하나요?	클레어 레펄린
2	생명의식	갔난 송아지	이원수
		동물들이 사라져 가고 있어요	실비 지라르데
		바구니에 담은 별	권태문 · 이미라
3	성 편견	머리 공주	안너마리 반 해링언
		아기돼지 세 자매	프레데릭 스테르
		꿈을 찾아 한 걸음씩	이미애
		속죄양의 아내	아네스 데자르트
		아이스께끼는 성폭력, 목걸이	한예찬
4	신체특징	난 크고 싶어	안드레아 샤빅
		내 귀는 레몬빛	카차 라이더
		당나귀 덩키덩키	로저 뒤바젱
		뚱뚱해도 넌 내 친구야	크리스티네 뇌스틀링거
5	일반가족	멋진 우리 가족	로랑스 질로
		인사 잘하고 웃기 잘하는 집	윤수천
		오줌으로 만든 무지개다리 중 '사랑'	김용택
		나를 있게 한 모든 것들	베티 스미스
6	특수 및 위기 가족	진희의 스케치북(입양)	김혜리
		누리에게 아빠가 생겼어요(재혼)	소중애

7	자아 존중감	고릴라야, 힘내!	조은수
		나도 무늬를 갖고 싶어 !	조남
		내 이름은 프레즐	마가렛 레이
		너는 특별하단다	맥스 루카도
8	정서	갑수는 왜 창피를 당했을까?	노경실
		겁쟁이 꼬마 유령 부우	브리짓 민느
		무서움을 이겨낸 구스타포	리카르도 알칸타라
		선생님은 모르는 게 너무 많아	강무홍
9	친구	나랑 같이 놀자	마리 홀 예츠
		외톨이 사자는 친구가 없대요	나카노 히로카주
		친구	야마구치 다오
		피터의 편지	에즈라 잭 키츠

■ 단행본 및 짧은 이야기로 구성된 독서치료 자료

1. 미덕의 책(Bennett)
2. 책읽기를 통한 치유(이영애)
3. 책아 우리 아이의 마음을 열어줘(하제)
4. 엄마 이럴 땐 이런 동화를 들려주세요(게르린데 오르트너/김경연 역)
5. 마음을 열어주는 101가지 이야기(잭 캔필드 & 마크 빅터 한센)
6. 읽으면서 치유한다(심의학연구소).
7. 마음 아픈 이들을 위한 자가치유서(부산대학교 문헌 정보학과)

3) 미술치료적 접근

미술치료적 접근은 미술 활동을 통해서 개인의 갈등을 조정하고 동시에 자기 표현과 승화작용을 통하여 자아성장을 촉진시킬 수 있는 것으로 아동의 정신과 감각으로 사용하도록 하고, 과거나 현재의 사건과 관계되는 생각이나 감정, 심지어는 미래에 대한 생각까지도 표현할 수 있다. 미술 활동은 아동으로 하여금 사회적으로 수용되며 해롭지 않은 방식으로 분노, 적대감 등을 해소시킬 수 있는 정화의 기능을 가지고 있다. 또한, 미술 활동은 아동 스스로 주도하고, 조절하는 활동이며, 미술재료를 선택하고, 미술 활동을 해나가면서, 또 완성된 작품을 통해 아동은 성취감, 개인적인 만족감과 가치감을 느낄 수 있다. 뿐만 아니라, 미술을 주저하거나 말이 없는 아동과 친밀감을 형성하여 치료관계를 이루는 데 한 방법이 되므로 치료자에게 유용하며, 치료자로 하여금 마음을 다치지 않고 방어 기제를 허물어뜨리지 않으면서 아동의 무의식 세계를 알아볼 수 있게 한다. 더불어 미술은 여러 정보와 더불어 아동에 대한 보충적 자료가 되므로 아동을 진단하는 데 도움을 주는 것으로 아동은 미술활동을 통해 순간순간의 진실이 그대로 드러난다.

4) 음악치료적 접근

음악치료적 접근은 음악이나 음악과 관련된 활동들을 통해 심리적으로 상처 입은 사람을 치유시키는 과정으로, 정서적인 행동을 불러일으킬 뿐 아니라 감각과 관련된 행동을 이끌어가며 자기표현을 하도록 돕는다. 또한, 사회적으로 허용되는 상과 그렇지 않은 행동을 위한 기회를 제공하며, 자신의 자랑을 증대, 자기가치를 높여주며, 사회적으로 허용되는 자기표현의 방법을 제공한다. 더불어 타인에 대한 책임감을 받아들이는 기회를 제공하고, 언어와 비언어 사회교류와 의사소통을 강화하며, 치료적 환경에 필요한 일반적인 즐거움과 재미를 제공한다.

5) 사회성 그룹치료

사회성이 부족한 아동을 위한 집단 프로그램으로 즐겁고 다양한 또래 경험을 통하여 또래관계에 대한 자신감을 기르고, 또래와의 경험을 통해 일대일의 개별치료에서 볼 수 없는 긍정적인 또래관계를 형성하도록 도와주며, 여러 가지 사회적 기술을 배우고, 연습하고, 학습한 기술들을 일상 생활에 일반화시켜 사회적 적응력을 향상하기 위해 발견된 치료이다.

2. 아동 부적응 행동

아동의 부적응 행동은 기질이나 유전 등 자신이 통제할 수 없는 상황으로부터 비롯될 수도 있지만 아동 자신의 생각이나 감정을 성장하면서 배우고, 습관화된 다양한 방법으로 성인에게 신호를 보내는 것이기도 하다는 것을 이해해야 한다. 이에 방과후 교사는 방과후 교실 내에서 부적응 행동을 보이는 아동이 있을 때 1개월 이상 지속적인 관찰을 할 필요가 있으며, 무엇보다 성장하면서 정신건강과 질병 유발 및 문제행동을 예방할 수 있으므로 교사는 아동의 발달적 지식을 근거로 심리정서 및 발달에 대하여 확인하는 노력을 해야 한다.

1) 부적응 행동의 개념 및 유형

아동의 부적응 행동은 그 행동이 아동 속한 사회의 가치와 기대에 따른 사회화에서 얼마나 벗어난 것인가, 아동의 개인차에 따른 발달적 규준에서 얼마만큼 벗어난 것인가를 고려해야 한다.

부적응 유형으로는 크게 협동적 학습을 포함한 학업기술이 미비한 학습 부적응, 공격성 및 분노조절과 갈등해결, 통제감, 약물중독 등의 규범 부적응, 대인관계 문제나 사회기술 부족 등의 관계 부적응으로 주로 인간관계(교우관계, 사제관계), 학업의 측면에서 나타나는 것으로 볼 수 있다. 아동기에 자주 발생하는 부적응 행동은 생활습관, 사회성, 정서 및 언어, 도덕성, 성(性), 미디어 사용과 관련된 부적응 행동이 주로 나타난다. 이 시기 부적응 행동은 DSM-IV에서 표 2-2와 같이 분류하고 있다.

표 2-2 부적응 행동의 분류(DSM-IV)

번호	부적응 행동	내용	비고
1	유아기, 아동기, 청소년기 발달장애	정신지체, 학습장애, 의사소통장애, 분리불안장애, 주의력결핍 및 과잉활동장애, 유아자폐증 등	지적, 정서, 신체 발달장애 포함
2	섬망, 치매, 기억상실 및 기타 인지장애	섬망, 치매, 기억상실, 기타 인지장애	

3	다른 것에 분류되지 않은 일반 의학적 상태	다른 어떤것에 의해 유발된 긴장형 장애 또는 불안정형, 망상형, 공격형, 무감동형 등이 성격	
4	물질관련 장애	알코올, 카페인, 환각제, 흡입제 등	
5	정신분열증과 기타 정신증적 장애	망상, 환각, 편집장애 등	
6	기분장애	우울증과 조증	
7	불안장애	공포증, 공황장애, 범 불안장애, 강박장애, 외상 후 스트레스 장애, 급성 스트레스 장애 등	
8	신체형 장애	신체증상들은 신체적 원인이 알려져 있지 않으며, 심리적 원인을 갖고 있는 것으로 본다	
9	허위성 장애	환자역할 심리적 욕구 때문에 신체적, 심리적 증상을 의도적으로 만들거나 불편을 호소	
10	해리성 장애	심리적 해리는 심인성 건망증, 심인성 둔주, 중다성격, 이인성에서처럼 기억과 정체감에 영향을 주는 갑작스런 의식상의 변화	
11	성적, 성정체감장애	변태성욕, 성기능 장애, 성정체감 장애 등	
12	섭식장애	신경성 식욕 부진증, 폭식증 등	
13	수면장애	불면증, 수면 중 악몽이나 걸어 다니는 것 등	
14	다른 것에 분류되지 않는 충동조절장애	행동이 부적절하고 통제되지 않는 경우로 간헐적 폭발성장애, 병적도벽환자, 병적방화환자 등	
15	충동조절장애	간헐적 폭발, 병적 도박, 방화, 도벽, 주된 생활 스트레스 이후 정서적, 행동적 증상 발생으로 적응에 어려움을 겪는 장애	
16	성격장애	융통성이 없고 부적응적인 행동패턴으로 정의	
17	임상적 관심의 대상이 될 수 있는 기타 상태	신체적 상태에 영향을 주는 심리적 요인들, 약물이 유발한 운동장애, 학업문제, 반사회적 행동, 꾀병, 부부문제, 관계문제, 직업문제, 신체적 학대나 성적 학대 등이 포함	

*출처: 가족복지론.

2) 학령기 부적응 행동, 원인, 지도 방안

부적응의 원인은 가족이나 학교 등 환경적 요인과 학생 개인의 특성적 요인 등 복합적이다. 거시적 관점에서는 정보화사회로의 변화, 새로운 문명세대 출현에 따른 학생의 변화와 이에 못 미치는 학교의 문명지체 현상으로 조망되며 학교에서 학습장애가 나타나기도 한다. 학습장애는 정상적인 지능을 갖추고 정서적인 문제가 없음에도 불구하고 나이나 지능에 비해서 현저한 학습 부진을 보이는 경우이다.

(1) 읽기장애

- 읽는데 어려움을 나타냄 : 난독증
- 잘못 읽거나 읽는 속도가 느리거나 글의 이해력이 부족한 문제
- 바꾸거나 생략해서 읽고 유사한 낱말을 혼동하거나 추측해서 읽음
- 없는 내용을 삽입하거나 추가하여 읽음
- 의미 파악이 잘되지 않으므로 읽기 기술을 필요로 하는 성취나 일상생활의 활동에 현저한 어려움을 나타냄

(2) 산술장애

- 지능, 교육수준에 비해 숫자의 계산능력이 현저히 낮음
- 산수과목에서 어려움이 있어 계산을 요구하는 학업의 성취나 일상생활의 활동을 현저하게 방해를 받음
- 순리적 계산 문제가 처리되지 않는 곤란함

(3) 쓰기장애

- 쓰기 능력이 나이, 지능, 교육수준에 비해 현저하게 낮을 때 진단
- 자주 틀리거나 문법에 어긋난 문장을 사용하고 문장구성이 빈약한 문제
- 의사를 문자로 표현하는 능력이 부족하며 쓰기 능력을 요구하는 학업의 성취나 일상생활의 활동에서 현저한 어려움을 나타냄

3) 부적응 행동의 유형과 지도

(1) 의뢰심 강한 아동

① 특징

작업을 시키면 자기가 하지 않고 친구에게 해달라고 한다. 결과적으로는 아무것도 하지 않고 도와주기를 기다리는 등 자기가 판단하거나 자기 의사로 어떤 일을 처리할 줄 모르는 유아가 있다.

사례

아동에게 "네가 좋아하는 그림을 그려 볼래?"라고 했더니 "뭘 그려요"라면서 책상 앞에 멍하게 서 있다.

"왜 그러고 있니?" 하고 물었더니 그제서야 "할 수 없어요"라고 말한다.

② 지도방법

의뢰심의 강도에 따라 지도하고, 스텝을 밟듯이 서서히 자립성을 갖도록 하는 것이 좋다. 작은 목표를 주고 완수하면 구체적인 예를 들어 칭찬해 주는 것이 좋다. 예를 들어, "옷걸이를 손이 닿는 곳에 걸어, 자기의 수건을 자기가 걸도록 하기", "벗은 옷을 담는 바구니를 마련해 주세요"와 같은 당부의 이야기이다. 이 닦기, 정리하기, 옷 준비 등도 어머니가 같은 말을 천천히 해서 시키도록 한다. 이 경우 잔소리가 심하면 자주성이 무너지게 된다.

(2) 싸움을 자주 하는 아동

① 특징 및 주요 행동

자주 싸움을 하는 아동은 상대에게 화가 났다기보다는 어떤 것에 억압당해 왔다든지 가족관계에 불만을 가지고 있을 때 많이 일어난다.

② 지도방법

싸움은 싸움의 대상이 되는 상대와의 관계도 함께 생각해야 한다. 어른의 눈으로 보면 희비가 가려지는 것도 아동의 입장에서는 나름의 이유가 있어서 겉으로 나타나지 않으면 알 수 없다. 상호 간의 요구를 수용하고 싸움을 한 상대를 인정하는 기분을 갖게 해야 한다. 교사는 유아들의 싸움도 감정이 있다는 것을 알아야 한다. 위험한 정도까지 가면 교사가 개입하여 반성할 기회를 주어야 한다. 싸움은 유아에게는 우호적인 사귐도 있지만 인간다운 자기주장도 있어서 불꽃같이 자기를 발산시키는 것이 가치가 있고 자기 세계를 길러 간다는 것을 알고 지도해야 한다. 따라서 교사나 부모가 싸움의 재판관이 되거나 흑백을 가리면서 "사과해"라고 하거나 싸움을 시작할 때 곧바로 말리는 것은 좋지 않다. 형제가 싸움을 할 때에도 형제 간의 예절이라든가 어느 쪽이 부모에게 인정과 사랑을 받는다고 느끼는 기분 등 부모와의 애정 관계가 깊이 개입되어 있어서 복잡하다.

(3) 열등감이 있는 아동

① 특징 및 주요 행동

열등감은 자기의 힘을 실력 이하로 평가하여 무엇에나 자신을 잃고, 하려고 하는 의욕을 상실해 버린 아동의 심리 상태로, 열등감이 강한 아동은 표정이 우울하고 행동이 소극적이다. 가정에서 다른 형제들과 비교당하고 부당한 취급을 받고, 무슨 일을 잘못했을 때 이해보다도 꾸중을 많이 듣고 나쁜 아이로 취급받았기 때문에 자신을 잃고 자기를 과소평가하게 된다. 부모의 애정표현이 부족하거나 표현방법이 나쁘거나 과대한 기대나 요구, 양친의 불화나 경제적 빈곤, 신체적 결함이나 낮은 지능도 열등감을 가지게 한다.

② 지도방법

열등감을 가진 아동에게 자신감을 가지게 하기 위해서는 요구 수준을 낮추고, 어떤 일을 할 수 있었을 때는 "정말 잘했다"고 흡족히 칭찬해 주는 것이 좋다. 그리고 서서히 더 어려운 일을 시킨다. 다른 아이들과 같이 하면 도저히 따라갈 수 없을 때는 혼자서 하게 하고 끝까지 해내면 칭찬해 줌으로써 자신을 가지게 한다. "누구만은 누구에게도 지지 않겠다"라고 말할 수 있도록 어떤 면에서는 우월감을 가지도록 하는 것이 중요하다. 또한 결점을 지적하지 말고, 장점을 인정하고 칭찬해야 한다. 지나치게 높은 수준을 설정하거나 크게 기대를 하지 않아야 한다. 쉽게 완성할 수 있는 과업을 맡겨서 완수하게 하고 거기서 오는 성공감을 맛보게 해야 할 뿐만 아니라 아동의 흥미를 중요시하고, 활발한 신체적 운동을 많이 장려해 준다.

(4) 의욕이 없는 아동

① 특징 및 주요 행동

모두 노래를 부르고 잇는데 혼자서만 턱을 괴고 못마땅한 듯이 있는 유아 또는 모두 놀고 있는데 혼자서만 땅에 쪼그리고 앉아 멍하니 손장난을 하고 있는 유아, 멍청하게 손을 늘어뜨리는 유아, 열중할 대상도 다른 무엇도 갖지 않은 유아, 이런 유아들은 집단에 어울리지 못해 유치원 생활의 효과를 기대할 수 없다.

② 지도방법

의욕이 없는 아동은 과제의 정도, 난이도나 흥미가 유아에게 맞지 않는 경우가 많으므로 개별 아동이 무엇에 흥미를 가지고 있는지를 알 필요가 있다. 또한 사회성이 미숙하기 때문에 집단에 들어서면 의욕이 안 생기는 아동도 의욕이 없는데 이는 가정과 잘 연락을 취해서 원인을 발견하는 것이 중요하다. 그리고 아동이 어떤 행동을 취하기 전에 '이것을 해라' 하는 것이 아니라 잠시 멋대로 하게 해두고, 대체 무엇에 싫증이 났는지, 지금 무엇을 하고 싶은지를 관찰해 보는 것이 좋다. 주입식 교육을 하는 것은 도리어 의욕이 없게 만들기 쉽다. 만약 갑자기 의욕이 없어진 경우하면 건강을 의심할 필요가 있다.

(5) 제멋대로 행동하는 아동

① 특징 및 주요 행동

집단행동에 규칙을 따르지 않으며, 자기주장이 강한 것이고 나쁘게 말하면 고집이 세 제멋대로 하는 아동이다. 교육이 힘들어 교사에게 방해만 되어 자칫 벌하고 싶어지는 아동으로 자기중심성이 강하게 남아 있거나 성숙하지 않기 때문에 제멋대로이기 쉽다. 가정에서 방해자처럼 취급되어 비관하고 혼나는 경우, 할아버지나 할머니가 너무 완고해서 항상 죽어지내는 경우 등도 이것이 원인이 되어 학교에서 발산하기 위한 요구를 하는 수도 있다. 특히 방과후에서는 학교분위기와 다르게 학교와 가정의 중간분위기로 여기고 행동이 잘 나타날 수 있다.

사례

방과후 교실에서 공동으로 사용하는 문구류를 쓰지 않으면서도 혼자 차지하고 다른 아이들에게 양보를 하지 않는다. 교사에게 꾸지람을 들으면 울음을 터뜨리거나 오히려 던지거나 같이 사용하자고 한 아동을 노려보기도 하고 방과후 교사가 어떤 작업을 하자고 해도 따르지 않는다.

② 지도방법

급격히 억누르고 행동을 억압하면 실패하기 쉽다. 오히려 자부심이 강하므로 고집을 꺾으려고 하면 악순환이 된다. 추켜세우는 영역을 발견하여 유아 자신이 통제하도록 하는 것이 좋다. 예를 들어, 규칙에 따르지 않는 아동이라면 반대로 교사의 조수로 쓴다. 고집이 센 반면 언제나 주목 받고 싶어하고 애정 받고 있는 것이니까 활달하고 용기도 있다. 게다가 체력과 지력도 있으므로 그 점을 이용해서 집단의 지도자로 삼으면 좋다. 추켜 세워도 효과가 있으므로 흠뻑 칭찬하는 것이 좋다.

(6) 침착하지 못한 아동

사례

언제나 주위를 두리번거리고 수시로 교실을 들락거린다. 점심을 먹을 때는 젓가락으로 책상을 두드린다. 남의 말은 언제나 건성으로 듣고 얌전하다 싶으면 손장난을 친다. 귀가하는 유치원 버스 안에서는 앉았다 일어섰다 전혀 침착성이 없다.

① 특징 및 주요 행동

자주 자리를 옮기면서 매우 활동적이고 주위가 산만하다는 것은 능력이 지나치게 높거나 에너지가 넘친다는 것이다. 학교생활에 불안감, 압박감을 느끼며 여럿이 함께 있어도 왠지 불안정하다. 학교에 가지 않은 동생이 집에 남아있는 것에 대하여 마음에 걸리거나 엄마가 늘 귀찮게 잔소리하는 유형이어서 그 불안감이 아동에게 옮아있거나, 엄마가 신경질적이어서 금지사항이 많아 평소에 울적한 스트레스를 학교나 방과후 교실에서 발산하는 경우도 있다. 곧 싫증을 잘 내고 조금만 어려운 일에 부딪히면 내던진다. 만약 같은 동작을 되풀이한다거나 이름을 불러도 초점을 맞추지 못하는 경우는 병적인 원인이 있는지 주의해 볼 필요가 있다.

② 지도방법

침착하지 못한 아동은 이유가 있으므로 침착할 수 없는 유아를 구별하여 지도할 필요가 있다. 교사로서는 변화 있고 지루하지 않은 교육을 해야 하는 데 그러기 위해서는 단시간에 할 수 있는 과제를 주어야 하며 말할 때는 큰 소리로 확실하게 해 주어야 한다. 또한 영리해서 모든 교육에 지루함을 느끼고 있는 아동에게는 다소 어려운 과제가 좋다. 혹은 교사의 조수를 시켜 보는 것도 효과적인 방법이다. 교사는 흔히 위험하다고 아동의 에너지를 억제하기 쉬우나 이럴 때에는 오히려 적극적인 태도로 유아의 활력소에 응해 주는 자세가 바람직하다.

(7) 교사를 싫어하는 아동

사례

교사를 바라만 볼뿐 가까이 오지 않으며 교사와 친밀감을 가지려고 하지 않는다. 또 교류는 있으나 '싫어요' 하는 반항적인 태도를 보이는데, 그것은 어느 특정한 교사에 대한 태도이기도 하다.

① 특징 및 주요 행동

입학 초에 흔히 볼 수 있는 사소한 일이 원인이다. 예를 들어, 교사에게 응석을 부리다가 엄하게 거절당한 뒤 놀라서 싫어진 경우도 있다. 신경질적이거나 마음 약한 아동들은 이때 받은 '무섭고', '싫은' 소위 나쁜 인상이 지워지지 않아 학교 생활에 익숙해진 뒤에도 교사가 싫다는 기분이 남아 있다.

② 지도방법

아동이 교사를 싫어한다고 해서 교사도 아동을 싫어해서는 안 되는 것이 교사가 지켜야 할 최소한의 책임이다. 하나의 어린이상에 사로잡히지 말아야 하며, 온갖 유형의 아동들에게 유연하게 대처할 수 있는 마음의 여유를 가져야 할 것이다. 무서워하는 아동에게는 상냥하게 대해 주고 반항적인 아동에게는 친밀감을 나타내는 마음가짐이 필요하다. 뒷모습이 보이면 재빨리 먼저 말을 걸어주며 그것으로 아동의 교사에 대한 평가는 '싫다'에서 '너무 좋다'로 바뀔 가능성은 충분한 것이다.

(8) 주의가 산만한 아동

① 특징 및 주요 행동

주의 집중이 잘 안 되는 원인은 첫째, 발달지체로 인해서 주의가 산만한 아동이 있다. 이러한 아이들은 자기 생활 연령에 비해 주의 집중력이 떨어지는데, 대개는 지능지체가 주된 원인이 되고 있다. 이런 아동들이 학교에 들어가게 되면 외부자극에 대해 그만 쉽게 이탈되어 심각한 주의 산만한 행동을 보인다. 왜냐하면 어떤 과제에 집중적으로 정신을 쏟지 못하고, 게다가 학교 과제를 제대로 처리해 낼만큼 성숙하지 못하기 때문이다. 둘째, 아동에게 자극이 한꺼번에 너무 많이 주어지게 되면 아동은 산만해질 수 있다. 왜냐하면 지나치게 많은 외부자극들이 주어지면 아동은 많은 자극을 소화해 낼 수 없기 때문에 아동은 정신적으로 늘 정리되지 않은 채로 있게 되어 산만해질 수밖에 없다. 셋째, 주의력을 키울 수 있는 습관 혹은 공부하는 습관이 되어 있지 않아서일 수 있다. 주의집중은 환경에 의해서 촉진되거나 손상 혹은 지연될 수 있다. 그런데 어렸을 때부터 주의 집중을 해서 자기가 좋아하는 놀이나 과제를 끝까지 해 보는 것을 못해 봤거나 정해진 목표까지 효과적으로 다가갈 수 있도록 주위에서 도와주지 않아 이것이 계속 누적되다 보니 공부하는 습관 자체가 길들여지지 않아 산만해질 수 있다. 넷째, 아동에게 주어진 과제가 아동 수준에 맞지 않게 너무 어려운 것이면 아동은 흥미를 잃어 주의 집중을 할 수 없게 된다. 왜냐하면 아동은 해낼 수 없다고 느껴지는 순간부터 걱정되고 불안해져서 또 나중에 야단맞을 것이 우려되어 과제에 집중할 수 없기 때문이다. 다섯째, 뇌 손상이나 체내의 화학성분의 불균형으로 인해 주의 집중이 잘 안되는 아동이 있다.

② 지도방법

발달지체로 인해서 주의가 산만한 아동은 무조건 아동을 오랫동안 앉혀 놓고 가르치는 것이 아니라 특별히 아동이 즐길 수 있는 놀이나 스포츠 등을 제공해 움직이는 활동이나 작업에 주의를 집중하여 할 수 있게끔 유도한다. 이렇게 먼저 아이의 의욕을 부추겨 주고 동기를 유발시킨 다음 차츰 앉아서 할 수 있는 과제로 옮겨간다. 앉아서 하는 과제는 아동이 주의 집중할 수 있는 정도를 잘 보아 신중하게 시간을 분배하여 조금씩 주의 집중하는 것을 늘려 나가면서 아동이 시작한 과제를 끝낼 수 있게 해준다. 아동은 매번 조금씩 힘겨움을 도전 받지만 결국 과제를 끝마치게 되므로 본인이 성취감을 느끼게 되고 어른으로부터 칭찬을 받게 되어 더 잘해야겠다는 자신감을 갖게 될 것이다. 또한 자극이 너무 많아 주의가 산만한 경우는 외부적으로 환경을 계획적으로 잘 정돈해 주면 쉽게 지도할 수 있다. 즉, 자극이 많아 중요한 자극은 의식적으로 받아들이고 불필요한 자극은 무시해 버려야 되는데 장애아동들 중에는 이것을 의도적으로 할 수 없는 경우가 있다.

- 먼저 환경을 깨끗이 정리해 놓아야 하며, 조용한 분위기를 만들어 주어 아동이 시끄러워 주의 집중하는 데 방해가 되지 않게 한다.
- 정리가 되었으면 아동에게 시킬 과제만 책상 위에 제시한다.
- 아동이 집중하여 잘하면 과제에 필요한 자극 외에 다른 자극 한 가지를 더 준비하여 곁에 제시하는데, 아동이 집중해야 되는 과제는 더 강력하게 만들어서 아동이 중요한 과제에는 집중을 하고 관계없는 자극은 무시하는 것을 배우게 한다.

이런 훈련을 통해서 아동은 의식적으로 목적에 맞게 자극을 선택하는 능력을 키워나가게 될 것이다.

- 강렬한 자극 없이도 주위에 있는 자극을 무시하고 자기에게 필요한 자극에 관심을 갖고 계속해서 주의 집중하는 것을 배우게 한다.
- 주의 집중하는 습관이 되어 있지 않거나 공부에 흥미가 없는 아동은 다음과

같이 지도하면 좋다.

- 학령 전 아동의 경우는 오전, 오후 각 한 번씩, 학령기 아동은 일반적으로 능률이 가장 오르지 않는다는 오후 2~3시 사이는 피하여 아동이 좋아하는 시간을 정해서 시작한다. 이렇게 시간과 횟수가 정해졌으면 날마다 똑같은 시간에 공부를 시작해서 이 시간만큼은 공부하는 시간임을 아동이 알게 한다.
- 아동이 좋아하는 것들이 무엇인지 결정해서 준비해 놓는다. 아니면 아동이 공부를 끝내고 나서 무엇을 받고 싶은지 혹은 무엇을 먹고 싶은지 미리 물어보는 것도 좋은 방법이다.
- 아동이 책상에 앉아 집중할 수 있는 시간이 어느 정도인지 측정한 다음 이 시간부터 시작한다. 예를 들어, 아동이 3분 정도 집중하여 앉아 있기가 가능하다면 3분부터 시작한다. 즉, 첫날부터 며칠 동안은 3분만 앉아서 공부를 하고 끝내며 더 이상 요구하지 않는다. 끝날 때는 항상 아동이 만족할 수 있는 보상을 준다.
- 처음 공부할 때는 아동이 가장 좋아하는 과제나 공부를 선정해서 아동에게 구체적으로 제시하여 아동이 재미있고 쉽게 하면서 주의 집중을 하게끔 도와준다. 아동이 차분히 앉아서 잘하고 나면 아동에게 보상과 칭찬을 해주어 성공감을 맛보게 해준다.
- 날마다 공부를 할 때 아동 상태에 따라서 시간을 조금씩 늘여 나간다. 즉 5분, 7분, 10분, 12분, …, 30분 등으로 연장한다. 학령 전 아동은 15~20분 정도, 학령기 아동의 경우는 30~40분 정도 주의 집중하면 기분전환을 위해서 휴식을 취하는 것이 좋기 때문에 이 이상 계속 강요하면 오히려 주의 집중을 떨어뜨리게 되므로 부득이한 경우를 제외하고는 쉬게 하는 것이 바람직하다.
- 아동이 20~40분 정도 긴 시간에 주의 집중을 하여 과제를 수행해야 되는 경우 과제를 제시할 때는 첫째, 처음에는 아동이 좋아하면서 쉽게 할 수 있는 과제를 제시하고 그런 다음에는 부모가 아동에게 요구하는 과제를 제시하는데 아동 수준에 맞는 것을 제시한다. 그리고 이 수준에는 공부의 질보다 아동이 주의 집중할 수 있는 기회와 공부하는 습관을 길들이는 것이 목적이므로 아동이 제시한 과제를 실패해도 지나치게 비평한다거나 협박 혹은 못한 것에

대해 실망하는 눈초리를 보이지 않도록 한다. 즉, 아동이 잘한 것은 잘한 것 만큼에 대해서만 칭찬해 주는데, 실패하였을 때에는 아동이 어떻게 하면 이런 실수를 피할 수 있는지에 대해서 아동과 함께 생각해 보는 기회 정도로 갖는 것이 좋다. 이렇게 요구한 과제를 하고 나면 마지막으로 아동이 좋아하는 과제를 제시해서 공부하는 시간을 마치도록 하여 공부하는 시간이 즐겁고 좋은 시간임을 느끼게 해준다. 아동이 약속한 공부시간 만큼 주의 집중해서 공부를 했다면 보상을 해준다.

- 훈련이 잘되어 아동이 공부에 취미를 갖게 되고 또 공부하는 습관이 길들여지면 이번에는 아동이 과제를 수행하는 데 정확하고 빨리 할 수 있도록 지도한다.
- 아동의 주의가 산만한 원인이 뇌 손상이나 체내의 화학성분의 불균형으로 인한 경우에는 앉아 있어도 주의집중을 하지 못하고 글자에 대한 인지도 안 되고 선 긋기도 잘 안 되는 등, 학습의 문제가 있을 수 있는데 이런 아이들은 소아정신과 의사와 상담하여 필요 시 약물복용을 하면서 행동지도가 함께 이루어져야 한다.

03 CHAPTER 아동발달의 이해 및 심리학적 관점

1. 영아발달의 이해

1) 발달의 정의

(1) 발달의 개념 및 원리

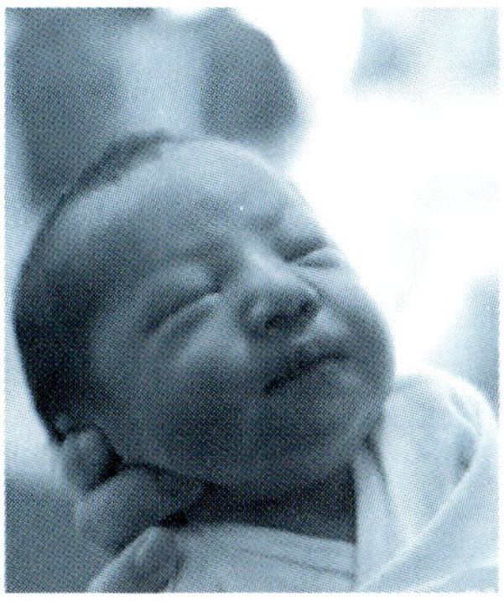

발달이란 정자와 난자가 수정되는 순간, 즉 수태에서부터 출발하는 지속적인 과정을 뜻한다. 수태하는 그 순간부터 세포분열이 시작되며, 수정란이라는 하나의 세포가 수 백 만개로 이루어진 세포로 형성될 때까지 매우 빠른 속도로 분열을 지속한다. 새로이 만들어진 세포들은 세분화된 역할을 맡아 신체 여러 기관을 형성하게 된다.

모든 태아는 거의 같은 시기에 같은 순서로 발달하며, 몇 가지 일반적인 원칙이 있다.

첫째, 발달에는 일정한 순서가 있다. 영아는 앉을 수 있게 된 다음 설 수 있으며, 설 수 있게 되면 걸을 수 있고, 원을 그릴 수 있게 되어야 사각형을 그릴 수 있다. 언어발달에도 또한 순서가 있는데 옹알이를 하게 된 다음에 말을 할 수 있고, 간단한 문장을 사용할 수 있어야 복잡한 문장을 사용할 수 있다. 둘째, 발달은 일정한 방향으로 진행된다. 발달은 머리에서 발 방향으로 진행되며, 안에서 바깥으로 진행된다. 즉, 다리, 발목, 발, 발가락의 순서대로 발달이 이루어진다.

또한 발달은 계속적인 과정이지만 발달의 속도는 일정하지 않으며 개인차가 있다. 이는 모든 아동의 발달은 일정한 순서대로 이루어지나, 발달의 양상과 속도는 아동 개개인마다 다르다는 의미이며, 특히 사춘기처럼 성적 성숙의 시기에는 또렷한 개인차가 있다.

2) 영아기발달의 특징

아동발달은 시간이 지남에 따라 아동이 질적 및 양적으로 변화하는 과정이라 할 수 있다. 질적인 변화는 지능의 본질 또는 정신작용에서의 변화와 같이 본질, 구조나 조직상의 변화를, 양적인 변화는 어휘력이나 신장, 체중에서 보이는 변화 같이 크기 또는 양에서의 변화를 의미한다.

인간발달에서 영아기는 여러 영역에서 급속한 성장이 이루어지는 시기이다. 영아기는 뛰어다닐 수 있을 만큼 빠른 속도로 신체발달이 이루어지는 시기이며, 다른 사람과의 의사소통이 가능할 만큼 언어 능력도 발달한다. 그러나 이후 사회성의 발달을 위하여 부모 및 주 양육자와의 애착 형성이 필요하며, 인지발달을 위해 다양한 감각 기관들의 자극이 필요한 시기이기도 하다.

(1) 0세발달의 특징

① 신체발달

개월 수	신체발달의 특징
2개월	• 머리를 안정적으로 듦
3~4 개월	• 머리를 모든 방향으로 돌릴 수 있음 • 손바닥으로 물건을 움켜잡을 수 있음
4~5 개월	• 목표지향적 뻗기가 나타남 • 앞에서 뒤로 뒤집기가 가능 • 발을 입으로 가져와 발가락을 빨기도 함 • 자의적 잡기가 나타남
6~7 개월	• 엎드린 상태에서 뒤집기 행위가 가능 • 손과 무릎으로 바닥을 집고서 앞, 뒤로 몸을 흔들거림 • 기기 시작함

② 인지발달

개월 수	인지발달의 특징
1개월	• 반사를 이용하여 탐색
1~4 개월	• 소리에 놀라거나 놀라는 반응을 나타냄 • 소기, 사람, 맛, 물체의 크기 등을 식별
4~8 개월	• 흥미로운 광경을 지속시키려는 과정 • 결과의 강화를 유지하기 위해 행위 반복 • 성인으로 하여 흥미로운 광경을 반복하기 위해 '현상적 과정' 사용 • 부분적으로 감춰진 대상 찾아냄 • 익숙한 행동이 뜻하는 바가 무엇인지 이해하기 시작

	• 두 개의 물건을 양손으로 잡아 두드려 봄 • 앉아 있으면서 손을 자유롭게 사용
8~9 개월	• 혼자 앉기가 가능 > 잡고 일어섬 • 성인이 양손을 잡아주면 걷기 가능 • 엄지, 검지, 장지 손가락을 이용하여 사물을 잡음 • 가구 등을 잡고 옆으로 걷기 가능
10~11 개월	• 손을 잡아주면 몇 발자국 걷기 가능 • 능숙하게 기기 • 손바닥을 대지 않고 손가락으로 물체 잡기 가능 • 그림책 페이지를 넘기거나 문이 앞, 뒤로 움직이는 것에 흥미를 보임 • 혼자 일어섬
12개월	• 스위치를 돌림 • 서 있는 자세에서 혼자 앉기 가능 • 붙잡고 걷거나 혼자 걷기 시작
6~12 개월	• 물건을 숨겼다 옮기면 처음 숨긴 위치를 찾아봄 • 목적을 위해 수단 사용이 가능해짐 • 사물 간 차이점 인식을 위해 모양, 질감, 색을 활용

③ 언어발달

개월 수	언어발달의 특징
1개월	• 소리에 반응
1~2개월	• 작은 소리로 쿠잉소리를 냄
2~3개월	• 2개 이상 모음을 붙여 쿠잉 • 언어사회적 반응 증가, 쿠잉에서 옹알이로 진행
3~4개월	• 말소리와 다른 소리 구분, 이름을 부르면 고개를 돌림 • 옹알이에 음절과 억양이 나타남 • 이야기 할 때 미소 짓고 옹알거림
5~7개월	• 소리 나는 방향 구분 • 보다 다양한 자모음을 발성하며 음높이나 음양이 다양 > 발성빈도 더 많아짐
7~9개월	• “마마마마” 등 넷 이상 음절 연결하여 말함 • 손가락으로 가리키기, 보여주기 등 제스처를 사용해 의사소통의 수단으로 사용 • 특별한 단어에 반응하고 의미 이해 • 간단한 지시어 이해, 자신의 이름을 부르면 반응
11~12개월	• 주변 익숙한 사물을 지칭하는 단어 인지 • 타인도 알아들을 수 있는 단어 사용

④ 사회 · 정서발달

개월 수	사회 · 정서 발달의 특징
2~3개월	• 사회적 미소 짓기 시작 • 성인의 얼굴 표정과 유사한 표정을 지어 반응
3~4개월	• 강하고 자극적인 자극에 웃기 시작 • 자아 개념 나타나기 시작
6~8개월	• 성인과 유아를 구별, 다른 영아와 사회적 신호 교환 • 다양한 상황에서 자주 화를 내기 시작 • 낯선 사람에 대한 공포가 생기기 시작 • 거울 속에 나타난 자신과 타인을 구별하기 시작
8~12개월	• 다른 영아에 대해 보다 반응적 • 또래에 관심 • 타인의 표정에 대한 이해력 증가

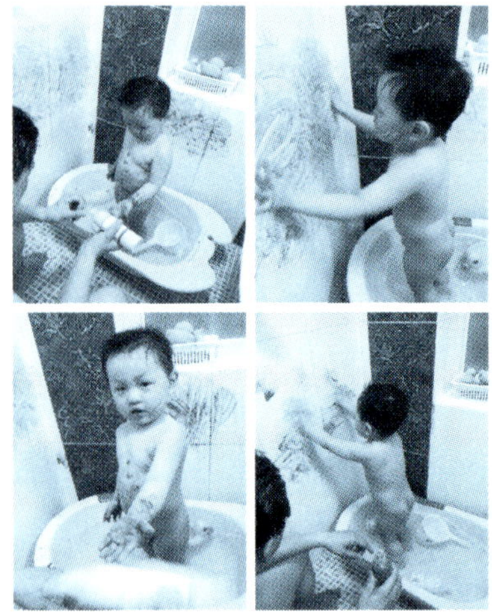

(2) 1세발달의 특징

① 신체발달

개월 수	신체 발달의 특징
13개월	• 2개의 적목을 쌓을 수 있음
14개월	• 힘차게 긁적거림 가능
16~17개월	• 도움 받아 혼자 계단 올라감 • 손목을 돌려 뚜껑을 돌려 여는 동작 가능 • 공을 다른 사람에게 굴려주거나 던질 수 있음 • 걷다가 멈추거나 방향 전환이 자연스러워짐
18~24개월	• 물체를 쌓기 가능 • 책의 페이지 넘김 • 오른손이나 왼손 중 어떤 한 손을 자주 사용 • 제자리 두 발 점프 가능

② 인지 · 언어발달

개월 수	인지 · 언어발달의 특징
12~18개월	• 숨겨진 물건을 찾기 위해 다양한 장소를 찾아봄 • 원하는 목표 획득을 위해 새로운 수단, 행동을 찾아봄 • 가상놀이 시작 • 원하는 행위를 성인이 반복하거나 시작하게 하기 위해 사물을 건네줌 • 결과만이 제시되면 원인을 추론, 원인이 제시될 때 결과를 예측하기 시작
18~24개월	• 그림책을 즐겨봄 • 책 읽어주기를 요구하며 책을 읽어주면 빠진 부분 지적 • 책장을 넘길 때 그림을 보고 그 페이지 내용 이야기함 • 보지 않는 동안 숨겨지 물건 찾기 위해 다양한 장소를 찾아봄 • 아주 짧은 이야기 즐겨 들음 • 익숙한 사물이나 대상을 그림책에서 찾아보기 즐김 • 운율을 띤 노래를 들으면 함께 재잘거림 • 두 개의 단어 결합해 사용하는 두단어 시기가 시작됨

③ 사회 · 정서발달

개월 수	사회 · 정서발달의 특징
12~18개월	• 손을 흔들거나 머리를 숙여 인사 • 무언가 새로운 것이 생기면 다른 사람에게 보여줌 • 음식이나 음료를 요구하거나 어려울 때 도움을 청함 • 또래와 함께 있기를 좋아함 • 또래와 일정한 패턴이 있고 서로 번갈아 하는 게임에 참여하기 시작
18~24개월	• 단순한 집안일을 모방 • 자신의 요구나 감정을 몸짓이나 언어를 사용해 전달 • 주변상황을 고려해 자신의 요구를 조절하는 것을 배우기 시작 • 정서 관련 어휘가 빠르게 증가 • 감정이입의 초기 형태가 나타남 • 자신을 나타내기 위해 자신의 이름을 사용하기 시작

(3) 2세발달의 특징

① 신체발달

개월 수	신체발달의 특징
24~30개월	• 던지는 것이 서툼 • 가까운 거리에서 던진 큰 공을 받음 • 큰 공을 발로 참 • 병뚜껑이나 문고리를 손으로 돌릴 수 있음 • 숟가락을 효율적으로 사용 • 한 발로 서고, 뛰어내리기 동작이 나타남 • 한 발씩 교대로 사용하여 계단을 오를 수 있음
30~36개월	• 길의 장애물을 피하면서 걸을 수 있음, 발끝으로 걷기 가능 • 속도를 바꾸어가며 달리며 20cm 높이의 줄을 넘는 것이 가능 • 앞으로 뛰기, 제자리 뛰기 가능 • 세 발 자전거 타기 • 어른과 간단한 원게임 • 8개 정도의 정육면체 쌓기, 3개 정도 블록으로 다리모양 만들기 • 9~10개 블록을 위로, 옆으로 놓기 • 매우 간단한 도형 그리기

② 인지 · 언어발달

개월 수	인지 · 언어발달의 특징
24~30개월	• 자신의 물건이 있었던 장소 기억 • 말한 것에 해당하는 그림이나 물건 지적 • 하나, 많이, 크게, 적게 등 양에 대한 이해 나타나기 시작 • 하나의 속성에 집중하여 모양이나 그림 분류 • 상징적 놀이 참여 • 물건의 주인을 알고, 익숙한 물건의 사용법을 앎 • 전보식 문장에서 점차 세 단어 이상의 문장을 사용하여 자신의 생각이나 의사를 언어로 표현 • 소유격, 행동어, 부정어 '안'을 사용, 억양을 넣어 말함
30~36개월	• 간단한 수개념 이해 • 많다/적다, 같다/다르다의 반대개념을 이해 • 단순 모양이나 빨강, 노랑, 파랑 등의 기본색을 이해 • '어떻게', '무엇을', '왜', '언제' 등을 사용한 질문 시작 • 자신이 한 일과 만든 것 등을 설명할 수 있음 • 복수를 나타내는 단어 사용 • 자신이 원하는 것을 언어로 표현

③ 사회 · 정서발달

개월 수	사회 · 정서발달의 특징
26~36개월	• 성인과 관심과 주의를 끌고 싶어함 • 성인에게 영향을 끼칠 수 있는 행동이 무엇인지 탐색하기 시작 • 내 것과 남의 것을 구분하여 물건 분류 가능 • 익숙한 물건을 가지고 가상놀이 • 혼자놀이와 병행놀이 형태를 나타냄 • 성별구별이 가능해짐

2. 유아발달의 이해

유아기는 영아기에 비해 속도는 감소하지만 계속적인 성장을 나타낸다. 매년 키와 체중이 지속적으로 증가하며 뇌와 신경체계도 중요한 발달을 계속하는 시기이다. 또한 유아기는 신체발달과 함께 대근육과 소근육의 발달 및 협응도 아울러 이루어지는 시기이며, 달리고, 기어오르고, 뛰어오르고, 구르는 등의 다양한 대근육 신체운동 능력뿐만 아니라 그림 그리기, 오리고 찢고 붙이고 끼우는 등의 다양한 조작 능력이 가능해진다.

1) 유아 신체 · 운동발달

유아 신체 · 운동발달의 특징	
3세	• 옆, 뒷걸음을 할 수 있고 까치발로 걷기 가능 • 스스로 하려고 하며, 할 수 있는 일이 많아짐 • 뛰기가 능숙해짐 • 숟가락으로 혼자 밥 먹기가 가능 • 배변훈련이 이루어짐(개인차 존재) • 도움을 통해 혼자 옷입기 가능 • 책을 쉽게 넘길 수 있음
4세	• 한 발로 5초 이상 서 있을 수 있음 • 발을 바꾸어 계단 오르기 가능 • 네발자전거 혹은 세발자전거 타기 가능 • 신발의 왼쪽, 오른쪽 구별

	• 옷의 앞, 뒤와 위, 아래 구별 가능 • 단추 잠그기가 능숙 • 네모난 종이를 세모 모양으로 접기가 가능
5세	• 신체 비율이 성인에 가까워짐 • 두 발 모아 뛰기, 한발로 깡충 뛰기, 한 발 교대로 뛰기 등 줄넘기 가능 • 주전자의 물을 컵에 따르는 것이 숙달됨 • 한 쪽 손의 사용이 우세해짐(오른손잡이, 왼손잡이) • 계단을 뛰어 올라가고, 두 계단씩 뛰어내려 오기도 가능 • 바닥의 선을 똑바로 걷기가 가능

2) 유아 인지 · 언어발달

유아기는 피아제의 인지발달단계 중 전조작기에 해당하는 시기로 언어와 놀이에서 상징사용 능력이 발달한다. 또한 이 시기 유아들은 전조작기 사고의 특징인 자기중심성, 물활론적 사고, 중심화, 인공론적 사고, 비가역적 사고와 같은 비논리적인 사고를 나타낸다.

유아 인지발달의 특징	
3세	• 수 세기를 따라함 • 자신의 물건의 위치를 기억함 • 공간개념과 양에 대한 개념이 생김, 일대일 대응이 가능 • 간단한 규칙을 이해하고 모방 • 타인의 생각과 감정이 자기와 다르다는 것을 이해 • 새로 알게 되는 것을 효과적으로 분류하고 정리가 가능해짐 • 언어에 의한 학습과 사고가 가능해짐
4세	• 수, 모양, 크기의 변별력이 생김 • 논리적으로 사고하려 노력 • 인과관계의 유추가 가능해짐
5세	• 상상력이 풍부해짐 • 자신의 감정을 충분히 표현, 숨기기도 가능 • 스스로 학습이 가능 • 기억력이 좋아지므로 책임감 부여가 가능해짐 • 서술, 기억, 언어를 사용하여 사고를 체계화하여 연관된 사고가 가능해짐

유아기에는 의미론, 화용론, 형태론, 구문론 등 언어규칙체계에 대한 많은 지식을 습득해가며, 성인의 언어처럼 길고 복잡한 문장을 익혀나간다. 3~4세경

유아는 대개 3~4개 단어로 이루어진 문장을 사용하여 900~1,200개 정도의 어휘를 사용한다. 또한 5~6세경의 유아는 6~8개 단어로 구성된 문장을 사용하며 약 2,000~2,500개 정도의 어휘를 사용하게 된다. 유아기 언어의 특징으로는 반복하기, 혼잣말하기, 집단적 독백을 들 수 있다.

유아 언어발달의 특징	
3세	• 언어가 폭발하는 시기 • 자신의 의사와 요구를 언어로 전달하려고 함 • 새로운 단어를 들으면 반복하여 말하기를 좋아함 • 공간에 대한 단어를 이해하고 사용 • 상대방이 이해하지 못하는 것 같으면 다시 설명 • 그림책을 보며 등장인물이 무엇을 하고 있는지 설명
4세	• 수수께끼 등의 놀이를 좋아함 • 자신의 생각과 느낌을 문장으로 표현하는 것이 가능해짐 • 자기중심적인 언어와 사회적 언어 사용이 나타남 • 자신에게 익숙한 글자(자기 이름, 사물의 명칭)를 중심으로 읽을 수 있는 글자들이 점차적으로 증가(개인차가 있음) • 무슨 글자인지 물어보기도 함 • 쓰기 단계 4~5단계를 보임(4단계 : 글자의 형태가 나타나고 가끔 자모음의 방향이 틀리거나 부분적으로 틀리는 단계, 5단계 : 단어쓰기 단계)
5세	• 빠른 의미 연결이 절정에 달하는 시기 • 한두 번 들은 말을 그대로 학습하게 됨 • 자신의 생각을 논리적으로 표현하는 것이 가능해짐 • 자기중심적 언어에서 점점 벗어나 사회적 언어 사용 • 손가락으로 지적해 가며 단어읽기를 시작 • 문맥이나 글자와 발음의 관계에 대해 아는 것을 통합하여 읽기 가능 • 쓰기 5~6단계를 보임(6단계 : 문장쓰기 단계)

3) 유아기 사회 · 정서발달

유아기에는 정서가 강하게 나타나는 시기로 정서 상태의 지속시간이 짧고 정서 반응이 폭발적으로 일어나기도 하며, 4세경이 되면 사회적 기준에 따라 정서를 통제하고 조절하는 인식의 증가와 더불어 격렬한 정서표현이 감소하게 된다.

만 3세는 자존감이 발달하며 자기중심적인 사고를 하는 시기이다. 이 시기의 발달 특징으로는 자존감이 발달하여 무엇인가를 혼자 하려고 하거나, 문제를 스스로 해결하려는 경향이 있으며, 자기중심적으로 사고함에 따라서 또래와의 관계를 이해하는 것, 규칙을 지키는 것 등에 어려움을 느끼기도 한다.

만 4세는 사회성이 발달하는 시기로서 친구와의 관계를 맺기 시작하고, 유아의 언어적 호기심이 급증하는 시기이므로, 또래 관계에서와 교사와의 언어적 상호작용을 즐긴다. 만 5세는 논리력과 추리력을 요구하는 사고가 가능해지므로 유아들의 관심사가 자신이 속해 있는 기관이나 지역사회로도 확장이 된다.

유아 사회·정서발달의 특징	
3세	• 또래와 같이 놀고, 탐색하는 것을 좋아함 • 타인과의 관계에서 점차적으로 자기조절력과 자기통제력이 발달함 • 소유개념발달로 인해 자기것과 다른 사람의 것에 대한 구별이 가능 • 차례를 기다리지만 오랫동안 기다리는 것은 어려움이 있음 • 공포심이 강하게 나타나며, 신체적 공격 행동을 하기도 함 • 친구에 대한 질투심이 생기며, 고집을 부리기도 함 • 자신이 좋아하는 사람과 좋아하지 않는 사람에 대해 다르게 반응
4세	• 또래와 어울려 놀이하지만 놀이가 지속적이지는 못함 • 규칙을 이해하지만 협동놀이는 아직 미숙 • 성인의 칭찬과 승인에 민감하게 반응하여 행동 • 상상력이 풍부해지며 일상 상황을 극화하기 좋아함, 이를 위해 상징물을 사용하는 것이 증가함
5세	• 의도적으로 자신의 감정을 숨기거나 피하기도 하며 조금씩 타인의 감정을 이해 • 사회적 규칙을 알고 이를 지키려고 노력 • 또래와의 협동놀이가 이루어짐

3. 학령기의 발달

초등학교에 재학하는 학령기 아동은 영유아기와 비교해서는 신체 성장 속도는 다소 완만해지나 운동기술 능력에 있어서 정교한 협응을 이루게 됨으로써 아동은 큰 기쁨과 성취감을 느낄 수 있다. 아동기 식습관은 아동의 건강상태에 아주 중요한 측면이다. 이 시기에 아동은 꾸준히 성장하는 시기이므로 비타민이나 칼슘 등의 성장기에 반드시 필요한 충분한 영양소를 섭취해야 한다.

또한 학령기 아동은 유아기에 비해 인지 능력에서도 상당한 발전을 보인다. 유아기때 보다 좀 더 구체적인 방법으로 상징을 사용하며, 논리적 사고가 가능하며, 사물의 단적인 측면에만 집착하지 않고 다양한 측면을 고려하여 결론을 도출해 낼 수 있게 된다. 뿐만 아니라 타인 수용 능력이 생기며 유아기의 직관적 사고에서 벗어나 논리적 사고로, 중심화 현상에서 탈중심화로, 비가역적 사고에서 가역적 사고로 변화한다. 그러나 아동기의 사고는 구체적이거나 직접 경험한 세계에 한정되며, 가설적이고 추상적인 개념을 이해하는 데는 한계가 있는데, 이를 piaget의 인지발달 단계에서 구체적 조작기로 설명하고 있다.

초등학교에 입학하게 되면서 아동의 활동반경이 가정을 벗어남에 따라 학교와 또래집단 등의 환경이 아동의 발달에 중요한 영향을 미치게 되는데, 가족 이외의 아동에게 가장 중요한 사회적 관계는 또래와의 관계이다. 아동은 또래 집단에 소속됨으로써 사회성이 증진되며, 리더십이나 복종적 태도를 스스로 체득하기도 한다.

학령기 아동의 발달 특성을 영역별로 살펴보면 다음과 같다.

1) 학령기 신체 · 운동기능의 발달

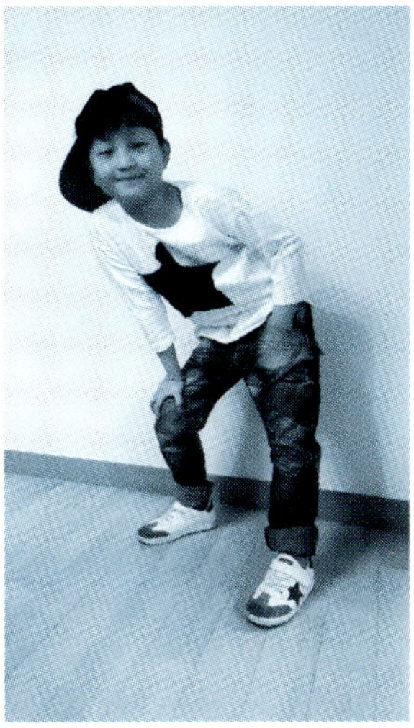

학령기 아동은 어깨가 넓어지고, 팔과 다리가 가늘고 길어지면서 유아기보다 신체가 가늘어진 모습이 된다. 아동은 사춘기 직전에 폭발적인 신체적 성장이 이루어지며, 성숙이 가속화함에 따라 아동기 말에 사춘기가 시작되기도 한다. 사춘기는 개인차가 있기는 하지만 호르몬 변화에 따른 급격한 신체적 · 성적 성숙이 이루어지는 기간을 의미하며, 이때 여아가 남아보다 2~3년 정도 일찍 시작된다. 사춘기가 시작되는 10~12세 무렵에는 여아가 남아보다 약간 크고 무거운 편이다.

① 키와 몸무게 증가

5세 무렵의 남아와 여아는 체중이나 신장이 비슷하지만 10~12세 무렵에는 여아가 남아의 성장을 앞지르게 되는데, 여아의 사춘기 성장 급등이 남아보다

2~3년 정도 일찍 시작되기 때문이며, 여아가 성장 급등을 시작하는 10세 무렵부터 몇 년 동안에는 남아보다 신장이 더 자라고 체중이 더 늘어난다.

② 신체 비율의 변화

학령기 아동은 무게 중심이 낮아지면서 몸무게와 시장의 균형이 잡히게 된다. 그리고 운동근육을 더 잘 조절할 수 있게 되며, 팔다리가 길어지면서 몸의 비율이 변화하여 달리거나 기어오르는 것, 점프 등을 더 잘할 수 있게 된다.

③ 근육의 발달

학령기 아동은 근육이 강해져 신체 운동을 할 때 더 유연하게 움직일 수 있게 된다. 대략 13~18%의 아동들이 성장통을 경험하기도 하는데, 성장통은 다리 근육이 딱딱해지고 통증을 동반하는 현상이다. 근육이 더 커진 골격에 적응하는 단계에서 발생하기도 한다. 심장은 느리게 발달하는데 학령기 초에는 다른 발달 단계에 비해 심장의 크기가 작은 편이지만 학령기 후반의 아동은 심장박동이 성인과 비슷하게 성장한다. 즉, 호흡이 느리고 깊어지며 규칙적으로 된다. 그러므로 호흡기 감염이 감소되며, 학령기 후반에는 피곤하지 않고 열정적으로 운동할 수 있게 된다.

또한 8~10세 무렵에는 양손을 따로 혹은 동시에 쓸 수 있고, 10~12세 무렵에는 성인의 수준에 손놀림에 가까워지고, 정교한 수공예품을 만들거나 악기로 어려운 곡들도 연주할 수 있게 된다.

2) 학령기 인지 · 언어발달

학령기 아동은 논리적인 사고가 가능해지고 기억 전략이 발달함에 따라 지식 습득이 가속화된다. 또한 인지적으로 자기 통제 능력이 발달함으로써 자기 스스로에 대한 능력을 확신하게 되고 수학적 문제해결 전략과 언어적 사고를 발달시키게 된다. 이러한 학령기 아동의 능력발달은 선행 경험과 같은 여러 요인에 의한 개인차가 존재하고 있다.

① 구체적 조작기

학령기 아동은 보다 논리적이고 조직적으로 사고하고 융통성이 있다. 또한 실제와 환상을 더 잘 구분할 수 있게 되고, 일상생활 속에서 물체와 사건의 변화에 대해 정확하게 추론할 수 있게 된다. 중심화에서 탈피하고 가역적 사고 능력이 발달하면서 보존 개념을 획득하게 된다. 그리고 이 시기에는 더 효율적으로 상위 및 하위 유목 간 위계에 따른 유목 조직을 구분하게 되며 두 가지 이상의 기준으로 분류할 수 있게 된다. 가장 작은 것에서 시작하여 차례에 따라 순서화하는 능력은 약 6~7세에 획득된다. 그러나 정신적으로 추론하는 능력, 예컨대 'A는 B보다 길고, B가 C보다 길면, A는 C보다 길다'는 것을 추론하는 능력은 대략 9~10세가 되어야 가능해진다.

② 인지적 자기 통제

학령기 아동은 생각한 것을 실행에 옮기는 데 어려움을 겪는다. 그들은 아직 인지적 자기통제(목표를 향한 지속적인 동기유발, 결과를 확인하고, 성공하지 못한 경우 방향을 재정립하여 노력하는 과정)에 능숙하지 못하다. 학교에서 학업 성취도가 높은 아동은 지식의 획득이 가능한 경우와 그렇지 않은 경우를 구분하여 인식할 수 있으며, 지식 획득을 못하는 원인을 인지하는 경우의 아동은 학습환경을 재조직, 교재를 재조명하여 지원받을 수 있는 다른 자원을 찾아본다. 이와 같이 적극적이고 유목화된 접근은 성취도가 낮은 아동의 수동적인 태도와는 명확한 대조를 보인다.

부모와 교사는 어떤 과제에서 요구하는 특별한 요인을 지적하고, 어떤 전략이 과제 수행을 촉진시킬 수 있는지 알려줌으로써 자기 수정의 가치를 강조하고 인지적 자기통제 능력을 향상시키는 데 도움을 줄 수 있다. 아동은 어려운 상황에 직면했을 경우 자신의 행동을 회상할 수 있도록 도와주는 성인의 지원을 통해 자기통제의 과정을 내면화할 수 있다. 효과적인 자기통제 기술을 습득한 아동은 어려운 과제에서 성공을 경험하며 그 결과 아동 스스로 능력에 대한 확신이 서게 되고 앞으로도 자기통제 능력을 활용할 수 있을 것이라는 확신을 가지게 된다.

③ 정보처리과정

학령기에는 주의 집중 능력이 세 가지 측면에서 변화되는데, 보다 선택적으로 주의 집중하며, 어떤 상황에서 과거에 습득한 지식을 더 융통성 있게 적용할 수 있게 되고, 보다 계획적으로 주의 집중을 할 수 있게 된다.

어려운 과제를 수행하면서 과제 수행의 순서를 결정할 수 있게 됨에 따라 계획적인 주의 집중 능력은 과제 구성요인에 대한 이해를 증가시킨다. 이렇게 해결한 과제에서 획득한 지식은 다음 과제 해결을 활용할 수 있는 능력과 더불어 주의 집중 능력과 기억 전략 또한 증가한다. 기억 안에서 정보를 보유하는 기술과 장기 저장 창고로 정보를 옮기는 능력은 이 시기에 굉장한 도약을 한다.

학령기 동안 아동의 장기적 지식 기반은 빠른 속도로 성장하고 조직된다. 학령기 아동은 세심하고 치밀한 계층적 구조 관계망인 기억 능력의 증가로 광대한 양의 정보를 배열하고 저장할 수 있게 된다. 그러므로 아동은 새로운 정보를 더 친숙하고 의미있는 것으로 받아들일 수 있게 되어, 새로운 전략 수립과 이전의 정보를 보다 용이하게 회상할 수 있게 된다.

전략과 회상을 능숙하기 위해서는 포괄적이며 적절하게 조직된 지식이 필요한데, 아동의 전략적 기억과정에서 지식은 단 하나의 중요한 요소는 아니다.

어떠한 영역에서 뛰어난 기능이 있는 아동은 일반적으로 동기가 더 높은데, 결과적으로 더 빠른 지식 획득뿐 아니라 더 많은 지식을 얻기 위해 이미 획득한 기존의 지식을 보다 적극적으로 사용한다는 의미이다. 학문적 성취도가 높지 않은 아동은 기존에 저장된 정보와 새로운 정보를 분류 및 조직하는 것에 어려움을 느끼고, 이는 보다 포괄적인 지식 기반을 형성하는 데에 방해를 받는다. 학령기 후반에 이르면 지식 습득과 기억 전략의 사용은 더욱 밀접하게 관련되어 상호 영향을 미친다.

④ 언어 능력

학령기 시기의 언어 능력은 문법의 구조 및 유형에 대한 이해가 증가된다. 언어의 기본 구조에 대한 이해는 6세경에 나타나고, 수동형 문장의 사용은 7세경에, 전치사의 사용 능력은 10세경에 완성된다. 또한 이 시기에는 대화하는 상대방의 성이나 연령, 지위나 이해 정도 등을 고려하여 이에 맞는 언어를 선택하고 조절하여 사용하는 대상 참조적 의사소통기능이 더욱 발달하므로 상대방에 적합한 의사소통 능력을 갖게 된다(이순형 외, 2002). 읽기를 하기 위해서는 정보처리 과정에 부과되는 많은 기술을 일시적으로 사용할 수 있어야 한다. 먼저 문자와 문자의 결합을 인식해야 하며, 결합한 문자를 소리로 변환시켜야 하고, 그 의미를 해석하는 동안 기억창고 안에 본문을 저장해야 한다. 또한 이해될 수 있는 전체 내에서 다양한 의미를 결합시켜야 한다. 사실상 읽기는 이 많은 기술들이 자동적으로 이루어져야만 가능하다. 언어 능력의 발달을 학년별로 구분하여 제시하기는 어려운 점이 있으나, 언어의 특정 부분을 지도했을 때 보다 효과적인 시기는 있다. 이순형 등 연구자들(2002)에 의하면 1~2학년에는 문장력이 발달하고, 3~4학년 시기에는 발표력과 문법 능력이 발달하며, 5~6학년에서는 독해력이 발달하므로 이 시기에는 특히 이러한 능력을 증진시키기 위한 다양한 언어 경험이 제공되어야 할 것이다.

⑤ 수학

학령기 아동은 수의 기초 개념과 수세기에 관한 풍부한 비형식적 지식을 복잡한 수학적 기술에 적용, 응용시킬 수 있어야 한다. 그러나 학교에서는 수의 기본 개념에 대한 아동의 기초적 이해를 활용할 수 있는 수학교육이 실시되지 않고 있다. 학교에서 아동은 그들이 비형식적으로 습득한 수학적 지식과 전혀 연결되지 않는 수학문제를 해결해야만 한다. 따라서 아동은 수학 성취도 획득에 난항을 경험하게 된다. 이러한 어려움은 아동이 수학 과제의 기반을 이해하지 못했기 때문에 발생하는 경우가 많다.

수학을 어려워하는 아동은 기본적인 수학적 사실에 대한 전략을 경험할 수 있는 기회를 거의 갖지 못했을 뿐만 아니라 대신에 그들은 기억에서 그것을 회상함으로써 답을 빨리 알려고 한다. 추론이 이루어져야 하는 수학문제를 잘 해결하는 아동은 기본 개념에 대한 이해가 높으며, 효과적인 수학문제 해결 기술이 발달되어 있고, 문제와 정답 사이에 존재하는 연관성에 대해 확고한 이해력을 갖추고 있다. 이러한 연구결과는 아동의 기본적인 수학 능력 향상을 위한 전략을 성공적으로 적용시키는 방법을 가르치는 것과 전략을 경험할 수 있는 기회를 갖도록 아동들을 격려하는 것이 결정적으로 중요한 요인임을 의미한다.

3) 학령기 사회 · 정서발달

(1) 학령기 정서발달

학령기 아동은 다양한 정서를 경험하고 자신의 정서를 긍정적인 방법으로 표현할 수 있어야 한다. 또한 인지 능력의 발달과 다른 사람으로부터 받은 자신에 대한 피드백에 의하여 자아 개념을 발달시키며 현실적인 자존감을 형성하게 된다.

① 정서의 특징

학령기 아동에게 주로 나타나는 정서는 공포, 분노, 애정 그리고 애정에 대한 질투 등이다. 공포는 인지가 발달하는 과정에서 많은 것을 알게 됨으로써 나타나는 반응이다. 따라서 합리적인 방법으로 아동 스스로 공포에 맞설 수 있도록 격려해 주어야 한다. 분노는 자신이 공평한 대우를 받고 있지 않다고 생각할 때, 하고 싶은 것을 하지 못할 때, 하고 싶지 않은 것을 계속 해야만 할 때 발생하는 정서로 아동은 과장된 행동이나 숨기는 방법으로 분노의 정서를 나타낸다. 교사는 아동의 분노를 인정해 주고 이것을 적절하게 표출하도록 도와주어야 한다(이순형 외, 2002). 학령기 아동은 유아처럼 드러나게 바라지는 않을지라도 애정이나 인정을 필요로 한다.

② 자아 개념의 발달

학령기 동안에 아동은 자신의 내적 상태와 자신에 대한 다른 사람들의 생각을 인식하고 이것을 조직함으로써 자아 개념을 발달시킨다. 자아 개념은 특히 8~11세에 급격히 이루어진다. 학령기 아동은 수행 능력과 인성과 관련된 자신의 긍정적인 특성과 부정적인 특성을 인지한다. 또한 학령기에 들어서면서 아동은 사회적 비교(다른 사람과 비교해서 자신의 외모, 능력, 행동을 판단하는 것)를 하기 시작하며, 이러한 자아개념은 아동의 인지 능력과 다른 사람들로부터 받은 피드백에 의해서 변화한다. 학령기 동안에 발달하는 조망수용 능력(타인의 관점을 수용하는 기술)은 아동의 심리적 자아발달에 결정적인 역할을 하며, 아동의 자아 개념 형성에 영향을 주는 가장 중요한 요인은 부모이다. 그러나 8~15세에 이르면 아동의 자아 개념은 가까운 친구들의 반응에 의해 많은 영향을 받게 된다.

③ 자존감의 발달

자존감은 자신의 가치에 대한 아동 스스로의 판단이다. 자존감은 학령기 동안에 재조직된다. 학령기 아동의 대부분은 극적으로 높은 자존감을 보인다. 그러나 학령기 아동은 학교에서 여러 활동을 하면서 그들의 수행에 대하여 다른 또래와 비교하여 받은 피드백과 학교에서 보는 시험이나 숙제, 어른이나 다른 친구들의 평가를 통해 훨씬 더 실제적인 수준으로 자존감을 조절한다.

7~8세까지의 아동은 세 가지 분리된 자존감 — 학문적 · 사회적 · 신체적 — 을 형성하게 된다. 학문적 자존감은 학교에서의 학업성취도에 의해서 이루어지고, 사회적 자존감은 또래와 부모와의 관계 안에서 형성되며 신체적 자존감은 운동능력에 의하여 이루어진다.

학령기 아동은 여러 영역에서 스스로를 평가하면서 학령 전의 낙관적인 성향을 잃어버리게 되는 경우가 많다. 초등학교 1학년 때 자존감이 낮아지는 경향이 있는데, 이것은 아동 스스로 학교에서의 수행에 대한 평가를 다른 사람의 평가에 맞추어 적용하기 때문으로 볼 수 있다. 자존감이 떨어지는 것이 위험한 일은 아니다. 대부분의 아동은 자기 수용과 자기 존중의 태도를 유지하면서 그들의 특성과 실제적인 유능감을 평가한다. 4~6학년이 되면서 아동은 또래와의 관계와 운동능력에 의해서 자존감을 다시 높이는 경향이 있다.

자존감과 일상의 행동 사이에는 강력한 관계가 있다. 학문적 자존감은 도전적인 과제에 대한 어려움을 감수하고자 하는 아동의 자발성을 예언할 뿐 아니라 아동의 학교 성취도 강력하게 예언한다. 아동의 높은 사회적 성취는 또래에 의해 일관적으로 영향을 받는다. 남아는 여아보다 더 많은 운동 능력을 가지고 있다는 믿음을 갖게 되고 다양한 운동 기술에서 실제적으로 더 앞서는 경향이 있다.

(2) 학령기 사회성발달

학령기 아동은 또래 문화를 형성함으로써 그 안에서 다양한 사회적 관계를 배우게 된다. 이 시기의 아동은 신뢰를 기반으로 친구 관계를 조성하기 시작하며 이 관계는 서로에게 많은 영향을 끼친다. 또한 공정에 대한 개념과 도덕적·사회적 관습에 대해서도 보다 다양한 관점에서 생각할 수 있게 된다. 아동의 성에 대한 믿음은 점점 더 고정화되지만 역할에 대해서는 보다 더 융통성을 가지게 된다.

① 또래 집단과 우정

학령기 아동은 집단에 소속되기를 열망한다. 집단에 소속되면서 독특한 가치와 행동의 기준을 만들어내는 아동들은 집단의 목적을 확실하게 충족시키기 위하여 리더와 추종자로 구성된 사회적 구조를 형성한다. 이러한 특징이 있는 집단이 바로 또래집단이다.

또래 집단에서의 소속은 좀 더 큰 사회구조 속에 대한 통찰력을 제공하는 반면, 일대일 관계의 친구는 아동의 신뢰와 민감성을 발달시키는 데 도움이 된다. 학령기 동안에 아동은 친구에 대하여 더 복잡한 개념을 가지게 되고, 우정에 대한 심리적인 이해의 기반을 다지게 된다. 학령기 아동에게 있어 친구는 같은 활동에 참여하는 존재만이 아니라 서로의 개인적 특성을 좋아하며 서로의 욕구나 필요에 반응해주는 관계를 유지하는 것에 동의한다. 한 번 우정이 형성되면 신뢰는 자연적으로 부가되는데, 학령기 아동에게 좋은 친구는 서로를 지지해 줄 수 있는 친절한 행동에 기반을 둔다. 학령기 아동의 우정은 신뢰의 위반, 친구가 도움을 요청할 때 도와주지 않는 것, 약속을 이행하지 않는 것, 다른 사람의 등 뒤에서 험담하는 것 등에 의해서 파괴된다.

학령기 아동은 같은 성, 인종, 사회경제적 지위의 친구를 선택하는 경향이 있으며, 친구는 서로의 개인적인 특성(부끄러움, 사회성, 공격성), 또래 인기, 학문적 성취 등에서 닮아간다. 친구에게 친절하고 열정을 가지는 아동들의 경우 종종 친구와의 관계에서 반사회적인 경향이 나타나기도 한다. 예를 들어, 공격적인 여아는 자신이 친해지고 싶은 친구에게 자신의 개인적인 감정을 드러냄으로써 관계를 형성하나, 질투, 갈등, 배반 등의 감정도 나타내는 경우가 있다. 공격적인 남아는 친구에게는 거의 적의를 드러내지 않는 대신에 그들이 속한 집단이 아닌 다른 또래에게 폭력적인 행동을 할 때 친구들이 함께 동조하기를 기대한다.

② 나눔을 통한 정의 배우기

아동은 일상의 생활에서 분배 정의와 관련된 상황을 경험한다. 분배 정의란 가지고 있는 물건들을 어떻게 공정하게 나눌 것인가에 대한 믿음이다. 분배 정의에 대한 도덕성의 발달은 연령이 다른 형제들에게 연령에 따라 얼마나 많은 용돈이 주어져야 하는가 또는 여덟 조각의 피자를 여섯 명의 배고픈 친구들과 어떻게 나누어야 하는가에 대해 토론하면서 이루어진다. 학령전기 아동도 나누는 것에 대한 중요함은 인식하고 있으나 자신이 공정하게 나누지 않는 경우 친구가 함께 놀지 않을 것이기 때문에 공정하게 해야 한다는 등과 같은 자기 위주의 모순된 이유를 들어 공정해야 한다고 말한다. 그러나 학령기 아동은 분배 정의에 대해 더 성숙한 개념을 표현하기 시작한다.

아동의 공정함에 대한 정의는 같다는 것에 기반을 두는데, 저학년 아동은 각각의 사람들이 똑같은 양을 가져야 한다고 생각한다. 그러다 조금 자라면서 공헌도에 의한 공정함을 생각할 수 있게 된다. 따라서 여분의 보상이 특히 힘들게 노력한 사람에게 주어진다. 만 8세 정도의 아동은 자비심에 기반을 두고 추론할 수 있게 되는데, 그들은 불리한 사람에게 특별한 고려가 있어야 함을 인식한다.

③ 도덕적·사회적 관습에 대한 이해의 변화

정의에 대한 개념이 발달하면서 아동은 도덕적 규칙과 사회적 관습 사이의 관계를 명확하게 알게 된다. 때로는 사회적 관습의 위반은 도덕적인 문제이기도 하다(예를 들어, 선물을 받은 다음에 고맙다는 말을 하는 것은 사회적 관습에 따르기도 한다. 그러나 그렇게 행동하지 않았을 때 다른 사람의 감정을 상하게 하므로 다른 사람의 마음을 해치는 것이기도 하다). 학령기 아동은 자신보다 더 어린 유아들이 그들이 기대하는 도덕적 행동을 하지 않았을 때는 용납하지만 같은 또래가 그렇게 행동하지 않았을 때는 분개하기도 한다. 즉, 연령이나 성숙의 수준에 따른 도덕성발달을 기대할 수 있게 된다. 아동은 나이가 들어가면서 더 복잡한 방법으로 사회적 상황에 대해 생각할 수 있게 된다. 그들은 성 고정화와 같은 이전에 이해했던 어떤 관습이 훨씬 더 추상적이라는 사실을 실감함으로써 남자와 여자로서 가능한 직업과 행동에 대한 고정적인 관념에서 벗어날 수 있게 된다.

④ 전형적인 성에 대한 믿음

학령기 동안에 아동은 그들이 어렸을 때 가졌던 정형화된 성에 대한 믿음을 확장시킨다. 아동은 성에 대해 이야기할 때 정형화된 어떤 특성으로 설명하는데, 예를 들면 남자다운 것으로 거친, 공격적인, 합리적인, 지배적인 것을 말하며, 여성스러운 것으로 온화한, 흥분하기 쉬운, 애정이 깊은 등과 같이 묘사한다. 특정한 성에 대한 정형화된 형태는 꾸준히 증가하다가 11세경에 성인과 같이 고정된다. 비록 학령기 아동이 성적으로 매우 고정화되었다 할지라도, 남자와 여자가 할 수 있는 일에 대해서는 더 융통성 있는 관점을 가진다. 아동은 모순되는 사회적 암시에 대하여 통합적인 사고를 할 수 있는 능력이 발달하면서 사람의 성별이 한 사람의 개인적 특성이나 행동에 대하여 어떤 예언을 할 수 있는 것이 아님을 실감하게 된다.

4. 발달심리학적 관점

1) 성숙주의

성숙주의 이론은 인간이 태어날 때부터 가지고 있는 내적인 성장의 힘에 의해서 보편적 발달 패턴으로 예정된 내용과 순서에 따라 발달이 전개된다고 보는 관점이다. 이 관점은 Rousseau의 인간의 발달이 예정된 패턴대로 전개되어간다는 철학에 근원을 두고 있다. Rousseau는 인간이 모든 발달의 가능성을 본능적으로 가지고 태어나며, 순차적이고 건강하게 자라나는 내적 계획을 가지고 태어나기 때문에 환경적인 자극이 오히려 유아의 자연스러운 성장에 부정적인 영향을 미친다고 하였다. 그러므로 교사는 유아가 어떤 것을 배울 수 있는 준비가 갖춰질 때까지 허용하는 수용적인 양육 태도를 가져야 한다고 보았다.

Hall은 『아동의 마음(The Contents of Children's Mind)』을 통하여 인간의 발달이 예정된 단계를 거친다고 주장하였다. 그리고 Gesell은 이미 초기에 결정된 유전적 요인에 의하여 유기체의 행동패턴의 방향이 결정된다고 보는 성숙과 학습 준비도의 개념을 제시하였으며, 유아관찰, 검사, 부모와의 면담과 같은 체계적인 연구를 통해 연령에 따른 행동의 표준을 수립한 표준행동목록을 제시하였다.

성숙주의 관점에서 교사는 유・아동의 발달 및 성숙 수준에 부합되지 않는 성취를 강요하거나 성숙을 재촉하기보다는 유아의 자발적인 활동을 관찰하여 교육적 개입의 순간을 포착한 후 형식적인 학습으로 이끄는 것이 바람직하다고 보았다.

성숙주의 관점의 대표적인 프로그램으로는 서머힐 학교(Summerhill School), 몬테소리(Montessori) 프로그램, 발도르프(Waldorf) 프로그램, 생태유아교육 등이 있다.

2) 행동주의

행동주의 이론은 모든 행동은 경험의 산물이라고 가정하고 인간에 대한 연구도 과학적 방법과 명백한 행동(overt vehavior)을 대상으로 규명해야 한다고 하였다. 그리고 환경을 조절함으로써 인간의 행동을 조절할 수 있다고 하였으며 환경을 조절하면 인간의 모든 행동도 조절 가능하다고 주장하였다.

Watson은 인간의 외현적인 행동을 관찰하여 그러한 행동을 일으키는 구체적인 자극을 알아낸다면 행동의 이유를 설명할 수 있을 뿐만 아니라 특정한 조건에서 인간의 행동을 예측할 수 있다고 하였다. Pavlov, Thorndike, Skinner 등 행동주의 심리학자들은 동물을 대상으로 한 연구를 통해 환경적 요소에 의해 새로운 행동이 형성되고 강화되는 학습의 원리를 발전시켰다. 행동주의 이론은 인간의 외현적인 행동에만 초점을 두고, 학습이 진행되는 과정을 간과했다는 비판을 받고 있으나 교육현장에서 나타나는 학습자의 바람직하지 못한 행동을 억제하고 바람직한 행동을 격려하여 지속할 수 있는 매우 효과적인 학습 이론이라고 할 수 있다.

행동주의적 관점에서 아동지도방법은 아동에게 필요한 목표를 구체화하고 그 목표를 달성하기 위해 학습내용을 위계화, 순서화하여 단계별로 제시함으로서 아동의 기존의 경험에 기초하여 새로운 지식을 습득하도록 지도하는 것을 강조하고 있다. 즉, 교사는 다양한 아동의 발달상의 차이를 모두 포괄할 수 있도록 활동을 계획하여 아동과 환경과의 상호작용을 촉진하고 바람직한 행동을 형성해 가는 환경을 구성해야 한다.

3) 인지주의

20세기 중반에 접어들면서 행동주의 이론으로는 설명하기 힘든 인간의 사고과정과 행동에 대해서 인지심리학자들이 연구결과를 발표하면서 행동주의 영향은 급속하게 퇴조되었다. 학습에 대한 인지적 접근(cognitive approach)은 사고의 변화에 초점을 둔 이론으로 학습하는 동안 정보를 처리하고 표상하는 것의 기저가 되는 정신세계를 강조하였다. 행동주의 관점에서는 아동은 환경에 반응하는 수동적인 존재이지만 인지주의 관점에서는 새로운 정보를 적극적으로 받아들이며 능동적으로 지식을 구성하는 존재로 본다. 그리고 아동 자신의 다양한 경험을 토대로 다양한 학습 성과를 나타내며 직접 경험을 뛰어넘는 행동변화와 행동 잠재력의 변화로 다양한 학습 변화의 과정이 내면적으로 이루어진다고 하였다.

인지주의 관점에서의 교육의 의미는 교사는 아동의 선행지식을 활성화해 주어야 하며 아동의 주의를 끄는 수업을 계획해야 한다. 아동은 눈에 보이지 않는 수많은 잠재적 학습 상태이며, 자신의 선행지식을 토대로 새로운 정보를 부호화한다. 그리고 아동의 주의를 유도하는 전략은 유머 사용하기, 수업 참여 기회 높이기, 아동의 이름 부르기, 음악 사용하기, 그림 또는 도표 제시하기 등이 있다.

4) 구성주의

구성주의는 학습자 스스로 지식을 구성한다는 점을 강조한 철학적 견해, 즉 인식론적 가정을 제시하는 하나의 주관적 패러다임이다. Duffy는 구성주의가 어떤 완료된 형태로서가 아니라 지속적으로 진행해 나간다는 의미를 강조하면서 구성주의를 '앎의 이론'이라고 했다. 구성주의에서는 객관적 실재를 부정하고 개체가 자신의 삶의 맥락 속에서 관경과 상호작용하면서 구성된 지식을 다시 자기의 삶에 적용할 때 자기에게 유용한 지식이라고 본다. 이런 의미에서 보면 구성주의는 단순한 인식론을 넘어서 존재론적인 색채까지 띄고 있다고 할 수 있다.

구성주의는 최근에 부각되었지만 완전히 새로운 견해가 아니라 Dewey, Piaget, Vygotsky, Bruner와 같은 학자들이 지속적으로 강조해 온 관점이다.

구성주의는 주입식 교육이 아닌 아동 스스로가 학습에 대한 주인의식을 가지고 능동적으로 학습의 과정에 참여하고 학습의 과정에 책임을 질 때 가장 효과적이다. 그리고 교사의 역할은 아동의 학습을 돕는 조언자이자 배움을 같이 하는 동료 학습자로서 구체화되고 구조화된 지식의 전수자가 아닌 '인도자', '조언자', '동등한 학습자' 등으로 새롭게 규정되었다. 구성주의의 협동학습 환경은 구성주의를 극단적 주관주의와 구분하도록 하는 척도가 된다. 그리고 지식의 습득과 형성은 단지 인간의 개인적인 인지적 작용만으로 이루어지는 것이 아니고 반드시 개인이 속한 사회·문화적 배경과의 상호작용을 전제로 하고 있다.

아동이 스스로 학습에 참여하도록 이끌고 자극을 주며, 모델이 되고 관련된 과제를 끌어내고, 풍부한 경험의 기회를 제공하는 것이 중요하며 다양한 경험을 통해 새로운 기술을 습득할 수 있도록 풍부한 교육적 환경을 조성하는 것이 중요하다.

구성주의 교수법에는 아동 중심 교수법, 탐구학습법, 협동학습법, 문제해결학습법, 프로젝트학습법, 심미적 교수법 등이 있다.

5) 인본주의

인본주의는 인간은 본래 선하며 존경받을 만하고, 환경 조건만 적당하면 잠재능력을 실현해 나가려 하는 능동적 존재로서 인간을 파악하고 있으며 인간 자체의 가치와 개인의 독특성 그리고 내면적이고 주관적이며 경험적인 역동성과 전체성에 관심을 가지고 있고 '건강한 인간'을 대상으로 하는 이론이다. Maslow는 건강한 아동들은 경험의 실현을 추구한다고 결론을 내렸으며 아동들에게 선택의 자유를 주면 그들에게 유익한 것을 선택하므로 부모와 교사들은 너무 간섭하거나 아동의 행동을 조형하려고 할 것이 아니라 아동을 신뢰하고 스스로 성장하도록 도와주어야 한다고 하였다. Rogers는 그 당시 상담의 주된 세력이었던 정신분석학과 지시적 상담의 입장에 반대하고 비지시적 상담(nondirective counseling)을 표방하면서 새로운 상담의 원리를 제시하였다. 비지시적 상담은 내담자의 긍정적인 성장 가능성을 중시한다는 입장에서 내담자 중심 상담(client-centered counseling)으로, 후에는 인간 중심 상담(person-centered counseling)으로 이름을 바꾸었다. Rogers는 내담자를 대할 때 따뜻하고 긍정적이며 수용적인 태도를 취했고, 또한 내담자들과 더불어 공감할 수 있었고, 그들의 사고와 감정을 감지할 수 있었다.

인본주의는 내용이 모호하고 뒷받침할 만한 실증적 증거가 빈약하지만 인간에 대한 깊은 신뢰와 존중이 이론의 뿌리이기 때문에 여러 교육자들로부터 긍정적 지지를 많이 받고 있다.

인본주의의 교육적 의미는 교사나 부모들은 학생들의 성장·발달에 지나치게 개입하여 행동을 형성하려고 하지 말고 학생들 스스로 자기의 길을 찾아다니도록 도와주면 된다. 그리고 학생들에게 안정과 안락이 보장된 환경에서 자유롭게 먹고, 자고, 놀고, 탐색할 수 있도록 해주는 것이 중요하다고 강조하였다. 아동들에게 긍정적 자아개념을 갖도록 도와주는 것이 곧 교육이며 인지학습에 강조점을 둘 것이 아니라 아동의 정의적 성장에 강조점을 두어야 한다고 하였다.

04 CHAPTER

방과후 프로그램 운영

1. 방과후 교사의 자격, 역할 및 자질

1) 방과후 교사의 자격

방과후 교사는 방과후 아동지도를 담당하는 자를 말하는데, 우리나라의 경우 방과후 교사임용의 기준은 그 시설이 지원받는 부처에 따라 조금씩 다르다. 현재 우리나라의 방과후 보육시설은 교육부, 보건복지부, 여성가족부 등 여러 부처와 조직 등과 관련되어 있다. 교육부는 초등학교에서, 보건복지부는 지역아동센터, 어린이집에서 초등학교 저학년 아동을 대상으로 하는 방과후 교실을 관할하고 있고, 여성가족부의 경우 여성의 사회적 일자리 창출을 위한 지원방안 중의 하나로 청소년 방과후 아카데미를 지원하고 있다(문화체육관광부, 2018). 이와 같이 다양한 부처에서 다양한 이유로 방과후 프로그램이 제공되고 있어 방과후 아동지도에 대한 개념 정립이 쉽지 않듯이, 방과후 교사의 자격기준도 매우 다양하다.

2) 방과후 교사의 역할

방과후 수업 혹은 돌봄 활동을 하고 있는 모든 교사는 아이를 좋아하고 사랑하는 마음이나 성향이 근본적으로 있어야 한다.

초등 방과후 돌봄교실은 초등학교에서 방과후 별도로 마련한 교실에서 학생들을 돌보는 역할을 담당하며 맞벌이 가정이나 저소득층, 한부모 가정 초등학생을 위해 학교의 교육기능을 확대 적용한 것이다. 그러므로 방과후 교사는 아동의 인지적 측면에서의 발달과 더불어 사회 정서적인 측면을 지원하는 역할을 수행해야 한다.

교사와 아동의 관계도 수직적이기보다는 수평적인 관계를 맺을 수 있도록 하는 것이 바람직하고, 학습지도에 있어서도 집단으로 이루어지는 형식적인 지도보다 개별적이거나 비형식적인 형태의 지도가 바람직하다(이순형 외, 2002).

따라서 방과후 교사는 보호와 보살핌을 제공하는 보육자로서 역할 뿐 아니라 성취도 향상을 비롯한 다양한 측면의 발달을 촉진시킬 수 있는 교육자로서 역할도 수행할 수 있어야 한다.

그러나 일반적으로 방과후 교사는 초등학교 아동의 학업 성취도를 향상시키기 위한 교육적 역할이 강조되는 경향이 있다. 교육자로서의 역할을 수행해야 하는 방과후 교사는 담당 아동이 속한 학년의 전반적인 초등학교 교육과정과의 연계를 파악하여 다른 학년과의 연계성을 가지고 지도할 수 있어야 한다.

방과후 아동지도에서는 교육적인 측면뿐 아니라 정서적인 측면도 강조되어야 한다. 아동의 정서적인 측면이 강조되는 환경에서 방과후 교사는 아동에게 훨씬 의미있는 존재가 될 수 있으므로 더욱 중요한 역할을 수행할 수 있게 된다. 부모와 정서적으로 원만한 관계를 형성한 가정의 아동은 방과후 교사와의 정서적인 유대관계도 쉽게 형성하므로 가정에서 부모와의 긍정적인 관계 형성을 지원하는 것도 방과후 교사의 역할이라고 볼 수 있다.

학령기 아동에게 쉽게 마음의 문을 열지 않는 아동에게는 보다 많은 관심을 기울여야 한다. 만약 아동이 마음의 문을 쉽게 열지 않는다는 이유로 숙제 지도와 학습보조 등의 역할만을 하면서 아동과 피상적인 관계만 유지한다면 가정에서 정서적 어려움을 겪을 가능성이 있는 아동에게 보다 필요한 역할을 수행하지 못한다. 이와 같이 방과후 수업이 단순히 학교 숙제를 지도해주는 곳이 아니라 아동이 정서적 위안을 얻을 수 있는 가정 같은 곳이 되기 위해 교사는 아동과 깊은 정서적인 유대관계를 형성할 수 있도록 노력해야 한다.

교사는 아동들에게 부정적인 감정 없이 지속적인 신뢰와 애정을 줌으로써 특히 어려운 상황에 있는 학령기 아동과 호의적인 정서적 관계를 형성하는 것은 중요하다. 교사와 아동 간에 이러한 긍정적인 관계가 형성되었을 때 교사는 자신을 믿어주는 사람, 어려운 일을 이야기할 수 있는 사람으로 여겨질 수 있을 것이다.

이와 같은 교사와 아동 간의 진정한 관계의 형성은 저소득층 혹은 부모와의 관계가 원만하지 못한 학령기 아동에게 긍정적인 자아 형성을 할 수 있도록 정서적 기반을 형성하게 함으로써 그 의미가 매우 크다고 할 수 있다.

이렇듯 방과후 아동지도에 있어 교사는 아동의 발달과정에 결정적 영향력을 행사하므로 교사 질의 관리는 방과후 아동지도의 질의 향상을 위해 매우 중요하다. 현재 방과후 교실의 교사 운영 상황은 특정한 지침과 기준이 없이 이루어지고 있는 실정이므로 향후 방과후 교사 자격과 역할을 고려한 효율적인 교사 배치 및 운영방안이 시급히 마련될 필요가 있다.

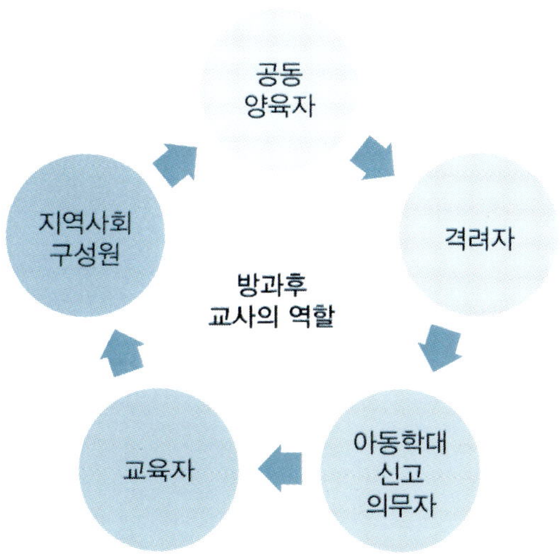

그림 4-1 방과후 교사의 역할

이러한 교사의 역할을 살펴보면 다음과 같다.

① 공동양육자로서의 역할

방과후 교사는 아동에게 양육자의 역할을 대신하는 매우 중요하고 의미있는 성인이다. 그러므로 교사 스스로 자신을 아동의 양육자에게 고용되어 잠시 아이를 돌봐주는 보육자로 생각하기에 앞서 양육자와 함께 아동의 건강한 발달을 지원하는 전문가이자 공동양육자의 자세를 갖는 것이 중요하다. 또한 교사는 한

가족의 행복을 증진시킬 수 있는 제2의 양육자로서, 부모와 아동 간의 관계를 매개할 뿐만 아니라 양육자를 격려하고 아동을 행복하게 하여 가정의 화목을 돕는 행복전도사의 역할도 수행할 수 있다.

② 격려자로서의 역할

방과후 교사는 아동의 성장발달을 지지하고 알맞은 환경을 조성해 주어야 한다. 교사는 양육자가 아동과 안정적인 관계를 유지할 수 있도록 지지해 주는 역할을 할 수 있다. 맞벌이를 하거나 학업, 취업준비 등으로 돌봄 활동에 공백이 생기는 양육자에게 아동의 건강상태나 발달수준에 대해 구체적으로 설명하고 아동의 성장을 도울 수 있도록 양육을 돕는다.

③ 아동학대 신고의무자로서의 역할

방과후 교사는 돌보는 아동을 폭력으로부터 보호하는 감시자 역할을 한다. 만약, 아동이 보호자로부터 신체적·정신적·성적 폭력 또는 가혹행위 및 유기와 방임으로 위험에 처해 있다고 판단되는 경우, 즉시 소속기관에 알리고 아동보호전문기관(아동학대예방센터)으로 신고하는 등의 적절한 조치를 취해야 한다.

④ 교육자로서의 역할

방과후 교사는 영유아기와 학령기의 아동이 좋은 생활습관을 형성할 수 있도록 교육자 역할을 할 수 있다. 또한 양육자가 아동과 상호작용하는 방법에 미숙하거나 잘못된 양육방식을 사용하고 있는 경우에 양육자를 대상으로 교육자 역할을 할 수도 있다. 하지만 아이돌보미가 자신의 양육방법을 고수하기보다는 양육자의 방식을 존중하고 양육자와 대화를 통해서 어떻게 하면 아동을 건강하게 키울 수 있을지 고민하는 것이 좋다.

⑤ 지역사회구성원으로서의 역할

방과후 교사는 서비스를 제공하는 것이 주요 업무이지만, 실제로 현장에서 다양한 가족을 만나 그들을 지역사회에 연계시키고 복지 사각지대에 있는 대상을 발굴하는 역할을 한다.

3) 방과후 교사의 자질

방과후 아동지도에서는 학령기 아동을 대상으로 교육과 보육이 이루어진다. 아동에게는 계획적인 지식 교육뿐만 아니라 교사 및 또래와 생활하면서 이루어지는 의도하지 않은 교육도 매우 중요하다. 의도하지 않은 교육은 방과후 아동지도의 일상생활 환경 자체에서 자연스럽게 이루어짐으로써 아동들에게 더 많은 영향을 미칠 수 있는데 이러한 생활을 통한 교육에서 가장 중요한 영향을 미치는 요인이 바로 교사이다. 방과후 교사는 다른 교육기관의 교사와 마찬가지로 개인적인 자질과 전문적인 자질을 갖추고 있어야 한다. 개인적인 자질이란 생활 속에서 아동들에게 무의식적으로 영향을 미치는 요인으로 교사의 사람됨과 같은 인성적 측면이 여기에 속한다. 전문적인 자질이란 교육과정에 대한 지식과 교육과정을 운영할 수 있는 기술, 교직에 대한 신념과 같은 교사로서 가지고 있어야 할 자질을 말한다.

방과후 교사로서 개인적 자질을 갖춘 사람이란, 첫째, 신체적·정신적으로 건강해야 한다. 아동들은 학교 정규 수업을 끝내고 방과후 프로그램에 오는 학생들은 학습에 지쳐 오는 경우가 있다. 이러한 아동에게 인지적인 교과 내용보다는 신체적·정서적·사회적 발달에 초점을 둔 활동이 아동의 요구와 개별적 수준에 맞추어 제공되어야 하므로 신체적 및 정신적 건강은 교사가 갖추어야 할 기본 능력이다.

둘째, 아동을 좋아하고 사랑해야 한다. 교사는 교육 이전에 아이를 사랑하는 마음이 전제되어 있어야 그에 적절한 교육도 잘 이루어질 수 있다.

셋째, 인격과 교양을 갖춘 창의적인 사람이라고 할 수 있다. '교육의 질은 교사의 질을 능가할 수 없다'라는 말이 있듯이 교사는 인격이 갖추어지지 않은 교사라면 다른 것을 모두 갖추었다 하더라도 훌륭한 교사가 될 수 없다.

넷째, 매사에 모범적이며 성실해야 한다. 교사의 행동 하나하나는 아동들에게 모델링이 되기 때문에 자신의 삶에 성실하고 열정적인 사람이어야 한다.

다시 말해, 학령기 아동의 발달과업 중 하나인 근면성을 발달시키기 위한 성실성과 인내심, 학령기 아동의 긍정적인 자아개념 형성을 도와주기 위한 자애로

움, 아동의 사회적 관계를 다양하고 폭넓게 형성할 수 있도록 지지하기 위한 사회성 등을 갖춘 사람을 의미한다고 볼 수도 있다(이순형 외, 2002).

방과후 교사의 전문적 자질에 대하여 신혜영과 유민임(2003)은 아동 발달에 대한 지식과 프로그램을 계획하고 실천하는 능력, 교육적 가치관을 실제에 적용하는 능력, 교직에 대한 윤리의식과 지역사회와 교류하는 능력이라고 하였다. 그 외에도 학령기 아동의 긍정적 자아 형성을 지원하기 위하여 아동에 대한 수용적 태도와 효과적인 의사소통 능력을 갖추는 것, 학교의 학습활동이나 일상적인 일과에서 벗어나고자 하는 아동의 특성을 고려하여 아동의 흥미와 관심을 끌 수 있는 레크리에이션 지도 능력, 부모 참여와 부모교육을 담당하는 능력 등을 갖추는 것도 방과후 교사의 전문적 자질로 볼 수 있다(이순형 외, 2002).

2. 운영관리

1) 운영관리의 개념 및 영역

방과후 프로그램을 효과적으로 운영하기 위해서는 운영관리가 전문적으로 이루어져야 하는데, 하루의 일과를 계획하여 어떤 활동을 아동들에게 제공하는 것은 효과적인 프로그램 운영에 가장 중요한 요소라고 할 수 있다. 교사는 일과 운영 계획 시 아동의 욕구를 충족시킬 수 있도록 일과 계획을 세워야 한다. 학교생활은 구조화되어 있으므로 방과후 아동지도 시설에서는 구조화되지 않은 활동을 계획함으로써 아동의 긴장을 완화시키고 편안한 기분을 느낄 수 있도록 배려해야 한다. 무엇보다 계획된 프로그램이 있다 할지라도 아동의 흥미를 고려하여 융통성 있게 운영하는 것이 중요하다.

일과 운영 시 고려해야 할 점은 다음과 같다.

- 등원이나 귀가 시 시간을 융통성있게 계획해야 한다.
- 아동이 학교에서 경험한 것을 일과 운영에 반영하여야 한다. 예를 들어, 학교에서 미술관으로 견학을 갔다면, 그에 관련된 활동을 연계하여 경험의 확

장이 일어나도록 지원할 수 있어야 한다.

- 다양한 나라의 인종 및 문화에 대한 이해와 존중을 높일 수 있는 내용이 반영되어야 하며, 프로그램의 모든 측면에 다양한 문화적 경험이나 시각이 포함될 수 있어야 한다.
- 아동은 예측된 활동을 선호하므로 규칙적인 활동에 기초하여 일과를 계획하여야 한다.
- 아동의 성역할에 대한 가치관이 반영되어야 한다. 요리 수업이나 게임, 스포츠 같은 활동은 함께 할 수 있도록 계획하며, 교구 등도 주의 깊게 선택한다.
- 원래 계획했던 일정이라도 프로그램의 진행 과정에 따라 수정될 수 있다. 예를 들어, 날씨의 변화, 아동이 좋아하는 활동에 따라 계획을 변경할 수 있다.

표 4-1 방과후학교와 초등돌봄교실의 특성 비교

구 분	방과후학교	초등돌봄교실
비용부담	• 급·간식비, 프로그램비 등 수익자 부담	• 시설비, 인건비, 프로그램비 지원 • 학교 여건에 따라 급·간식비 수익자 부담
운영시간	• 방과후~17시(운영시간 내 학생 희망에 따라 시간대 선택가능)	• 아침돌봄 : 6시30분~등교 전 • 오후돌봄 : 방과후~17시 • 저녁돌봄 : 17시~22시(학교 여건에 따라 탄력적 운영 및 보호자 동행 시 조기 귀가 가능)
내용	• 학교에 개설된 방과후학교 프로그램(수강을 희망하는 모든 초·중·고 학생 대상) • 개설된 여러 프로그램(교과학습, 특기적성) 중 희망여부에 따라 선택참여	• 맞벌이·저소득층·한부모 가정 학생(초등 1~2학년) 대상 • 별도 프로그램(단체 활동, 개인 활동) 제공

표 4-2 서울소재 A초등학교의 돌봄교실 운영 개요

종류		시간	장소	대상	운영
학기중	아침돌봄	07 : 30~09 : 00	돌봄전용교실	1~2학년 맞벌이 자녀 중 희망자	학기 중 월~금 (토·일 공휴일 제외)
	오후돌봄	13 : 00~17 : 00	돌봄전용교실 • 돌봄1,2,3,4반 (1학년 교실)	1~2학년 맞벌이 자녀 중 희망자	학기 중 월~금 (토·일 공휴일 제외)
	저녁돌봄	17 : 00~20 : 00	돌봄전용교실	오후돌봄 학생 중 희망자	학기 중 월~금 (토·일 공휴일 제외)

방학중, 학교수업 없는 날 (수요조사 후 운영실시)	오전・오후・저녁돌봄	08 : 00~20 : 00	돌봄전용교실 및 돌봄 1,2반	학기 중 오후돌봄 학생 중 희망자	방학 중 월~금 학교자율휴업일, 근로자의 날 등 (토・일 공휴일 제외)

(1) 학기 중 방과후 아동지도

학교수업 학기 중에는 거의 학교교육이 끝나는 시간인 오후 1시부터 5시까지 이루어지며, 토요일의 경우는 학부모의 형편에 따라 기관이나 융통성 있게 운영될 수 있다. 교내에서 실시되는 방과후 프로그램에 오는 아동은 학년별로 하교 시간에 따라서 달라지므로 학년별 프로그램 구성을 달리해야 한다. 교내가 아닌 교외에서 실시되는 프로그램의 경우는 학년별 하교 시간과 학교에서 방과후 기관까지 오는 데까지 걸리는 시간도 각자 다르므로 프로그램 시작 시간에 하는 활동을 융통성있게 계획해야 한다.

표 4-3 정규수업, 초등돌봄교실, 유료 방과후 학교 프로그램 통일형 시간표

요일 / 구분	월	화	수	목	금
13 : 00~13 : 40	정규수업	정규수업	돌봄교실 또는 유료 방과후 학교 프로그램 참여	정규수업	돌봄교실 또는 유료 방과후 학교 프로그램 참여
13 : 40~13 : 50	이동 및 쉬는 시간				
13 : 50~14 : 30	돌봄 교실 또는 유료 방과후 학교 프로그램 참여	돌봄교실 또는 유료 방과후 학교 프로그램 참여	돌봄교실 또는 유료 방과후 학교 프로그램 참여	돌봄교실 또는 유료 방과후 학교 프로그램 참여	돌봄교실 또는 유료 방과후 학교 프로그램 참여
14 : 30~14 : 40	이동 및 휴식				
14 : 40~15 : 20	개인 활동(간식 포함)				
15 : 20~15 : 30	이동 및 휴식				
15 : 30~16 : 10	(단체 활동) 북아트	(단체 활동) 창의로봇	(단체 활동) 음악줄넘기	(단체 활동) 쿠킹클레이	(단체 활동) 오카리나
16 : 10~16 : 20	이동 및 휴식				
16 : 20~17 : 00	(개인 활동) 안전교육 DVD시청	(개인 활동) 숙제하기 일기쓰기	(개인 활동) 숙제하기 일기쓰기	(개인 활동) 숙제하기 일기쓰기	(개인 활동) 숙제하기 일기쓰기
17 : 00~17 : 10	귀가				

(2) 방학 중 방과후 아동지도

방학 중에는 오전 9시부터 오후 5시까지 월요일에서 금요일까지 운영되고 있으며, 학기 중이기는 하지만 재량 휴업일이나 공휴일 또는 방학 중 등의 다양한 상황으로 인하여 방과후 아동지도가 필요한 경우가 발생한다. 아동 개인 사정에 따라 출석률이 일정하지 않을 수는 있으나 프로그램 운영은 지속적으로 운영되어야 한다.

활동명	내용
숙제 및 학습지도	학교 숙제지도, 받아쓰기 지도, 개별 학습지도
독서지도	매일 30분 독서지도
특기교육	특별 활동 프로그램 실시 동의서 신청내용에 따라 선택 실시 체육, 과학, 뉴 스포츠, 독서토론(3~5학년)
집단활동	안전교육(월 2회), 요리 활동 및 생일잔치 (월 1회)
현장학습	방학기간 활용 체험 활동 실시
지역사회 연계 및 특별행사	• 서대문보건소 연계 구강교육 및 검진, 건강증진 프로그램, 약물 오남용교육 등 • 서대문 아이윌센터 연계 스마트 미디어 예방 프로그램 • 서대문구방과후교실 연합회연합행사 • 이대 복지관 연계 어린이잔치, 문화교류 프로그램, 작은 음악회, 보건 교육 등, 이대 문화예술교육원 연계 예술융합 프로그램 • 할로윈데이, 알뜰시장, 크리스마스잔치, 수료식 등

표 4-4 서울 구립북아현방과후 교실 보육내용

프로그램	내용
학습지도	숙제 및 학습지도 – 학교 숙제지도, 받아쓰기 지도, 개별학습지도
	독서지도 – 매일 30분 책 읽기
특기교육	특별 활동 실시 동의서 신청내용에 따라 개별 선택 실시 • 독서토론(1~5학년 대상), 생활체육(1~5학년 대상), 음률수업(1~2학년 오카리나, 3학년 리코더, 4~5학년 단소)
급식/간식 제공	50% 이상 친환경 재료로 조리하에 제공함
특별행사	• 방학기간 중 체험 활동 실시 • 매달 셋째주 월요일 생일잔치 • 요리체험, 어린이날 행사, 서대문방과후 연합체육대회, 크리스마스 잔치, 수료식 등
방학중 프로그램	• 종일보육 가능 • 공예 활동 및 외부체험, 견학 활동 • 책을 활용한 독서토론(저학년), 책을 활용한 독서논술 활동(고학년) • 방학중 급식 및 간식제공

표 4-5 서울 구립충현방과후 교실 보육내용

지자체	사업명	사업내용(안)
울산 북구	「꿈나무 그루터기」 사업	• (이용대상/운영시간) 초등학생/ 월~금 13~20시, 토 10~12시 • (서비스) 일시·긴급돌봄, 숙제 및 학습지원, 지역탐방 등 현장학습, 부모·자녀 프로그램 • (장소) 북구 건강가정·다문화지원센터내 설치
경기 과천시	「마을돌봄 나눔터」	• (이용대상/운영시간) 초등학생 / 월~금 13~19시, 방학중 종일 • (서비스) 일시·긴급돌봄, 숙제 및 생활지도, 특별 프로그램 운영, 등하원 안전 앱서비스, 학원통원 지원, 간식 제공 *사회서비스투자사업으로 추진 • (장소) 공무원 관사, 아파트 재건축단지내 커뮤니티센터 등
충 북 청주시	「언제든 돌봄 나눔터」	• (이용대상/운영시간) 12세 이하 아동 / 월~금 9~22시 • (서비스) 일시·긴급돌봄, 공휴일 돌봄, 문화·예술·체육 프로그램, 현장학습 등 • (장소) 아파트 관리사무소 내 커뮤니티 센터
충 북 단양군	「아이키움 온(溫)마을 사업」	• (이용대상/운영시간) 만 8세 이하 아동 / 화~토 오후~21시 • (서비스) 일시돌봄, 방과후 돌봄 프로그램 운영(독서, 미술, 한자, 서예 등), 아동 15~20명당 온회원 지정하여 등하원 및 저녁도시락 지원, 장난감·책 대여 • (장소) 마을회관
충 남 보령시	「틈새돌봄 놀이터」	• (이용대상/운영시간) 초등학생 / 월~금 13~21시 • (서비스) 일시·긴급돌봄, 주중 문화·예술·체육 프로그램 운영, 주말 현장학습, 간식제공 • (장소) 민간빌딩
충 남 서천군	「송아리 돌봄센터」	• (이용대상/운영시간) 3~12세 아동 / 월~금 8~21시 • (서비스) 일시·긴급돌봄, 숙제 및 학습지원, 현장 및 체험프로그램 운영, 귀가지원 등 • (장소) 여성문화센터내 1층
전 북 익산시	「토요일 및 야간 일시·긴급 돌봄」사업	• (이용대상) 5세 이하 영유아(맞벌이, 한부모) • (운영시간) 월~금 18시~22시, 토 9시~18시 • (서비스) 평일 야간 및 토요일 주간 일시·긴급돌봄 • (장소) 육아종합지원센터 내(익산시 직영)
전 남 여수시	「아이나래 행복센터」	• (이용대상/운영시간) 3~12세 아동 / 월~금 13~21시, 토 9~13시 • (서비스) 일시·긴급돌봄(퇴근시간, 방과후), 등하원 지원, 숙제지도 및 놀이교실 운영 *사회서비스투자사업으로 추진 • (장소) 여성문화회관 별관 교육실
경남 창녕군	「또바기 돌봄」사업	• (이용대상/운영시간) 초등학생 / 월~금 16~19시 • (서비스) 방과후 일시돌봄, 이미용·간식지원, 귀가지원, 아동 심리지원, 치아관리 등(보건소 연계) • (장소) 경로당(마을회관 겸용)
경남 함양군	『꾸러기들의 건강놀이터』사업	• (이용대상/운영시간) 6~12세 아동 / 월~금 9~22시 • (서비스) 일시·긴급돌봄, 학습지원, 보건서비스 등 • (장소) 함양군 보건소

표 4-6 '다함께 돌봄' 사업 개요

〈사례1〉

맞벌이 엄마 A씨는 아이가 **초등학교에 들어가면서 12시 30분에 학교를 마치자 아이를 돌봐줄 사람이 없어서** 친정 부모님께 도움을 요청하였다. 그러나, 이도 여의치 않게 되자 월 100만 원을 지불하면서 민간 베이비시터를 고용해야 했고, **최근에는 직장을 그만두는 고민**까지 하게 되었다.

그러다, 최근 **아파트 단지 내** 설치된 **'다함께 돌봄센터'에서 지역주민들과 은퇴교사, 보육교사 등이 또래 아이들을 돌봐주면서 다양한 프로그램을 운영한다**는 소식을 듣고, 아이를 '다함께 돌봄센터'에 맡겨서 퇴근시간까지 안심하고 돌볼 수 있게 되었다. 이제는 더 이상 **직장생활과 아이 양육 사이에 더 이상 고민하지 않게** 되었다.

〈사례2〉

초등학교 3학년 아이를 둔 B씨는 다함께 돌봄센터가 생기기 전에는 **아이를 학원으로만 돌려왔다**. 경제적인 부담도 부담이지만, **아이가 학원에 제대로 가는지, 학원을 마치고 집에 가서 게임만 하는 것은 아닌지, 저녁 식사는 제대로 챙겨 먹는지 매일 불안**했는데, '다함께 돌봄센터'에서 지역 주민들이 또래 아이들을 돌봐주면서 숙제도 봐주고 간식도 줘서 더 이상 불안해하지 않게 되었다. 아이도 학교 끝나고 더 이상 혼자서 학원을 돌아다니지 않고, **다함께 돌봄센터에 가서 또래 아이들과 함께 놀고, 다양한 문화 프로그램**도 할 수 있어서 좋아하고 있다.

〈사례3〉

경력단절 보육교사인 C씨는 아이를 낳으면서 직장을 그만두었다가, **아이가 중학생이 되자 남는 시간을 활용하여 자신의 경험을 살리면서도 보람을 찾을 수 있는 일을 찾고** 있었다. 마침 동 주민센터에 설치된 '다함께 돌봄센터'에서 일주일에 3번 오후와 저녁시간에 아이를 돌봐주는 일을 할 보육교사 자격이 있는 사람을 찾고 있어 지원하였다. **자신의 경험과 전문성을 살려 동네 아이들을 돌보는 보람있는 일을 하면서 가계에도 도움이 될 수 있어서 만족**하고 있다.

출처: 2017 '다함께 돌봄' 시범사업 사례.

2) 방과후 사업 최근동향

방과후 돌봄에 대한 주요시책을 협의, 관계 기관 간의 연계 및 협력을 강화하기 위하여 중앙 방과후돌봄정책협의회와 시·도 방과후돌봄협의회, 시·군·구 방과후돌봄협의회를 구성하는 등의 민관이 유기적으로 연계·협력하는 방과후 돌봄 서비스체계를 구축하여 돌봄 사각지대를 해소하기 위한 「방과후 아동·청소년돌봄법안」 제정이 추진된다.

학령기 아동·청소년이 적절한 방과후 돌봄을 받지 못한 채 방치될 경우 쉽게 유해환경에 노출되거나 범죄의 대상이 될 우려가 매우 높다는 점에서 이들에 대한 적절한 돌봄을 통한 사회안전망을 갖추는 것이 매우 시급한 과제이며, 현재 보건복지부, 여성가족부, 교육부 등 중앙부처에서는 소관별로 지역아동센터, 방과후아카데미, 방과후 학교와 같은 다양한 사업들을 실시하고 있으나 관계 부처 간 연계가 미흡하여 장기적이고 체계적인 정책수립이 곤란하고, 각 사업별로 운영방식이 상이하여 사업추진의 효과성이 떨어진다는 지적이 제기되고 있어 개선이 절실하다.

「방과후 아동·청소년돌봄법안」의 주요 내용은 학교 정규교육과정으로 아동들을 보호할 수 없는 시간 동안 아동·청소년을 안전하게 보호 및 적절한 돌봄을 실시함으로써 학령기 아동·청소년의 건강한 성장과 발달에 기여하기 위한 것이다. 보건복지부장관과 관계 중앙행정기관의 장은 5년마다 방과후 돌봄 기본계획을 수립하고, 관계 중앙행정기관의 장과 시·도지사는 방과후 돌봄 기본계획에 따라 연도별 시행계획을 수립하고 이를 시행하도록 하였다.

그리고 방과후 돌봄서비스를 학령기 아동·청소년의 안전한 보호 및 급식지원 등으로 구체화하여 정하고, 다른 법률에 따라 설치·운영하는 아동·청소년 관련 시설이 방과후 돌봄서비스를 제공하기 위하여 대통령령으로 정하는 인력·시설 등의 기준을 갖추도록 하며, 국가와 지방자치단체 및 방과후 돌봄시설은 취약계층 아동·청소년에게 우선적으로 방과후 돌봄서비스를 지원하도록 하였다.

또 국가와 지방자치단체는 방과후 돌봄 관련 정보를 종합적으로 관리하고 이를 보호자 및 학령기 아동·청소년에게 제공하기 위하여 방과후돌봄지원정보시스템을 구축·운영하도록 하고, 시·도지사 또는 시장·군수·구청장은 방과후 돌봄시설의 운영을 지원하고 관련 서비스의 개발·보급 등을 위하여 방과후돌봄지원센터를 설치·운영하도록 하며, 국가와 지방자치단체는 방과후 돌봄시설 및 방과후돌봄지원센터의 설치·운영과 취약계층 아동·청소년 돌봄 우선 지원에 필요한 비용 등의 전부 또는 일부를 지원할 수 있도록 하는 내용을 담고 있다.

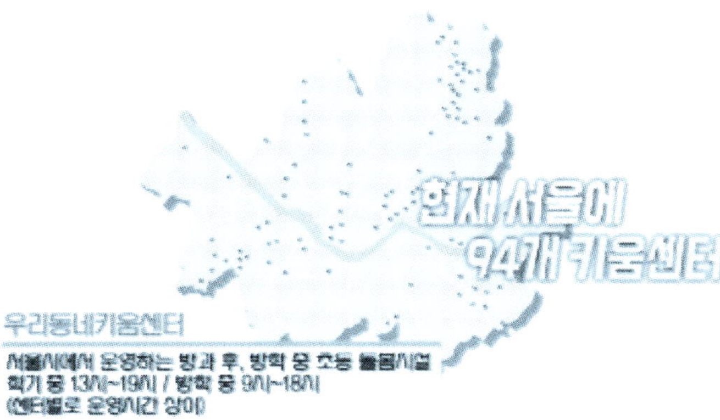

출처: ‘SBS 스페셜’(사진=SBS).

2020. 10. 25일에 방송된 SBS 스페셜에서는 ‘일은 내가 할게, 아이는 누가 볼래?’라는 부제로 비상이 걸린 맞벌이 부부들의 아이 돌봄에 대해 조명했다.

이날 방송에서는 코로나19로 인해 자녀 돌봄에 비상이 걸린 맞벌이 부부들.

부모는 출근하는데 아이들은 집에 있어야 하는 상황은 돌봄 절벽으로 치닫고 있는 것.

두 아들의 엄마 정미숙 씨는 집에서 10분 거리의 커피숍을 운영 중이다.

형제 둘만 남은 집 어디선가 미숙 씨의 목소리가 들렸다. 이는 바로 CCTV. 미숙 씨는 바로 CCTV를 통해 아이돌봄을 하고 있었던 것.

그는 CCTV를 통해 아이들의 공부도 챙기고 식사까지 챙기고 있었다.

이에 미숙 씨는 “아이들은 감시받는 것 같아 싫다고 하지만 이보다 더 안전한 돌봄방법을 찾지 못했다”라며 이 같은 방법을 택한 이유를 밝혔다.

그리고 지난 9월 엄마가 집을 비운 사이 초등학생 형제들만 있다가 발생한 화재로 결국 형제 중 동생이 목숨을 잃게 된 돌봄 공백이 남긴 참사는 남의 일이 아닌 것 같아 안타깝다고 했다.

워킹맘의 절반 이상이 퇴사를 고민하는 시기는 바로 아이들의 초등학교 입학. 이는 유치원, 어린이집처럼 온종일 돌봄이 이뤄질 수 없기 때문이었다.

또한 공적 돌봄 시스템에 기대기에는 턱없이 부족한 상황.

이에 4, 9살 아이의 엄마 주은 씨는 3명의 엄마를 고용했다.
아침에는 등원 준비를 도와주는 돌보미 선생님, 그리고 방과후 놀이와 학습을 책임져주는 놀이 돌보미 선생님.
마지막으로 저녁 식사를 맡아주는 저녁 돌보미 선생님까지.
주은 씨는 "돌보미 선생님은 없어선 안 될 구세주 같은 존재다"라며 "비용은 다 해서 150만원에서 160만원 정도인데 아주 만족하고 있다.
계속 이렇게 하고 싶은데 금액적 부담이 있는 것은 사실이다"라고 했다.
치위생사 워킹맘 영일 씨는 아이 넷을 둔 다둥이 엄마다.
그는 막내는 친정 엄마에게 맡기고 5살, 7살 아이들은 어린이집 온종일 돌봄을 보낸다. 그러나 온종일 돌봄이 어려운 초등학교 3학년생 큰딸은 엄마가 함께 출근을 하거나 아빠가 출근을 미루고 돌봄을 담당하고 있다고 밝혔다.
그리고 이에 영일 씨는 "일하는 엄마를 만나서 아이가 너무 짠하다"라며 눈물을 흘렸다.
그리고 내년 둘째가 초등학교에 입학하면 지금보다 더 힘들어질 상황을 걱정했다.
엄마들은 말한다.
초등학교 온종일 돌봄이 있고 거리의 편리함이 보장되는 돌봄 시스템이 마련되어야 한다고...
아이 키우기 좋은 나라 1위 덴마크는 돌봄 때문에 일을 그만두는 일은 생각하기 어려웠다.
덴마크는 공적 돌봄 63.5%라는 높은 비율로 돌봄 공백이 발생하지 않고 자유 근무와 유연 근무라는 특별한 고용 시스템으로 스스로 아이들을 돌보는 것이 가능해 눈길을 끌었다.
최근 우리나라도 서서히 도입되고 있는 유연 근무, 이에 경단녀 이송미 씨는 재취업에 성공했다.
그러나 내년까지 코로나19가 지속되며 온라인 수업이 계속된다면 아이가 초등학교에 입학하는 내년부터는 다시 경력 단절의 위기가 올 것이라며 근심했다.
많은 맞벌이 부부들이 지적하는 초등학교 돌봄이 해결되지 않으면 이들의 근본적인 고민은 해결하기 어려운 것.
이에 전문가는 "학교에서 돌보는 것뿐만 아니라 마을에서 일정 부분 돌보아야 할 것. 가족이 기르고 마을이 기르고 국가가 함께 기른다는 것 잊지 말아야 한다"라고 강조했다.
이런 것 때문일까.
최근에는 마을 돌봄이 시작되고 있다. 이에 미숙 씨는 아이들과 함께 동네에 위치한 우리동네키움센터를 찾았다.
이 곳은 아이들이 하교한 후부터 석식까지 돌봐주고 있었다. 지역 내 초등학생이면 누구든 이용 가능한 시스템에 엄마들은 쾌재를 불렀다.
이들은 "저녁까지 먹고 오니까 내가 저녁을 준비하는 시간을 벌면서 아이들과 함께 하는 시간이 늘어난다"라고 장점을 꼽았다.
그리고 아이가 안전하게 있을 수 있는 장소라는 믿음도 장점이라고 밝혔다.
마지막으로 방송은 여전히 부족한 돌봄 시스템을 지적하며 맞벌이 부부들이 자신들의 미래를 위해 마음껏 일할 수 있도록 이들을 모두 만족시킬 수 있는 시스템이 하루빨리 갖춰져야 한다고 강조했다.

출처 : SBS뉴스.

05 CHAPTER

방과후 아동지도 프로그램의 문화예술적 접근

1. 문화예술교육의 개념와 의의

1) 문화예술교육의 개념

문화인류학적인 관점에서 문화는 인간이 이룩한 모든 영역을 일컫는 것으로 인간에 의해 만들어진 본능과 구별되는 사고의 과정을 거친 복합적인 것이다. 영국의 인류학자 E.B. Tylor(1974)는 “문화란 사회에서 인간이 획득한 신념, 지식, 예술, 법률, 도덕, 기타 모든 능력과 습관을 포함하는 복합적 총체”라고 정의하였다(조영철, 2012). 그리고 Malinowski(1994)는 문화를 사회구성원 개인의 욕구 충족을 위한 수단으로, Redcliffe-Brown(1952)은 문화를 개인이 주어진 환경 속에서 적응해 나갈 수 있게 하는 하나의 기제로 정의하였다(맹상정, 2003). 이를 종합해 보면 문화란 인간이 이룩한 지식, 가치, 신념, 예술, 규범과 법률, 물질적 산물 등을 총칭하는 물질적·정신적 산물이라 할 수 있다.

예술(Art)이란 용어는 라틴어 ‘아르스(ars)’와 그리스어 ‘테크네(τ.εχνη)’에서 유래된 말이다. 아르스는 조립하다라는 의미를 가졌으며 인간의 기술 전반을 의미하고 아르스와 테크네를 합쳐 예술(Art)이라 부른다. 예술의 유래된 의미는 기술로서의 의미는 장인적 예술로서 중세기에서 그 의미가 제한되었고 일반적으로 일정한 관계를 해결해 낼 수 있는 숙련된 기술을 의미하였다(김소영, 2015).

이러한 고대의 정의에서 진화된 17세기와 18세기의 예술의 정의는 다음과 같다. Kant는 미적인 영역 또는 예술 영역이 도덕이나 학문을 떠나서 그 어떤 것에도 봉사하지 않는 보편성을 띤 독자적인 영역이라 하였다. Hegel은 미학을 통해 예술미를 자연미보다 우월한 것으로 정립하고, 예술의 목적이 결코 자연의 모방이 아니라고 말한다. Hegel은 예술이 이성적인 욕구가 발현된 것으로 봄으로써 예술과 이성을 하나로 묶어 내긴 했지만, 그런 까닭에 예술이야말로 최고의 정신을 감각적으로 구현해 내는 천재의 고양된 능력에 의한 것이라 하였다. 20세기에 접어들어 Collingwood의 정의를 보면, 예술은 인간 최초의 기본적인 정신 활동이라고 주장하였다. 인간의 정서 표현 활동을 '예술'이라 규정하고 그 활동의 결과로 나타내지는 것을 '예술작품'이라고 하였다. 인간의 모든 활동에는 정서가 들어 있어 그 정서를 표현하는 것은 인간에게 서는 자연스러운 것이며 다른 세계와 구분되는 독특한 것이라고 설명하였다(황은교, 2011). 홍영준(2002)은 예술은 인간의 행위와 활동의 개시·과정·결과에서 예술적 요소가 투입되어 출현하는 형식의 총체라 정의한다. 현대에 와서 예술은 음악, 미술, 문학, 디자인, 공연, 미디어, 영화 등 다양한 형태로 전문예술인부터 일반시민에게까지 그 영향을 미치고 있다(홍영준, 2002).

'문화예술교육'은 '문화', '예술', '교육'의 합성어로서, 각 영역이 병렬적으로 나열되는 특성을 지니는 것이 아니라 모든 영역들이 함께 녹아들어 자연스럽게 융합된 형태의 교유한 특성을 가지고 있다(한국예술교육학회, 2017).

문화예술진흥법 제2조 제1항에는 문화예술이란 문학, 미술(응용미술을 포함), 음악, 무용, 연극, 영화, 연예, 국악, 사진, 건축, 어문 및 출판이라고 규정되어 있다. 문화예술교육 지원법에서는 문화예술진흥법 제2조 제1항 제1호의 규정에 따른 문화예술과 문화산업진흥기본법 제2조 제1호의 규정에 따른 문화산업 그리고 문화재보호법 제2조 제1항 제1호의 규정에 따른 문화재를 교육내용으로 포함하여 교육과정에 활용하는 교육을 의미하고 있다. 이를 토대로 문화예술교육을 학교문화예술교육과 사회문화예술교육으로 구분할 수 있다. 학교문화예술은 영유아보육법 제2조의 규정에 따른 보육시설, 「유아교육법」 제2조의 규정에 따른 유치원과 「초중등교육법」 제2조의 규정에 따른 학교에서 교육과정의 일환으로 행하여지는 문화예술교육이며 사회문화예술교육 제2조 제3호 및 제4호에서 규정하는 문화예술교육시설 및 문화예술교육단체와 제24조의 각종시설 및 단체 등에서 행하는 학교문화예술교육 외의 모든 형태의 문화예술교육이다.

문화예술교육에 대한 개념은 국가에 따라 매우 다양하다. 그러나 문화예술의 개념은 일반적으로 다음과 같이 정의될 수 있다(한국예술교육학회, 2017).

첫째, 창의적 사고로서 교육이다. 예술창작은 개인적 경험이며, 예술작품은 모든 학습자로 하여금 창의적으로 생각하도록 허용하는 것이다. 학습자의 사고에 대한 증거는 이들이 만든 작품에서 확인될 수 있어야 한다.

둘째, 의사소통으로서 교육이다. 특별한 의미를 전달하는 다양한 주제, 상징 및 아이디어들을 선택하고 활용하는 것이다.

셋째, 예술 지식의 이해와 활용이다. 각 예술의 구성요소, 디자인 원리와 어휘에 대한 지식을 이해하고 활용하는 것이다.

넷째, 문화와 역사에 대한 이해이다. 각 예술의 역사와 문화와의 관계를 이해하는 것이다.

다섯째, 예술을 이용한 통합적 교육이다. 학습자 자신의 작품과 다른 사람의 작품을 이해하고 소통하는 것이다.

여섯째, 예술에 대한 소통이다. 예술적 경험을 다른 분야의 학습과 경력과 연계시키는 것이다.

일곱째, 다양한 학습경험과 창작이다. 예술작품을 창작하기 위한 다양한 방법과 재료들을 활용하고 경험하는 것이다.

2) 문화예술교육의 특성

문화예술교육은 교육 수요자들의 창의성·인성·전문성 개발과 국어, 사회, 수학 등 정규 교과의 단편적 지식의 전달에서 벗어난 유연한 교육 목적의 달성을 위한 수단으로서의 목적을 위한 교육이다. 교육 수요자들은 문화예술교육을 통해 문화예술 기초 소양과 창의성·인성을 계발한다. 더 나아가 국민의 문화예술 수준 향상과 더불어 국가 문화 복지실현을 통한 삶의 질 향상에 있다. 문화의 힘은 문화예술교육을 통해 성취한다. 교육 영역에 있어 문화예술교육을 통해 문화의 힘을 고양시킨다(유승희, 2012).

2009년에 개정된 교육과정에서 강조하고 있는 창의성·인성의 핵심역량은 문화예술교육을 통해 기를 수 있고, 미래를 주도할 창의인재는 나눔과 배려를 실천할 수 있어야 함을 명시하고 있다. 입시위주의 공교육 환경을 단기간에 바꿀 수 없지만, 그 환경 가운데 유연한 교육 목적 달성을 문화예술교육을 통해 이루게 될 것이다. 단편적 지식의 전달이 이루어지고 있는 교육 풍토 속에 학생들의 예술적 감수성과 예민성 등을 길러 줄 수 있는 문화예술교육은 공교육의 대안이 되고 있다.

문화예술교육은 다른 교육들과는 다른 독자적인 특성을 가지고 있으며, 문화예술교육의 특성을 살펴보면 다음과 같다(김세훈 외, 2004).

첫째, 기획과 실행, 창작과 향유의 과정을 통합하는 특성이다. 이는 문화예술교육에 참여하는 개개인의 자발적이고 구체적인 능력을 최대한 발휘할 것을 요구하여, 다른 교육과 달리 자발성을 중요한 원동력으로 삼고 있다.

둘째, 문화예술교육에 참여함으로써 자기 자신의 시간이나 특정 성향, 역량 등에 대해 보다 체계적이고 조직적으로 관리하고자 하는 태도를 갖는다.

셋째, 문화예술교육을 통해 집중적인 관찰력과 반성적인 성찰력을 갖는다. 문화예술교육에 있어서 대상에 대한 세밀한 관찰은 교육의 성공적인 수행에 매우 필수적이다. 더 나아가 반성적인 사고와 성찰적인 태도를 배양하는 기초적으로 요구되는 요소이다. 미술 활동이나 사물이나 대상에 대한 세밀한 관찰과 음악활동에 있어서 음계가 주는 미묘한 차이가 있다. 연극 활동에서 특정 움직임이 전달하는 의미에 대한 인식 등은 단순히 집중적 관찰력을 요구하는 것이 아니라 관찰에 기초한 심도 깊은 사고 작용을 촉진하는 데 중요한 역할을 담당한다.

넷째, 다양성에 대한 개방적인 태도이다. 예술 활동 자체는 서로 다른 접근방식과 서로 다른 표현 방식에 대해 배타적인 태도를 가지게 하는 것보다 그러한 접근이나 표현 방식을 가능하게 한다. 이런 관점에서 문화예술교육은 개개인의 제한된 인식의 지평을 확장할 수 있는 방식이나 능력을 증대시켜 궁극적으로 사회 구성원 간 원활한 의사소통이 이루어질 수 있는 환경을 조성해야 한다.

3) 문화예술교육의 목표

문화예술교육을 통해 개개인의 문화적 삶의 질을 향상시킨다. 이러한 문화예술교육의 궁극적 지행을 달성하기 위해 문화예술교육의 목표를 다음과 같이 설정하고 있다(김세훈 외, 2004).

첫째, 문화적 창의성의 제고이다. 참여 정부의 문화 비전으로, 2004년 문화정책 중장기 계획에서 창의 한국은 한국이 나아가야 할 문화 정책의 키워드로 창의성을 설정하였다. 창의성은 인문학과 예술의 영역에 국한되는 개념이 아니라 과학의 영역과 정치의 영역에까지 확장하였다. 문화예술교육을 통하여 누구나 내재되어 있는 창의성을 발견하고, 그것을 계발하여 개개인이 만족한 삶을 누릴 수 있게 도와준다.

둘째, 문화적 정체성의 강화이다. 삶의 질은 단순히 문화예술을 향유할 수 있는 기회가 확대된다고 해서 향상되는 것은 아니다. 삶의 질에 대한 인식은 자신과 자신이 살고 있는 지역 사회에 대한 분명한 정체성과 동질성의 강화를 통하여 우리 사회의 현주소를 파악하게 한다. 그리고 그 속에서 앞으로 지향해야 할 목표를 분명하게 설정할 수 있게 하여 개인과 사회의 지속적인 발전을 모색해야 한다.

셋째, 문화적 다양성의 확대이다. 다양한 문화적 가치와 문화 예술 활동 및 접근 기회를 확대하는 것은 개인이나 사회의 시야를 확장시켜 이를 통해서 서로 다른 가치와 문화에 대해 존중하고, 타인에 대한 배려와 자신에 대한 성찰을 불러온다. 이를 통해 자신의 삶을 새롭게 바라보고 느끼며, 가치를 확인하는 기회를 제공한다.

넷째, 문화적 해득력의 재고이다. 자신의 생각과 느낌을 효과적으로 전달하고 다른 사람과의 의사소통을 주체적으로 참여하기 위해서는 다양한 표현 수단에 대한 활용 능력과 사회적 상호작용의 과정이 어떠한 맥락에서 이루어지고 있는지를 분별할 수 있는 능력이 요구된다.

4) 문화예술교육의 효과

문화예술교육은 자신을 이해하고 표현하는 과정 속에서 사회와 소통할 수 있다는 중요한 의미를 지니고 있으며 사회의 경쟁, 갈등심화, 가정해체 등으로 국민의 삶의 만족도와 행복수준이 낮기 때문에 다양한 문화예술교육체험을 통해 심리적 안정감과 자존감, 삶의 질을 향상시키는 중요한 역할을 하고 있다(문화예술교육 중장기 발전계획, 2014). 또한 일상생활로부터 발생하는 많은 스트레스를 낮추거나 해소하고, 개인이 가진 심적 안정을 가져옴으로써 분노를 낮추고 다시 일상생활을 향유할 수 있는 기틀을 제공하게 된다(임승희 외, 2013).

문화예술교육은 오감을 사용하므로 복합적으로 풍부한 감각 자극을 촉발하여 중추신경계의 활성화를 촉진하는 특성을 지니고 긍적적 태도 형성과 창의성 및 자존감 향상, 정서 치유의 효과까지 있다. 문화예술교육의 내용적 측면의 효과에 살펴보면 다음과 같다.

첫째, 자유롭고 다양한 자기표현의 기회를 가진다. 창의적 사고가 이루어지기 위해서는 자유로움이 매우 중요하다. 그런 점에서 문화예술교육은 참여자들로 하여금 자유롭고 다양한 생각을 할 수 있도록 격려하는데, 학교교육이나 사회적 영향으로부터의 억압을 벗어나 자유롭게 생각할 수 있도록 하는 기회를 제공하나. 자유롭다는 것은 기존의 생각이나 관습적 사고로부터 벗어나 다양한 사점에서 생각하는 것이다.

둘째, 학생들의 상상력을 신장시킨다. Ricoeur(1981)는 상상력은 기본적으로 연결 짓는 마음 과정이며, 이전의 연관되지 않은 실체에 대해 이질적인 연상 또는 병치와 연결을 통해 상상력이 이루어진다고 보았다. 상상력 강조는 문화예술교육의 중요한 특성이며 창의성의 중요한 요소라고 할 수 있다. 상상은 자신의 의식 속에서 변화를 일으키며 다른 표상으로 나타나며 자유롭게 스스로 재창조하는 힘을 가진다. 상상은 현실적인 규범이나 제약을 넘어서 자신만의 의식 속에서 자유로울 수 있기 때문이다.

셋째, 직접적인 창작의 체험을 할 수 있다. 문화예술이 다른 교육 활동과 다른 점 중의 하나는 표현수단이 이미지나 소리, 형태, 또는 무엇이든 간에 무엇인가를 직접 만든다는 점이며 그 만드는 것은 단순히 남의 것을 따라 하는 것보다는 스스로 만드는 것이다. 창작과정에 직접 참여하고 활동함으로써 자신만의 가치 있는 창의적 결과를 산출하는 과정과 이러한 과정의 반복은 총체적으로 창의적 사고와 태도를 함양하는 효과를 만들어 낸다.

넷째, 미적 사고와 직관적 사유 능력을 함양한다. 과학 분야 노벨상 수상자들은 발견 과정에서 직관적 느낌을 활용하였으며, 과학에서의 미적 특질과 아름다움을 느끼는 등, 미적 가치에 대한 인식 능력이 과학에서의 성과에 중요한 영향을 주었던 것으로 보고한 바 있다. 이는 미적 사유가 예술에만 국한되는 것이 아니라 과학 분야에서도 중요한 창의성 요소임을 시사한다.

다섯째, 모르는 세계에 대한 탐구심과 진취적 모험심을 갖는다. 문화예술교육은 영역의 특성으로 주제에 대해 흥미와 학습 동기를 유발시키는 요소들이 높으며 문화예술이 접목된 교육이나 활동 역시 일반적인 경우보다는 흥미와 동기를 강화시키는 측면이 있다.

이와 같이 문화예술은 자유로운 자기표현, 상상력, 직접적인 창작체험, 미적 사고, 미지의 세계에 대한 탐구의 기회를 제공함으로써 창의적 사고와 태도를 배양한다. 자기표현과 시각적 의사소통을 중심개념으로 하는 예술표현 활동의 특징은 최근 들어 심리치료로도 각광받는 추세이다.

2. 통합문화예술교육의 개념과 기능

'문화예술교육'은 예능교육의 새로운 교육방향을 제시해주는 메타적인 언어이면서, 예능교육 교과가 가지고 있는 매체상의 기능적인 구분을 넘어서려는 통합교육적인 의미를 가진다고 보았다. 따라서 문화예술교육이란 기존 교과목에 포함되지 않은 대중문화와 매체에 대한 교육을 구체화하고 강화할 수 있으며, 분절되어 있는 교과목들을 서로 교차시키거나 통합하고, 교과목과 특별 활동, 학교 교육과 학교 밖의 교육을 통합하는 데에도 효과적인 교육이다. 결국 학생들의 감각과 감성을 활성화시키고 개인의 자율적인 표현과 상상력을 극대화하는 교육이라고 할 수 있다. 황금숙(2008)은 통합형 문화예술교육에 대해 다음과 같이 정의한다.

통합형 문화예술교육은 문화교육과 예술교육의 상호 보완적이며 유기적 연관성을 가지는 개념으로, 다양한 예술형식에 대한 이해와 감상, 체험을 통해 문화예술교육 리터러시를 향상시키고 인지교육과 감성교육의 조화로운 발전을 통해 전인교육을 지향하는 교육이라고 할 수 있다. 또한 특정 장르나 기술, 이론 중심의 예술교육에서 벗어나 다양한 영역의 예술과정들을 통합적으로 체험하고 소통함으로써 우리의 삶과 문화를 변화시키는 교육이라고 한다.

학교와 사회의 환경적 변화에 부응하기 위한 통합형 문화예술교육의 기능은 다음과 같이 제시될 수 있다.

첫째, 기능 위주의 예술교육에서 벗어나 인지적, 정의적, 행동적 영역들이 서로 구분되지 않고 통합된 학습경험을 제공함으로써 전인교육을 실현하게 한다. 다양한 문화예술분야의 통합된 학습경험은, 지적, 신체적, 정신적 발달을 촉진하며 자신을 다양한 방법으로 표현하고 의사소통함으로써 자아실현의 기회를 갖게 된다.

둘째, 시대의 변화에 따른 보다 효과적인 학습과 성장을 촉진할 수 있다. 여러 학습장면에서 얻어진 경험들이 서로 상관없이 단절되어 있기보다는 개개의 경험이 상호 연결되고 통합됨으로써 보다 효과적인 학습이 가능하게 된다.

셋째, 하나의 주제에 대한 다양한 표현양식의 경험은 창의성과 문화예술 리터러시 능력을 향상시키며, 문제해결력을 향상시킨다. 사회에서 요구되는 문제해결력은 문제의 구성요소들을 나누어서 접근하는 분석적 사고보다는 구성요소들 간 관계를 중시하는 종합적 사고이며, 선행적이고 논리적인 접근보다는 직관적 통찰이 더 요구되기 때문에 분절적 접근보다는 통합적 접근에 의한 경험이 더 유용하다고 할 수 있다.

넷째, 통합형 문화예술교육은 교육적 시스템의 대안이 될 수 있다. 이에 대해 이동연은 문화예술교육의 통합교육적인 의미는 공교육에서 예능교육의 새로운 교육방향을 지시해주며, 예능 교과목을 포함한 인문사회 교과목을 통합적으로 연결시킬 때 필요한 관점과 방법론들을 제시해 줄 수 있다고 하고 있다.

3. 문화예술 프로그램 개발

1) 프로그램 개발 모형

프로그램 개발방법은 그 준비과정에서부터 최종적인 평가 단계에 이르기까지 매우 광범위한 영역과 절차들을 포함하고 있다. 이런한 개발의 절차는 프로그램 개발이 고정된 것이 아니므로 상황과 조건에 따라서 다양하게 접근되고 선택될 수 있으며 또한 개발자나 기관의 선호에 따라서 다양한 방식으로 여러 차원에서 채택되기도 하고 배제되기도 한다. 이와 같이 프로그램 개발의 절차는 다차원적이며 복합적인 성격을 띠고 있어 개발자의 전문적인 기술을 필요로 한다. 개발자는 프로그램 개발 시 개발하고자 하는 프로그램에 적합한 개발 모형을 선택하여 적용할 필요가 있다(안원현・홍은실, 2017).

본 교재의 교육 프로그램 개발은 가장 보편적으로 인정되는 대표적 모형들 중 문화예술교육 프로그램 개발에 가장 적합한 모형으로 볼 수 있는 프로그램 개발의 통합적 절차인 PADDIE 모형에 따른 절차를 제시 하고자 한다.

PADDIE 모형은 ADDIE(Analysis, Design, Development, Implementation, Evaluation) 모형을 근간으로 이름하여 체계적・체제적 프로그램 개발의 통합적 절차를 제시하고 있다. ADDIE 모형은 교육 프로그램 개발의 가장 기초가 되는 기본 모형이며 가장 널리 알려진 모형이며 어느 한 사람이나 소수의 학자에 의해 개발되된 것이 아니라 오랜 시간에 걸쳐 이루어졌으며 Seels와 Richey(1994)에 의해 보다 정교화되었다고 볼 수 있다. PADDIE 모형은 이러한 ADDIE 모형에 기획(Planning)단계가 추가된 모형으로 이 모형의 각 단계는 기획 및 분석-설계-개발-실행-평가로 이어진다. 이러한 여러 과정들은 체계적이며 체제적인 접근하에 순환적인 과정을 거치게 된다. 프로그램 개발을 수행할 각 단계들은 순차적으로 진행되는 것 같지만 실제로는 동시에 복합적으로 이루어질 수 있으며 각 단계별 활동들이 여러 번 번복될 수 있으므로 순환적이다. 또한 각 단계는 유기적으로 연관되어 있으며 상호의존적이며 평가 결과는 다시 기획, 분석, 설계 등으로 환류되는 통합적 시스템으로 이루어진다. 김용현・김종표・문종철・이복희(2013)가 제시한 PADDIE 모형의 각 단계 및 절차와 그에 따른 세부적 활동은 그림 5-1과 같다.

기획 및 분석 (Planning & Analysis)		설계 (Design)	개발 (Development)	실행 (Implementation)	평가 (Evaluation)
- 개발의 필요성 검토 및 추진 - 개발팀 및 자문위원회 구성 - 개발 방향 및 전략 수립 - 전체일정 수립	- 기관내부 및 외부 환경 분석 - 잠재적 학습자 분석 - 요구분석 - 직무 및 과제분석 - 요구의 우선 순위 설정 및 의사결정	- 목표 설정 및 진술 - 평가도구 선정 및 개발 - 교육내용 선정 및 조직 - 교수방법 선정 - 교수매체 선정	- 교수자료 및 교재 개발 - 형성평가 - 교수자료 수정 및 제작	- 자원확보 및 배분 - 마케팅 및 홍보 - 프로그램 운영 및 실행	- 프로그램의 효과성 평가 및 총괄평가

그림 5-1 PADDIE 모형

2) 프로그램 기획 의미

프로그램 기획(program planning)의 의미는 프로그램 개발에서 무엇을 할 것인가, 프로그램을 왜 개발해야 하는가, 프로그램 개발을 통해서 내놓은 구체적인 결과물은 무엇인가, 프로그램 개발을 어떻게 할 것인가에 대하여 체계적이고 논리적으로 추진하는 것을 의미한다. 따라서 본 교재의 프로그램은 윤옥한(2014)의 프로그램 개발의 기본 원리를 바탕으로 준거를 제시한다.

첫째, 창조성이다. 창조성은 새롭고 혁신적인 사상을 창출해 내는 것을 의미하는 것으로 프로그램 개발 시, 프로그램의 내용과 방법이 기존의 것과 비교해 볼 때 독창적인 차별성이 있어야 한다.

둘째, 현실성이다. 실제 프로그램을 기획하는 과정에서 운영기관에서의 적용이 가능한 프로그램을 개발해야 한다.

셋째, 논리성이다. 문화예술교육 프로그램의 개발은 다양한 절차와 단계를 체계적이고 합리적으로 진해시켜야 전문성을 인정받을 수 있고 프로그램의 구조가 짜임새를 갖춘다.

넷째, 성과지향이다. 프로그램은 개발 자체에 목적을 두는 것이 아니라 참여자에의 목적을 달성하는 것을 목표를 두고 개발해야 한다.

3) 프로그램 기획 방향

문화예술교육 프로그램의 기본 성격은 미래지향적이고 능동적이며 효율성 기능을 증대시키며 단계적이고 협동적이어야 한다. 본 교재의 프로그램은 김용현·김종표·문종철·이복희(2013), 김진화(2010)가 제시한 프로그램 기획이 가지고 있는 기본 성격을 적용하였다.

첫째, 미래지향적인 활동이다. 기관의 목적이나 이념을 실천해 나가기 위한 교육 프로그램을 사전에 미리 준비하는 것으로 현재 계획하여 추진하는 프로그램 개발이 바로 미래를 위해 준비하는 과정이다.

둘째, 적극적이고 능동적인 행위이다. 교육기관의 생존과 발전을 위해 변화하는 사회의 변화에 적극적인 조치로 능동적 성격을 띠어야 한다.

셋째, 교육 기관의 효율성 증대 기능을 수행한다. 자원의 배분과 운영의 합리화를 통해 교육 기관의 운영과 관리 측면에서 효율성을 증대시킨다.

넷째, 교육관련 정보를 수집·분석하고 요구를 확인·사정·분석하는 연속적이며 단계적인 과정이다. 많은 관련 정보와 학습자의 요구가 단계적으로 반영되는 과정을 반드시 거쳐야 질 좋은 프로그램을 개발할 수 있다.

다섯째, 협동적 활동이다. 프로그램 기획에 영향을 끼치는 제반요소들을 반영하되 특별히 프로그램 개발 과정에 영향을 끼치는 많은 사람들의 참여가 이루어져야 바람직하다.

문화예술교육 프로그램은 다양한 방향으로 기획될 수 있다. 본 교재의 프로그램은 창의성과 체험성의 요소를 포함하도록 기획되었다. 첫째, 창의성은 문화예술교육 프로그램이 다른 교육 프로그램과 가장 차별성을 갖는 부분으로 정보화, 세계화, 다양화의 방향으로 변화하는 현대사회에서 예측할 수 없는 미래사회에 적응할 고도의 정신 능력이다. 따라서 창의성 요소를 포함한 문화예술교육은 인간의 조화로운 성장을 촉진하는 매개체로서 학습자의 창의성을 발현시키는 직접적인 수단이 된다. 둘째, 체험성은 학습자들이 예술작품의 제작과정에 직접 참여하여 예술과정 그 자체를 체험하며 느끼는 방식을 의미한다. 이러한 방식은 수동적인 입장에서 벗어나 학습자가 주체적인 입장에서 예술과정을 경험하는데 중점을 두는 방식이다.

02
PART

문화예술 중심 프로그램의 실제

01 CHAPTER

신명나는 세상 : 전래놀이

1. 전래놀이의 개념 및 의의

전래의 사전적 의미는 예로부터 전해 내려오는 모든 놀이로 현대놀이와 대립되는 개념으로 말한다. 여기에는 궁정놀이, 외래놀이 중에 우리나라화 된 놀이까지 포함되는데, 전래놀이는 전통놀이와 민속놀이를 모두 일컫는 말로 사용된다.

놀이의 원형이 전통놀이고 그것이 계승되어 발전·변모된 것이 민속놀이이다. 시대가 발전하여 오늘에 이르러서 놀이의 원형은 남아 있으나 놀이감이나 그 방법이 더 발전된 것을 전래놀이라고 할 수 있다.

2. 전래놀이의 교육적 효과

전래놀이를 하면 여럿이 뛰고, 달리고, 쫓고 쫓기는 활동을 통하여 자신의 감정을 외부에 표출할 수 있고 즐거움을 느낄 수 있다. 아동의 성장과 생활에 가장 많은 부분을 차지하는 것 중의 하나인 놀이는 신체적·정서적·지적·사회적 발달을 자극, 촉진시킨다는 점에서 뛰어난 교육적 목적을 지니고 있다고 할 수 있다. 김종만(2007)은 전래놀이를 통하여 협동성, 정신적·신체적 긴장 해소, 사회화 및 전인적 발달을 조장한다고 했다.

부산시 교육청에서 제시한 아동교육 측면에서의 전통놀이의 가치는 다음과 같다(한효은, 2007 재인용).

첫째, 즐거움을 준다.

둘째, 건강하게 자라게 한다.

셋째, 공동체 의식을 기른다.

넷째, 언어발달을 촉진시킨다.

다섯째, 사고발달을 촉진하여 인지적인 자율성을 기른다.

여섯째, 상상력을 기른다.

일곱째, 창의적인 표현 능력을 기른다.

여덟째, 사회적 규칙을 몸소 터득한다.

아홉째, 우리의 전통 노랫가락을 익힌다.

활동명	이거리 저거리 각거리
활동목표	• 전래동요를 함께 부르고 놀이하며 친구들과 친밀감과 신뢰감을 형성할 수 있다. • 노래와 놀이로 감성을 키우며 창의적인 음악 표현력을 향상시킨다. • 반복되는 리듬과 노랫가락을 통해 언어발달을 촉진시킨다.
활동재료	음원 자료, 활동지 자료

활동내용

1차시 : 노래 부르기

〈동기유발〉

◎ **전래동요 '이거리 저거리 각거리'놀이 동영상 감상한다.**

- 유튜브 : 대한민국놀이(korean game)
  https://www.youtube.com/channel/UCPhIaYEhobgHDBgX_nqzqRg/featured

◎ **영상에 나오는 놀이에 대한 경험을 이야기 나눈다.**

◎ **'이거리 저거리 각거리'놀이의 유래에 대해 알아본다.**

- 유래
  주로 겨울철이나 명절에 여자아이들이 방에 앉아서 많이 하는데, 마주 보고 서로 앉아 다리를 엇갈리게 뻗고서 오른쪽 다리부터 노래에 따라 손바닥으로 때리면서 세어간다. 일반적으로는 '다리세기' 혹은 '다리셈하기', '발헤기' 등으로 부른다.

[출처] 한국학중앙연구원 - 향토문화전자대전

◎ **전래동요의 리듬과 박자에 대한 각자의 느낌을 이야기를 나눈다.**

- 가사
  이거리 저거리 각거리 천사만사 다만사
  조리 김치 장독간 총채 비파리 딱
  한알대 두알대 세알대 팔대장곤 고두레뽕
  제비 싹싹 무감주 보리찍담 찍힌기 땡
  한갈래 두갈래 각갈래 인사 만사 주머니 끈
  똘똘 말아서 장두칼 어망갑주 허리띠
  한다리 두다리 세다리 인사만사 주머니 끈

칠팔월에 무서리 동지섣달 대서리
한다리 두다리 세다리 너희 삼촌 어디갔니
자전거를 고치러 오꽁조꽁 부지깽

– 악보

이 거리 저 거리 각 거리

〈활동〉

◎ **활동지를 이용하여 단어의 의미를 이해한다.**

– 각거리 : 낱낱의 거리

– 무서리 : 가을에 처음 내리는 묽은 서리

◎ **노래가사의 의미와 리듬과 박자를 익히며 노래를 부르고 익힌다.**

◎ **간단한 팔 동작과 다리 동작을 넣어 몸으로 리듬을 타며 부른다.**

–활동지 예시

반명		이름	

※ 단어 이해하기

각거리	
천사만사	
다만사	
총채비	
오꽁조꽁	
부지깽	
무서리	

〈마무리〉

◎ 오늘 배운 전래동요를 그룹별로 발표를 한다.

◎ 노래 부르면서 재미있었던 부분과 어려운 점을 이야기 나눈다.

2차시 : 놀이하기

〈동기유발〉

◎ 놀이방법을 이야기 나눈다.

- 놀이방법
  - ① 짝을 지어 마주보고 앉는다.
  - ② 다리를 펴고 교대로 하나씩 끼운다.
  - ③ 노래에 맞추어 다리를 하나씩 짚어가며 왔다 갔다 한다.
  - ④ 노래가 끝날 때 짚힌 다리를 뺀다.
  - ⑤ 노래 마지막까지 다리가 남는 사람이 이긴다.

◎ 술래벌칙 등 놀이 규칙을 놀이구성원들의 협의에 의해 수정한다.

〈활동〉

◎ 놀이 규칙과 방법의 순서대로 놀이 활동을 한다.

◎ 노래를 현재 사용언어로 개사 또는 계이름을 붙여 동요를 새롭게 창작해서 놀이에 적용한다.

- 이거리 저거리 사거리~

〈마무리〉

◎ 오늘 활동 내용 중 힘든 점과 재미있었던 점을 이야기를 나누고 여러 가지 확장 활동을 할 수 있는 방법을 토의한다.

활동명	무궁화 꽃이 피었습니다.
활동목표	• 놀이를 하는 동안 손과 팔부분의 신체접촉이 계속해서 생기게 되며 자연스럽게 놀이의 규칙과 질서를 익힌다. • 친밀감으로 놀이의 즐거움과 정서적 안정감을 가질 수 있다. • 기초체력을 기르고 신체발달을 촉진시킨다.
활동재료	넓은 장소

활동내용

〈동기유발〉

◎ 노래를 들려준다.

- "무궁화 꽃이 피었습니다."
- "이 노래를 들어본 적 있나요?"
- "모두 함께 불러 볼까요?"

◎ '무궁화 꽃이 피었습니다'놀이의 놀이방법과 규칙을 알아본다.

〈놀이방법〉

① 술래를 정한다.

② 술래는 기둥에 얼굴을 대고 "무궁화 꽃이 피었습니다"라고 외치는 동안 친구들은 술래 몰래 조금씩 앞으로 전진한다.
③ 술래가 외치고 뒤를 돌아볼 때 움직이면, 술래는 움직인 사람의 이름을 지명하여 술래의 손을 잡는다.
④ 계속 반복하여 움직이는 사람을 찾는다.
⑤ 술래 가까이에 도착하면 술래의 손을 잡고 있는 친구의 손을 쳐서 끊고, 처음 선으로 재빨리 돌아간다.
⑥ 선으로 도착하기 전에 술래에게 잡히면 잡힌 사람이 술래가 된다.

〈활동〉

◎ **교사가 먼저 술래가 되어서 놀이방법을 시범으로 보여준다.**
- "무궁화 꽃이 피었습니다"라고 외치며 뒤돌아본다.
- "친구들은 선생님이 뒤돌아 볼 때까지 움직이면 안됩니다."

◎ **놀이방법대로 술래를 정하고 놀이를 한다.**

◎ **반복적으로 놀이를 몇 번 더 한다.**

◎ **놀이의 규칙과 노래 가사를 바꾸어 놀이한다.**
- "진달래꽃이 피었습니다.", "나팔꽃이 피었습니다."
- 한 번씩 번갈아 한 발로 서기, 두 발로 서기, 두 팔 펴기 등 반복행동으로 규칙을 바꾼다.
- 각 번호에 해당하는 동작을 만든다. "무궁한 꽃이 피었습니다. 1번"이라고 외치면 지정한 1번 동작으로 멈춘다.

〈마무리〉

◎ 오늘 활동 내용 중 힘든 점과 재미있었던 점을 이야기를 나눈다.

◎ 친구와 손을 잡을 때 무리하게 당기지 않도록 한다.

활동명	윷놀이
활동목표	• 놀이 상황에서 적합하게 자신의 정서를 조절하고 사회적 능력을 향상시킨다. • 같은 모둠에 자신이 도움이 되는 역할을 함으로써 자신감을 얻는다. • 규칙과 정정당당하게 겨루는 태도를 배운다.
활동재료	작품사진, 윷가락, 종이 윷판, 꾸미기 재료, 그리기 도구(네임펜, 색연필)

활동내용

1차시 : 윷놀이의 이해

〈동기유발〉

◎ **김홍도의 '단원풍속도첩' 작품을 감상한다.**

– 이 그림은 '고누놀이'란 이름이 붙어 있습니다. 누가 이름을 붙였을까요? 물론 김홍도는 아닙니다. 김홍도가 그림을 그릴 당시에는 제목이 없었거든요. 일제강점기에 '무라야마 지준'이라는 일본 학자가 쓴 〈조선의 향토오락〉이라는 책에서 '고누놀이'란 제목으로 소개된 것이 처음입니다. 이 책은 1936년에 발간되었는데 당시 우리나라에 있던 놀이, 민간신앙, 민속예술, 풍속 등을 자세히 소개하고 있습니다. 소개된 놀이는 모두 6,400여 가지인데 그중 1,300가지는 놀이방법까지 설명해 놓았습니다. 여기에 이 그림이 제목과 함께 나와 있어서 이후 '고누놀이'라고 부르게 되었습니다. 김준근의 '늇뛰고' 작품은 김홍도보다 100년 뒤에 살았던 김준근의 윷놀이 풍경이다. 김준근은 당시 사람들의 생활과 풍속을 잘 알 수 있게 수많은 그림들을 그려 이처럼 그림마다 이름을 모두 붙여놨는데, 이 그림의 '늇뛰고'는 '늇뛰기'와 함께 당시 윷놀이를 부르던 말이라고 한다. 고누놀이는 5개의 목(目) 중 4개의 목에 색깔이 다른 말 2개씩이 각각 놓여 있다. 하지만 그림 속 놀이판에는 원안에 작은 조각 4개가 있을 뿐, 언뜻 20~30개는 될 것 같은 목에는 아무것도 놓여 있지 않기 때문이다. 그동안 몇몇 학자들이 "고누놀이가 아니라 윷놀이다. 그러니 이제라도 일본 학자가 붙인 이름을 생각 없이 그대로 쓸 것이 아니라 '윷놀이'라고 바꿔 불러야 한다"고 이의를 제기했던 것이다.

최석조(2010). 우리 옛 그림의 수수께끼. 아트북스.

김홍도 '단원풍속도첩'

김준근 '늇뛰고'

◎ **윷놀이의 유래를 알아본다.**

- "윷놀이는 어떤 놀이일까요? 윷놀이의 유래와 의미에 대해 알아봅시다."
- "윷놀이의 용어에 대해 알아볼까요?"
- 윷놀이는 편을 나누어 윷가락을 던져 승부를 겨루는 놀이이다. 윷가락은 일반적으로 하나는 도, 둘은 개, 셋은 걸, 넷은 윷, 다섯은 모라고 부르는데, 이것은 가축의 이름에서 비롯된 것으로 본다. 즉, 도는 돼지[豚], 개는 개[犬], 걸은 양[羊], 윷은 소[牛], 모는 말[馬]을 의미하며, 가축의 몸의 크기와 걸음의 속도를 윷놀이에 이용하였다.

[출처] 한국학중앙연구원 - 향토문화전자대전

〈활동〉

◎ **협동작업으로 윷놀이 도구를 만든다.**

- 반원 나무 조각에 네임 펜을 활용하여 윷가락을 꾸미고 앞, 뒤 구분을 표시한다.
- 도화지에 그리기 도구로 놀이판을 만든다.
- 이미지 또는 나무 조각 등을 이용하여 윷말을 만든다.

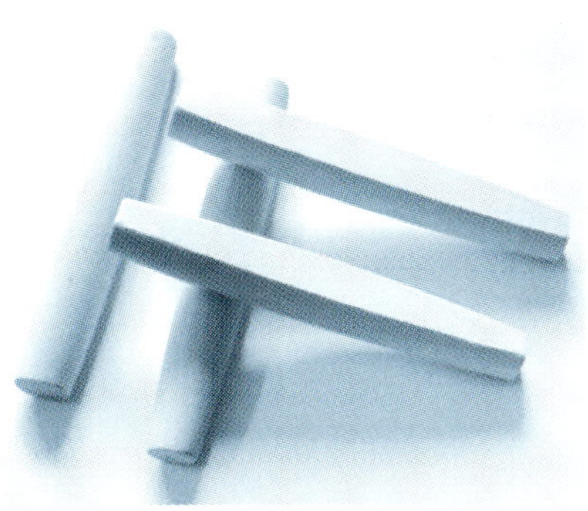

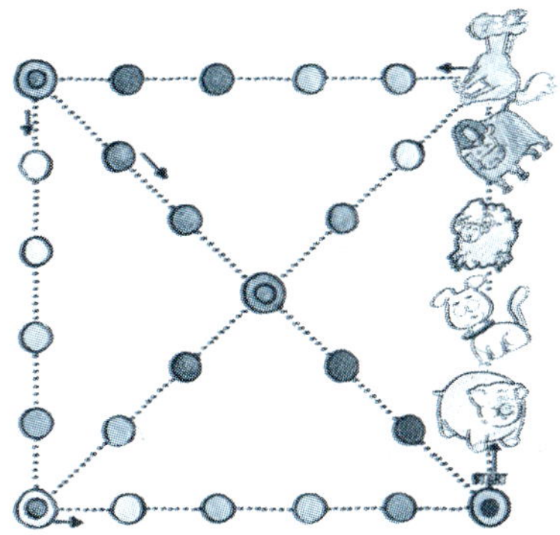

〈마무리〉

◎ **협동작업의 어려운 점과 즐거웠던 점에 대해 이야기 나눈다.**

◎ **윷가락을 던졌을 때 안전하게 바닥에 닿을 수 있게 천 등을 준비할 수 있다.**

2차시 : 윷놀이 하기

〈동기유발〉

◎ **윷놀이 용어를 익힌다.**

- '말을 단다' : 자기편의 말판에 놓는 것
- '말이 간다' : 말이 앞으로 나아가는 것
- '뒤동무니' : 자기편 말 두 개를 함께 업고 가는 것
- '석동무니' : 자기편 말 세 개를 함께 업고 가는 것
- '넉동무늬' : 자기편 말 네 개를 함께 업고 가는 것

◎ **윷가락을 던져 말이 움직이는 규칙을 익힌다.**

〈활동〉

◎ **기본 규칙으로 놀이방법을 익힌다.**

- 인원수에 맞게 두 편으로 나눈다.
- 윷가락 두 개를 던져 순서를 정한다.

- 상대편과 한 사람씩 돌아가며 시계반대 방향 순서대로 윷을 던진다.
- 도착지점에 말들이 모두 도착하는 편이 이긴다.

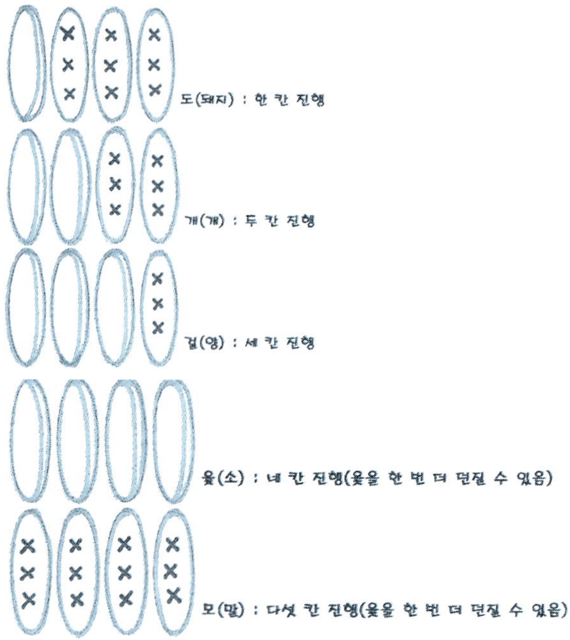

◎ **놀이규칙을 추가하여 놀이를 한다.**
- 놀이의 판수를 정한다.
- 정해진 공간 안에 윷가락을 던진다.
- 업고 가기, 잡기, 뒷도 등 규칙을 추가한다.
- 가벼운 벌칙을 정할 수 있다.

◎ **사람 윷놀이를 할 수 있다.**
- 양쪽 편 두 사람씩 안대를 착용하고 X로 앞, 뒤가 표시된 모둠조끼를 입고 매트에 누워 윷가락이 된다.
- 양쪽 편 두 사람은 색 모둠조끼를 입고 말이 된다.
- 말판은 매트로 만든다.
- 놀이 구성원 수에 따라 말의 수를 조절할 수 있다.
- 시작 신호와 함께 윷가락이 된 친구들은 몸을 움직여 바로 눕거나 엎드린다.
- 나온 윷패에 따라서 말들은 모둠 편에 지시에 따라 움직인다.

〈마무리〉

◎ **놀이를 하며 어려웠던 점과 재미있었던 점을 이야기 나눈다.**

◎ **승패를 떠나 놀이에 집중하며 즐기는 것에 칭찬을 해준다.**

◎ **다음 놀이에 규칙을 더 만들어 넣을 수 있다.**

02 CHAPTER

명화야 놀자

1. 명화의 개념 및 의의

시공간을 초월하여 많은 이들에게 감동을 준 명화를 학생들이 접할 수 있다는 것은 명화가 가지는 가치를 습득할 경험을 준다는 것을 의미한다.

명화가 지니고 있는 교육적 가치를 구체적으로 살펴보면 다음과 같다.

첫째, 조형적인 미와 그 시대의 산물로서의 역사나 문화, 사건, 사상 등을 가지고 있다는 것이다. 명화를 활용하여 교육을 하는 것은 화가가 살았던 그 시대의 미적 감수성과 사회, 역사, 문화 전반의 가치에 대해서 현 시대를 살고 있는 이들과의 소통을 의미한다.

둘째, 명화는 도덕적 인성 문제와 접근을 시도하며 긍정적인 방향으로 우리의 삶을 이끌어 간다. 미학적인 것은 도덕적인 것과 관련이 있다. 도덕적으로 책임을 다하지 못하는 예술품은 예술로써의 가치가 없다(김미덕, 2011).

셋째, 명화를 매개로 한 학생과 화가와의 소통의 과정에서 미적 감수성이 발달하며 타인에 대한 정서적인 공감과 따뜻한 인성을 기를 수 있다. 현재를 살아가고 있는 학생은 과거에 살았던 화가와 그 명화를 통해서 대화하고 공감하며 그 시대를 이해하고 인간의 삶에 대한 전반적인 통찰의 기회를 가지게 된다.

넷째, 화가들의 창의적인 표현에 자극을 받아서 상상력과 융통성 및 유연성, 창의성을 기를 수 있다. 그러므로 명화를 활용한 교육은 미적 감수성과 더불어 인성과 창의성을 고루 갖춘 전인적인 교육을 할 수 있다는 데서 그 교육적 가치가 크다고 할 수 있다(김미덕, 2011).

2. 명화의 교육적 효과

명화는 다음과 같은 교육적인 효과를 가져올 수 있다.

첫째, 명화는 문학이나 영화보다 제시가 쉽다. 수업 시간 중 학생들에게 제시하는데 오랜 시간이 걸리지 않고, 인터넷 검색만으로도 쉽게 접할 수 있기 때문이다.

둘째, 문학처럼 주제를 담을 수 있으며, 영화처럼 시각적이다. 명화는 또한 스토리를 담고 있으므로 상황과 주제에 따라 이야기를 꾸밀 수 있고, 이미지 또한 가지고 있어 시각적으로 제시가 가능하다.

셋째, 도덕적 판단과 도덕적 상상력을 연결시킬 수 있다. 명화의 이미지를 통해 도덕적 상상을 자극하며 도덕적 판단을 할 수 있는 상황 제시가 가능하다.

넷째, 미학적 판단과 도덕적 판단 간에는 유사성이 있기 때문에 도덕 판단교육에 활용될 수 있다. 이는 명화는 오랜 역사와 많은 사람들로부터 사회적으로나 도덕적, 미학적으로 가치를 인정받아 온 것이므로 보편성을 지니고 있기 때문이다.

다섯째, 명화는 시각적 효과가 크기 때문에 교육의 효과도 높다. 명화는 오랜 역사를 통해서 많은 사람들로부터 감동을 주고 사랑을 받아온 것이므로 명화 자체가 가진 시각적 효과가 크며 명화를 교육적으로 활용한다면 그만큼 교육의 효과도 클 수 있다(김미덕, 2011).

1) 명화를 이용한 '나와 놀이터'

활동명	명화를 이용한 '나와 놀이터'
활동목표	• 우리들의 놀이 모습을 그림으로 그릴 수 있다.
활동재료	학교 놀이터 사진, 스토리텔링 자료, 도화지, 색연필, 사인펜, 풀, 가위
활동내용	
〈동기유발〉 〈브레겔의 아이들의 놀이 그림을 보고〉 ◎ 450년 전의 아이들의 놀이 찾아보기 ◎ 화가 및 명화에 대한 스토리텔링하기	

출처: 브뤼겔(1560년). 아이들의 놀이. 오크 패널에 유채. 161cm×118cm. 빈 미술사 박물관.

(오늘은 돋보기로 그림을 한번 볼 거랍니다. 이 그림의 제목은 '아이들의 놀이'랍니다. 그림을 보면 아이들이 모여 놀고 있네요. 뭐가 보이는지 한 번 찾아보세요. 굴렁쇠 굴리기, 술래잡기, 팽이치기, 공기놀이, 가마타기, 말타기, 공놀이, 꼬리잡기, 풍선불기 등 진짜 많지요? 이 그림에 자그만치 96가지의 놀이가 그려져 있대요. 마치 화가가 창가에 앉아서 아이들이 노는 광장을 보고 그린 것 같죠? 그런건 아니고 같은 시간에 250명 아이들이 한꺼번에 놀 일은 없으니까요. 우리는 이 그림을 통해 450년 전 아이들이 무슨 놀이를 했는지 알 수 있어요. 또 놀이를 하면서 어떤 이야기를 나누었을지도 생각해볼까요?)

〈활동〉

◎ 자신이 했던 놀이 적어보기

〈활동지 예시〉

반명		이름	

놀이 종류	놀이 방법
공놀이	친구들과 공을 주고 받는다.

발표하면서 친구들과 이야기나눈다.
◎ 만약 줄넘기를 한다면 친구들과 어떤 이야기를 주고받을까?
◎ 자기가 하고 싶은 놀이나 재미있었던 놀이를 도화지에 그려본다.

〈마무리〉
◎ **자기 작품에 대해 스토리를 발표해보는 시간을 가진다.**
◎ **그림을 그리면서 재미있었던 부분과 어려운 점에 대해 이야기 나눈다.**

활동명	우리들의 놀이 Ⅱ
활동재료	도화지, 색연필, 사인펜

2회차

〈동기유발〉
◎ 우리들이 즐겨 하는 놀이를 선택한다.
◎ 모둠별로 그리고 싶은 놀이와 표현하고 싶은 동작을 찾아보고 서로 동작의 모델도 되어준다.

〈활동〉
◎ 모둠별로 커다란 도화지에 각자 자기가 그리고 싶은 놀이를 그려본다.
모둠이 그린 그림을 발표하고 친구들의 작품을 감상하며, 자기가 그린 부분에 대해 직접 모델이 되어본다.

〈마무리〉
◎ 오늘 활동 내용 중 힘든 점과 재미있었던 점에 대해 이야기를 나누고 여러 가지 확장 활동을 할 수 있는 방법에 대해 토의한다.

활동명	우리들의 놀이 III
활동재료	편안한 복장

3회차

〈동기유발〉

◎ 우리들이 알아보았던 놀이를 직접 체험하기

〈활동〉

◎ 모둠별로 놀이 직접 경험해보기

〈마무리〉

◎ 어떤 놀이가 제일 재밌었는지, 왜 그런지에 대해 이야기하고 마무리한다.

2) 과일을 이용한 '자화상'

활동명	과일을 이용한 '자화상'
활동목표	• 과일 사진을 이용하여 자신의 얼굴을 창의적으로 표현할 수 있다.
활동재료	자기 얼굴 사진, 아르침볼도 작품, 과일 사진, 풀, 가위, 사인펜 등

활동내용

1회차

〈동기유발〉

<마르크 샤갈(1882-1985)은 프랑스의 대표적인 표현주의 화가입니다. 관화, 벽화, 조각, 유화 등의 여러 분야의 활동을 했어요. 이상하고 괴상하고 환상적이며 특이한 화풍의 작품으로 그 당시 사람들을 놀라게 했죠. 그리고 동화의 세계나 고향에서의 생활, 하늘을 나는 연인 등의 주제로 그림을 즐겨 그렸답니다.>

◎ 우리 그림을 한 번 살펴볼까요?
◎ 어떤 것들이 그려져 있나요?
◎ 그림을 함께 살펴본다.

샤갈은 러시아 사람이지만 예술의 수도 파리에서 선사하는 매력을 마음껏 즐겼어요. 아침마다 갓 구워낸 빵 냄새, 신선한 야채과 과일을 두고 벌어지는 흥정, 카페에서 웃으며 떠드는 여유로움, 푸른 하늘 높이 솟은 에펠탑까지… 하지만 샤갈은 고향을 잊지 못하고, 그 소중한 추억을 그림으로 표현하였어요. 샤갈은 사물의 위치와 크기를 뒤죽박죽 섞어서 마치 그림 동화 같은 환상적인 세계를 창조했어요. 긴 낫을 어깨에 멘 농부와 염소젖을 짜는 아주머니, 교회와 그 안에서 내다 보는 얼굴, 초록색 얼굴의 소년과 하얀 얼굴의 소, 거꾸로 서 있는 여자와 집 두 채, 이것은 모두 사람과 동물이 함께 어울려서 살아간다는 뜻이래요. 또 해와 달과 지구로 이루어진 둥그런 길이 초록색 얼굴의 소년과 소를 연결해 주고 있어요. 이것은 자연과 함께하는 삶은 멋진 생명력을 지니기 마련이라는 의미를 가진 그림이에요.

〈활동〉

◎ 이건 정물화일까요? 초상화일까요?
- 과일에 대한 아이디어 탐색해보기
- 눈을 닮은 과일은 무엇이 있을까?
- 코를 닮은 과일은 무엇이 있을까?
- 입을 닮은 과일은 무엇이 있을까?
- 머리를 닮은 과일은 무엇이 있을까?
- 자신의 얼굴 사진에 과일을 오려서 배치해본다.
- 얼굴 사진에 과일을 붙여본다.

〈마무리〉
◎ 자기 작품 발표하기
◎ 친구의 작품 감상하면서 대화하기

출처: 주세페 아르침볼도의 사계절. 네이버 블로그 오늘미술학원.

활동명	나의 자화상 Ⅱ
활동재료	도화지, 색연필, 사인펜

2회차

〈동기유발〉
◎ 영상자료를 본다.
- **(영상자료) EBS > 스쿨랜드-예술 > 3. 이게 내 얼굴이라고?**

◎ 저번 시간에 활동한 자기 얼굴의 과일작품을 그림으로 그려본다고 얘기한다.

〈활동〉
◎ 자기 얼굴을 과일과 야채로만 표현하여 그림으로 그려본다.
◎ 과일의 특징을 살려서 표현할 수 있도록 한다.

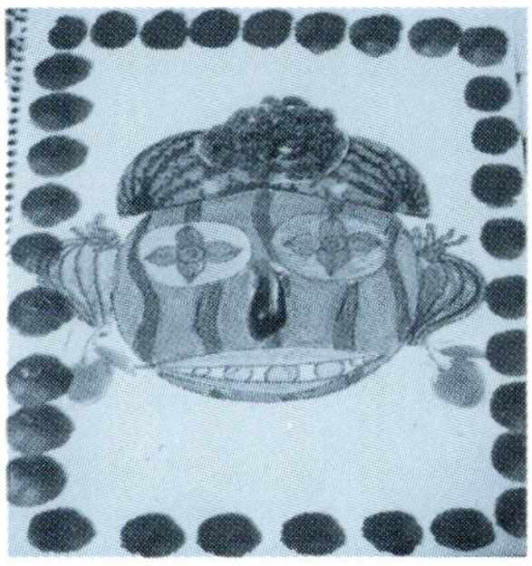

〈마무리〉

◎ 오늘 활동 내용 중 힘든 점과 재미있었던 점에 대해 이야기를 나누고 여러 가지 확장활동을 할 수 있는 방법에 대해 토의한다.

3) 패러디를 활용한 '디자인 이야기'

활동명	디자인 이야기
활동목표	• 패러디의 기본 개념을 알고 재미있게 패러디 할 수 있다.
활동재료	ppt 자료, 명화 카드, 활동지, 먹지, 색연필, 사인펜

활동내용

1회차

〈동기유발〉

◎ **미술이란 무엇일까요?**

〈누가 더 잘 그린 그림인가요?〉

◎ 어떤 그림이 잘 그린 그림일까요?

◎ 왜 그렇게 생각하나요?

〈활동〉

◎ **패러디는 무엇인가요?**

◎ 모나리자 그림은 왜 유명할까요?

◎ 패러디 작품을 보고 어떤 느낌이 들었나요?

출처: 앙리 마티스. 춤2.

◎ 회화적 패러디란 가볍고 다른 의미 없이 원래 작품을 재미있게 변형한 것을 이야기 합니다.

〈마무리〉

- 친구들의 발표를 들어보고 공통적인 느낌이 무엇인지 말해보기

활동명	명화에 낙서를?
활동재료	먹지, 명화카드

2회차

〈동기유발〉

◎ **명화카드를 보고 자신이 흥미가 가는 작품 선택하기**

– 이 작품을 어떻게 재미있게 변형할 것인지 상상해볼까요?

〈활동〉

◎ **먹지를 활용하여 작품을 따라 그리고 변형할 부분 바꾸어보기**

◎ **친구의 작품에서 재미있는 부분 찾아보기**

〈마무리〉

◎ **오늘 활동 내용 중 힘든 점과 재미있었던 점에 대해 이야기를 나누고 여러 가지 확장 활동을 할 수 있는 방법에 대해 토의한다.**

활동명	광고패러디
준비자료	광고영상, 명화카드, ppt자료

3회차

〈동기유발〉

◎ **무슨 광고일까요?**

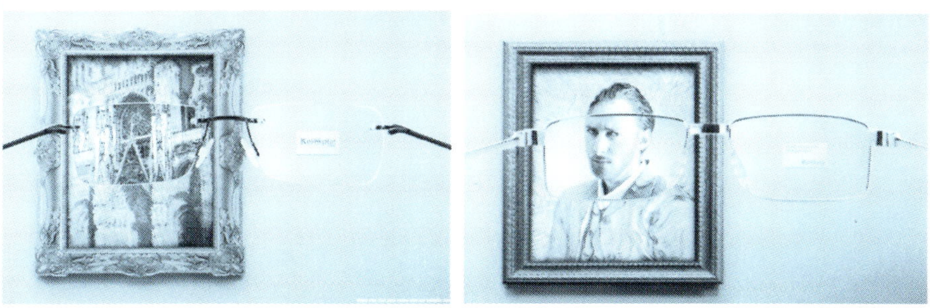

사진출처 : 로데오안경원. 네이버 블로그.

〈활동〉

◎ 영상을 보며 무엇을 광고하고 있는지 알아보기

〈명화를 패러디한 광고 제작해보기〉

◎ 내가 필요한 물건이나 상품 생각해보기

◎ 광고하고 싶은 물건의 장점 파악하기

◎ 명화카드를 보고 흥미있는 작품 몇 개 고르기

◎ 먹지를 활용하여 작품을 따라그리되 자신이 변형할 부분만 바꾸어 그리기

〈마무리〉

◎ 오늘 활동에서 가장 목표가 되는 것은 무엇이었는지 이야기 나누고, 스스로 자기 작품에 대해 평가하기

참고자료	유튜브 : 배달의 민족 광고 영상 https://www.youtube.com/watch?v=jaQEjotoAVU

■ 패러디 활용

패러디는 포스트 모더니즘 이후 다양성을 중요시하는 사회 분위기에 부합되어 거의 모든 영역에서 등장하였다. 현대 미술에서 패러디는 그 의미와 영역이 점차적으로 확장되어 옛 것에서 새로운 것을 만들어내는 표현 양식의 다양성을 낳았고, 다양한 갈래로 해석됨으로써 다원성을 지향하는 사회적 요구에 적절하게 부합된다고 볼 수 있다(이나영, 2000). 패러디가 주로 문학의 영역에서 행해지는 경우가 중심이었지만 오늘날에는 거의 모든 영역에서 등장하고 있다(김형자, 2009). 그러므로 현대 미술에서 패러디는 그 중요성을 인정받음에 따라 다양한 연구가 이루어져 왔다.

첫째, 패러디 수업을 통하여 시각 문화에 대한 이해도의 상승효과를 기대 할 수 있다.

둘째, 패러디 수업은 시각적 의사소통 능력 신장에 도움을 줄 수 있다. 패러디는 시각 문화에 대한 통합적 이해 능력을 향상시키기 좋은 요소들을 갖고 있기 때문이다.

셋째, 패러디를 활용한 수업은 아동들의 자아개념과 자아존중감 증진에 긍정적인 영향을 줄 수 있다.

03 CHAPTER

두근두근 아트

1. 아동미술교육의 개념

미술교육이 학생들에게 줄 수 있는 가장 큰 혜택은 미적으로 읽을 수 있게 하는 것이며 민속예술이나 대중예술, 대중매체 등 미술을 포함한 모든 시각예술은 미적 반응을 효율적으로 일으킬 수 있으므로 모든 교실에서 다루어져야 한다. 그리고 아동들을 포함한 모든 사람들은 광범위한 상황에서 시각적인 미적 경험을 즐기고 있다. 그리고 미술교육 과정과 프로그램은 우리를 둘러싼 모든 사물에 대한 미적 반응의 특성을 검토하기 위한 것이다.

아동기 미술은 표현하고자 하는 욕구에 충실한 경향을 보이기 때문에 발달적 측면와 신체, 인지적인 측면을 고려해서 주변의 다양한 정보를 제공해야 한다. 특히 아동기 미술은 창의성에 목표를 두며, 자신이 가지고 있는 느낌이나 생각, 정서, 기질에 따라 자유롭게 표현하지만 교사나 부모의 긍정적인 지지가 뒷받침되지 않으면 창의적인 미술 표현은 기대하기 어렵고, 미술에 대한 불안심리만 조장할 뿐이다. 그러므로 아동기에는 적극적인 지지와 표현을 잘 할 수 있는 분위기 조성이 필요하다. 미술작품 감상과 미술 활동을 통해 창의적인 표현 능력을 신장할 수 있으며, 공감과 이상적인 요소의 조화로 전인적인 인간을 형성할 수 있다.

2. 아동미술교육의 교육적 효과

미술 활동은 아동의 발달과 성장에 밀접한 관계를 갖고 있으며, 미술은 언어처럼 의미를 전달하는 상징체계(symbol system)의 기능을 할 뿐만 아니라 학습 도구로 활용된다. Spodek(1993)은 미술이 아동의 자기표현 수단이며 창의적 발달을 위한 매체인 동시에 지식을 습득하고 전달하며 상징화하는 방편이며, 감성을 개발하고 교육하는 매개체의 역할을 한다고 하였다(isenberg & jalongo, 2001).

교육은 인간이 지닌 잠재적 가능성을 바람직한 방향으로 발전할 수 있도록 도와주는 과정이다. 우수한 잠재 능력을 가지고 있는 아동을 조기에 발굴하여 그들의 능력과 학습속도, 흥미에 따라 창의적인 학습을 할 수 있도록 교육적 배려를 해주는 것이 필요하다.

첫째, 심미감 및 정서적인 안정감을 갖게 한다.

미술이나 음악을 통해 정서를 체험하고, 몸 안에 축적된 스트레스 호르몬을 배출하여 정서 상태를 유지할 수 있다.

둘째, 신체발달과 집중력을 발달시킨다.

미술의 표현과 경험은 시·지각 및 관찰력의 발달을 촉진시키며 두뇌발달에도 긍정적인 영향을 미치게 되며 집중력도 기른다.

셋째, 사회성과 공동체 의식의 함양을 돕는다.

미술 활동을 타인과 비교를 하게 되어 창의성을 촉진시키기도 하며, 함께 공동의 목표를 달성하기 위한 협력의 기회를 갖는다. 그리고 재료나 도구를 혼자서 사용하기보다는 공유하고 공동 작품의 결과를 도출해 가는 과정 등을 통해 공동체 의식을 함양시키게 된다.

넷째, 시각·공간 지능을 기른다.

주변 환경에 대한 관찰과 다양한 재료를 선택하고 사용하는 가운데 색깔, 선이나 형태 등의 관계에 민감해지고 재료의 종류 및 분류에 대한 판단 능력과 정리하는 방법의 과정을 통해 시각·공간 지능발달이 이루어진다. 시각·공간의 지각 능력은 일상생활에서도 미적인 대상을 발견하는 등 자연스럽게 미적인 안목을 기르게 된다.

다섯째, 창의성이 발달된다.

Lowenfeld는 미술교육에서 가장 중요한 것은 미술에 의한 창의성 계발시키는 것이라고 하였다. 미술 활동에서는 집단식의 작업 차원이 아닌 개별 또는 공동의 창의적인 표현과 창조를 기대할 수 있어야 한다.

활 동 명	행복한 인형
활동목표	• 부정적인 감정을 다양하게 표현할 수 있다. • 긍정적인 마음을 인형에 담아 꾸며본다. • 서로의 작품을 감상하고 역할놀이를 해본다. • 가정연계로 인형을 가지고 놀 수 있다.
활동재료	감정카드(판매 또는 직접 만든 카드), 색지, 필기도구, 그림도구, 휴지통, 가위, 솜, 목장갑, 꾸미기 재료(리본, 모형눈, 단추, 이름표, 구슬, 스티커), 네임펜, 매직, 색연필, 빈 상자
활동내용	

1차시 : 감정카드

〈동기유발〉

◎ **감정카드를 활용하여 여러 가지 감정에 대해 알아본다.**
- 오늘 아침에 일어나서 현재 시간까지의 변화된 감정에 대해 이야기 나눈다.
- 감정카드를 보며 자신이 경험한 감정에 대해 이야기 나눈다.

◎ **부정적인 감정 이야기 나눈다.**
- "이 표정은 무슨 표정인가요?" : 슬픈 표정, 화난 표정….
- "친구가 왜 화(짜증)가 났을까요?"
- "우리 친구들을 언제 화가 났나요?"
- "오늘 화가 나거나 짜증나고 속상한 일이 있었던 친구들 이야기 해볼까요?"

〈활동〉

◎ **부정적인 감정 글 또는 그림으로 표현한다.**
- 내 마음의 상태를 표현할 색상지를 선택한다.
- 부정적인 감정들(화남, 슬픔, 무서움 등)을 마음에 담지 말고 글로 적어본다.

◎ **빈 상자를 활용하여 부정적인 감정을 버릴 수 있는 쓰레기통을 만든다.**
- 사인펜과 꾸미기 재료로 빈 상자 꾸미기를 한다.

◎ **선택한 종이에 부정적인 감정을 그림 또는 글로 표현하여 휴지통에 버리는 활동을 해 본다.**

◎ **긍정적인 마음 바꾸기 활동을 한다.**
- "내 마음을 긍정으로 바꿔 볼까요? 이 사진(웃는 표정)의 친구들은 어떤 표정을 짓고 있나요?"
- 긍정적인 마음을 표현하는 감정카드를 색상지를 활용해서 만들어 본다.

〈마무리〉

◎ **활동 후 느낌에 대해 이야기 나눈다.**

◎ **다음시간 활동에 필요한 재료에 대해 이야기 나눈다.**

반명		이름	

※ 얼굴표정 그리기

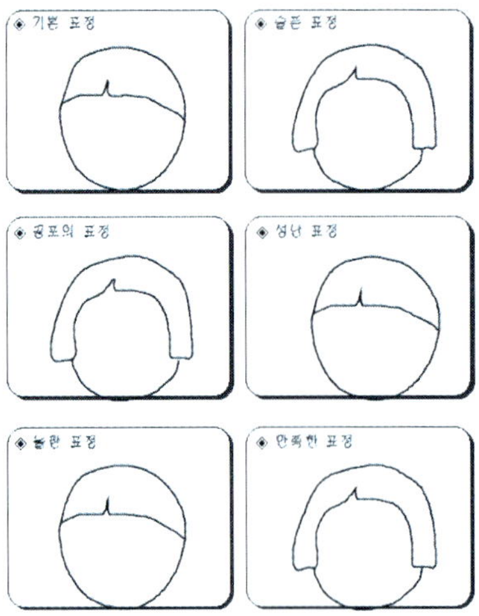

2차시 : **행복한 인형 만들기**

〈동기유발〉

◎ **과테말라 걱정인형의 유래에 대해 이야기 나눈다.**

- 걱정인형은 중부 아메리카의 과테말라에서 아주 오래전부터 전해 내려오는 인형으로 작은 나무 조각과 자투리 천을 이용하여 만들어졌다. 아이들의 걱정이나 고민 때문에 쉽게 잠들지 못할 때 부모들이 작은 천 가방이나 나무 상자에 이 걱정인형을 넣어 아이에게 선물해 주었다. 그러면 아이는 부모님에게도 말하기 어려운 걱정거리를 인형에게 털어놓고 베개 밑에 넣은 후 잠자리에 든다. 아이들은 이렇게 걱정이나 고민을 마음속에 오래도록 쌓아두지 않고 밖으로 꺼내어 이야기함으로써 괴로움을 털어내고 편안한 마음으로 잠들 수 있게 되었다.

출처: 이영준(2015). 앤서니 브라운의 『겁쟁이 빌리』(Silly Billy) -걱정인형을 통해본 아동의 분리불안과 수면불안의 해소. 건국대학교 동화와번역연구소.

◎ **재료를 탐색한다.**

- 인형 만들기의 재료를 탐색한다.
- "보들보들 솜 느낌이 어떤가요? 부드러운 솜과 천은 마음을 안정시켜요. 친구들의 마음을 편안하게 할 거예요."

〈활동〉

◎ **내 모습을 닮은 행복한 인형을 만든다.**

- "내 걱정을 함께 나누고 내 이야기를 들어줄 또 다른 내 모습의 인형을 만들어 봐요. 행복하게 웃고 있는 모습의 인형을 만들어 봅시다."
- 면장갑에 솜을 넣고 접착양면 테이프를 붙이고 끈을 묶어 몸과 머리를 고정한다.
- 리본 등 다양한 꾸미기 재료를 활용하여 인형을 꾸민다.
- 매직으로 옷 무늬와 얼굴표정을 꾸민다.

◎ **친구와 인형놀이 하기**

- 인형에게 이름을 지어준다.
- 친구와 함께 인형놀이를 하며 즐거웠던 추억에 대해 이야기 나눈다.

〈마무리〉

◎ **작품 감상하기 및 가정연계활동에 대해 이야기 나눈다.**

- 인형의 이름을 지어볼까요?
- "집에 침대 머리맡에 두고 걱정을 함께 나누며 친구처럼 지내보세요!"

활 동 명	마음이 맑아지는 젠탱글
활동목표	• 주의 집중력과 몰입감을 증진시킨다. • 마음의 안정과 성취감을 느낄 수 있다. • 감정 절제와 창의력, 자기 효능감을 길러준다. • 젠탱글을 활용하여 생활소품을 꾸밀 수 있다.
활동재료	공인패턴 자료집, 종이, 펜 또는 연필과 지우개, 빈 상자, 은박지종이, 풀, 가위

활동내용

1차시 : **다양한 선 연습**

〈동기유발〉

◎ **젠탱글과 젠탱글 공인패턴에 대해 알아본다.**

- "젠탱글은 어떻게 시작되었을까요?"
- "낙서를 해 본 적이 있나요? 전화를 받으면 아무 생각 없이 빈 종이에 낙서한 경험이 있나요?"

- "젠탱글은 위아래가 없고 실패라는 것도 없습니다. 마음이 이끄는 대로 자유롭게 떠오르는 무늬를 그리면 됩니다."
- 젠탱글(Zentangle)은 Zen(선, 禪)과 Tangle(어지럽게 얽힌 선, 線)의 합성어이다. 즉, 어지럽게 얽힌 선을 그리며 마음을 가다듬는 것을 의미하며 '명상의 낙서' 또는 '치유의 낙서'라고 부른다(Suzanne McNeill, 2012).

◎ **젠탱글 작품을 감상한다.**
- "이 작품은 무엇을 그린 것일까요?"
- "작가는 작품을 그릴 때 어떤 생각을 하고 있었을까요?"

〈활동〉

◎ **젠탱글의 기본 무늬를 그린다.**
- 여러 장의 정사각형 종이에 연필을 이용하여 기본무늬를 그린다.
- 무늬를 따라 그리다가 원하는 대로 변형해서 그린다.
- 다양한 무늬 그리기 연습을 한다.

참고서적 : 카스홀(2013). 마음이 맑아지는 낙서 명상 젠탱글(김영수 역). 인간희극.

〈마무리〉

◎ **작품을 감상한다.**
- 재미있었던 점과 느낀 점을 이야기 나눈다.

◎ **새로운 무늬가 생각나면 매시간에 연습종이에 그리기를 한다.**

2차시 : 작품액자 만들기

〈동기유발〉

◎ **다양한 동물의 실루엣 그림자 사진을 보여 동물의 이름 맞추기 게임을 한다.**
- "이 그림자는 어떤 동물일까요?"
- "○○그림자의 특징은 무엇일까요?
- "어떤 동물로 액자를 꾸며볼까요?"

〈활동〉

◎ **도화지에 다양한 무늬를 활용해 동물의 실루엣 젠탱글로 표현한다.**
- 동물실루엣을 그린다.

- 자유롭게 면을 분할한다.
- 각각의 칸을 다양한 무늬로 채운다.

◎ 재활용상자에 색지 또는 은박지를 붙여 액자틀을 만든다.

◎ 동물 실루엣 테두리를 오려 액자틀에 붙이고 완성한다.

◎ 작품을 이용해 전시를 한다.

〈마무리〉

◎ 작품을 감상한다.

- 활동 중 어려웠던 점과 재미있었던 점을 이야기 나눈다.
- 친구들의 작품을 감상하고 보고 느낀 점을 이야기 나눈다.

활 동 명	나의 소원탑
활동목표	• 자신의 생각을 표현할 수 있는 기회를 가짐으로써 긍정적인 자아개념을 기른다. • 자유로운 표현으로 창의성을 발달시킨다. • 자연친화적인 소재를 통해 정서적 안정감을 갖게 된다. • 흙의 가소성을 통해 만들기에 자신감을 길러줄 수 있다.
활동재료	돌탑사진자료, 찰흙, 나무판, 찰흙도구, 이름팻말(막대, 색지), 사인펜

활동내용

〈동기유발〉

◎ 우리나라 산에 쌓여있는 돌탑의 의미와 형태에 대해 알아본다.

- "우리나라 산에는 여러 가지 형태의 돌탑이 있습니다. 누가, 언제, 왜, 어떻게 쌓았을까요?"
- "돌탑은 어떤 기능을 할까요?"
- 진안 지역의 돌탑은 마을에 따라서는 주당산(堂山)으로 모셔지기도 하고, 혹은 하위보조신(下位神助補)으로 모셔지기도 한다. 특히, 풍수 지리적으로는 마을의 수구막이, 비보(裨補)의 기능을 담당하는 것으로 일컬어진다.
- 수정리 돌탑은 마을의 수구가 넓어 풍수상 기(氣)가 빠져나갈 허점을 보완하고, 마을의 기를 보전하기 위하여 마을에 조성한 수구막이 돌탑이다.

출처: 한국학중앙연구원 - 향토문화전자대전.

◎ **우리가 쌓을 돌탑에 대한 계획을 토의한다.**
- “어떤 의미로 돌탑을 쌓을까요? 혼자 쌓을까요? 그룹으로 나누어 쌓을까요?”
- “만약 우리가 돌탑을 쌓는다면 어떤 의미의 돌탑을 쌓고 싶은가요?”
- “많은 의미 중에서 소원을 담을 돌탑을 만들어 볼까요?”
- “어떤 재료로 쌓으면 좋을까요?”
- “여러 가지 형태로 마음껏 만들 수 있는 찰흙으로 돌탑을 쌓으면 어떨까요?”
- “찰흙의 좋은 점은 무엇일까요? 어떤 모양으로 만들면 무너지지 않을까요?”

〈활동〉

◎ **자신의 마음과 소원을 담아 찰흙으로 돌을 만든다.**
- “조용히 마음속으로 소원을 빌며 찰흙으로 돌을 만들고 나무판 위에 탑을 쌓아볼까요?”
- “높이 쌓기보다는 무너지지 않게 안전하게 쌓아요.”
- “소원 탑의 이름을 지어 팻말에 쓰고 꽂아주세요.”

〈마무리〉

◎ **자신의 돌탑과 친구들의 돌탑작품을 감상한다.**

◎ **돌탑을 모아서 작품을 감상한다.**
- “어떤 소원을 담았나요?
- “어려웠던 점이나 재미있었던 점을 이야기 나누어 봅시다.”

활 동 명	천연 한방 방향제
활동목표	• 우리나라 전통의학에 대해 이해할 수 있다. • 한약재의 효능과 효과에 대해 알아본다. • 한약재 연상그림으로 창의성을 기른다. • 한약재로 방향제를 만들어 실생활에 활용하고 성취감을 느낄 수 있다.
활동재료	전통의학 자료, 천연 한약재(천궁, 계피, 박하, 황기, 감초, 월계수 잎 등), 전통한지, 마끈, 접시

활동내용
1차시 : 한약재 연상그림 〈동기유발〉 ◎ **우리나라 전통의학에 대해 알아본다.** – "옛날 사람들은 어떻게 병을 고쳤을까요?" – "옛날 병원을 무엇이라고 불렀을까요?" – 내의원은 조선 시대에 국왕 이하 왕족과 궁중에서 쓰이는 약을 조제하던 관청이다. – 전의감은 왕궁에서 쓸 의약과 특전으로 줄 의약을 맡는다. – 혜민서는 의약으로 일반백성들의 병 치료를 맡는다. **– "허준은 누구일까요?"** 참고 자료 : 허준 박물관 : http://www.heojun.seoul.kr/ 〈활동〉 ◎ **방향제에 사용한 한약재에 대해 이야기 나눈다.** – "이 한약재의 이름은 무엇인가요?" – "이 한약재는 어떤 효능이 있나요?" – 천궁은 진정·진통·강장 등에 효능이 있어 두통·빈혈증·부인병 등을 치료하는 곳에 쓴다. – 계피는 항균과 항산화 효능이 있으며 구취제거에 큰 도움을 준다. – 박하는 불안하거나 불면증을 경험 하는 경우 심신 안정에 도움이 된다. ◎ **한약재를 이용하여 색지에 연상그림을 그린다.** – "이 약재는 어떤 모양을 표현하면 좋을까요?" – "여러 가지 사물 또는 동물 등 자유연상으로 표현해 보세요!" 〈마무리〉 ◎ **작품을 감상한다.** – "작품의 제목을 만들어볼까요?" – "한약재로 표현했을 때 힘들었던 점과 재미있었던 점은 무엇인가요?" ◎ **약재가 부서지지 않게 분류하여 정리한다.**  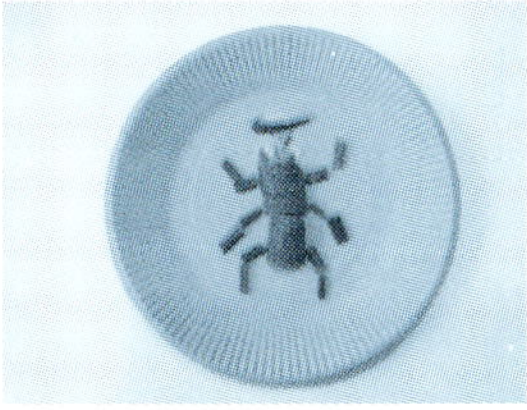 
2차시 : 방향제 만들기 〈동기유발〉 ◎ **방향제 효과에 대해 알아보기** – "한약재를 방향제로 만들면 어떤 효과가 있을까요?" – "어떤 향이 가장 좋은가요?" – "가장 강한 향은 무엇인가요?"

- 한방 방향제는 머리를 맑게 하고 심신을 안정시켜주며 집중력 향상에 도움을 줄 뿐만 아니라 수험생들의 학습능력 향상, 스트레스 해소 및 기분 전환에 큰 도움을 줍니다.

〈활동〉

◎ 눈을 감고 한약재 이름 맞추기 게임을 한다.

- "안대를 쓰고(눈을 감고) 냄새만 맡은 후 한약재 이름을 맞춰보세요!"

◎ 원하는 약재를 선택한다.

◎ 한지에 한약재를 담고 약첩을 접어 마끈으로 묶는다.

- "약첩을 쌀 때 한약재가 새어나오지 않게 꼼꼼하게 접어요!"

〈마무리〉

◎ 완성한 약첩의 향에 대해 이야기 나눈다.

- "어떤 한약재가 가장 향이 강하나요?"
- "어떤 한약재의 향이 좋은가요?"

◎ 약첩의 용도에 대해 이야기 나눈다.

- **"직접 만든 한방 방향제를 어디에 걸어두면 효과가 좋을까요?"**

◎ 만들면서 힘들거나 재미있었던 점에 대해 이야기를 나눈다.

04 CHAPTER 뮤지컬 스토리

1. 뮤지컬의 개념 및 의의

뮤지컬은 줄거리, 음악, 무용, 연기 등이 종합적으로 가미된 공연예술이다(이정화, 2012). 초기 뮤지컬의 명칭은 뮤지컬 코미디라 불렸는데, 노래, 춤, 줄거리, 대사가 포함되었으며, 초기 뮤지컬에서는 대본과 음악의 완벽한 조화를 이루어 가수들의 노래와 가사에 정교한 연기를 필요로 하게 되었다. 이후 내용이나 형식에 따라 뮤지컬, 록 뮤지컬, 컨셉 뮤지컬, 댄스 뮤지컬 등으로 세분화되었다(김성원, 2010).

뮤지컬의 특성을 정리하면(오영진, 2016) 다음과 같다.

첫째, 뮤지컬은 내용적인 면에서는 사실주의적이기보다는 낭만주의적 연극에 가깝다.

배우가 관객을 의식하지 않고 극에 몰입하여 연기하는 부분에서는 사실주의적인 면이 드러나지만 인물의 감정이 정서적으로 극대화되거나 감정의 정리를 위해 노래로 표현하는 부분은 낭만주의적 성격을 띠고 있다(오영진, 2016).

둘째, 뮤지컬은 총체극(Total Theatre)의 특성을 가진 종합적 공연예술이다.

총체극을 제안한 독일의 작곡가 바그너(Richard Wagner, 1813~1883)는 개별 장르로만 존재해 온 예술의 역사에서 탈피하여 시와 음악, 회화, 무용 및 연기 등이 음악극(Musikdrama)에 종합되어 진정한 예술의 완성에 이르게 된다고 주장하였다(김성원, 2010). 뮤지컬에서 음악, 춤, 대사, 미술, 조명 등의 요소들은 각각이 그 자체로서 독자성과 예술성을 담보하면서도 자체적으로 궁극의 목적이 되지는 않고, 전체의 작품 완성도 속으로 통일적으로 융해된다.

셋째, 뮤지컬은 대중성을 지닌 장르이다.

뮤지컬을 찾는 관객은 '즐기기' 위해 공연장을 찾는다. 뮤지컬은 관객들이 집중력을 놓지 않고 뮤지컬에 몰입하고 즐길 수 있을 정도만큼의 복잡함을 즐기는 이야기와 단순하면서도 따라 부르기 쉽도록 적절한 음역대의 멜로디를 지닌 노래, 드라마틱하게 감정에 호소하는 음악적 편성과 구성, 화려함을 자랑하는 역동적 안무 등을 통해 대중적인 접근을 시도한다(백훈기, 2009).

2. 뮤지컬의 교육적 효과

학교현장에 있어 뮤지컬교육은 감상 활동부터 창작 활동 및 공연 활동까지 그 적용범위가 넓다(김수하, 2019; 박찬수, 2020; 서현주, 2019; 남지영, 2012). 남지영(2012)은 뮤지컬의 교육적 가치를 음악교육, 예술교육, 전인교육의 측면에서 제의한 바 있다.

우선 음악교육적 관점에서 뮤지컬은 학생들이 일상생활 속에서 직접 다양한 음악적 활동을 경험하고 즐길 수 있는 기회를 제공한다. 음악교육은 음악을 통해 전인적 성장을 촉진하는 데 그 의미가 있으므로 어디까지나 음악의 직접적인 체험, 다시말해 음악의 경험을 학생들로 하여금 직접적으로 갖게 하는 데 그 의의가 있다(박행주, 2011). 학생들은 뮤지컬 활동을 이야기와 음악의 접목을 통해 뮤지컬 넘버의 가사를 개사한다거나 재창작할 수 있으며, 배경이 되는 음악을 구성할 수도 있다(박찬수, 2020).

다음으로 예술교육적 관점에서 뮤지컬은 다양한 예술영역을 경험함으로써 학생들로 하여금 예술적 감수성과 향유 능력을 기르게 한다(박찬수, 2020). Mannis(1994)는 예술 활동은 음악, 언어, 드라마 또는 신체표현들이 즐겁고 통합적인 경험으로 서로 연결되어 있으며, 이러한 통합적인 경험은 상상력을 고무시키고 예술적 경험의 총체가 된다고 하였다(이효숙, 2001 재인용). 음악, 춤, 미술, 연극 등의 요소를 갖춘 뮤지컬은 학생들이 다양한 예술의 형태를 통합적으로 체험하고 경험함으로써 창의성을 발휘하게 하며 예술에 대한 안목을 키우는 데 도움을 준다(채선영, 2012). 또한 뮤지컬의 종합예술적 성격은 교과 통합학습, 동아리와 창의적 체험활동 및 방과후 활동과의 연계 등 학교 교육과정의 총체적이고 효율적인 운영을 가능하게 한다(서울특별시교육청, 2017). 마지막으로 전인교육적 관점에서 뮤지컬은 학생들의 정서발달을 향상시키고, 잠재능력을 발굴·개발하게 하며 인성 및 사회성을 증진시킨다(정은지, 2015). 전인교육이란 학생의 지적·정서적·신체적 성장과 함께 창의성과 인성, 사회성의 발달 등 사람을 이루는 여러 측면들이 균등한 평형 상태를 유지하고, 서로 조화를 이루는 온전한 사람을 육성하는 것을 의미한다(남지영, 2012). 뮤지컬 활동교육은 적극적이고 활발한 학습 활동을 통해 학습에 대한 긍정적이고 자신감 있는 태도를 형성하게 하며(박은주, 2001) 뮤지컬 공연 활동은 뮤지컬이 만들어지기까지 일련의 어렵고 복잡한 과정을 협력하여 스스로 해 나감으로써 책임감과 성취감, 협동심을 느끼게 한다(박찬수, 2020).

1) 뮤지컬 <위키드>

미국의 소설가 Gregory Maguire의 동명 소설 『위키드 : 사악한 마녀의 생애』를 미국 브로드웨이에서 뮤지컬화한 작품으로써(홍미옥, 2018), 이 소설은 원작인 Lyman Frank Baum의 동화 『오즈의 마법사』를 재조명한 작품이다. 『오즈의 마법사』에 등장하는 초록 피부의 마녀가 원래부터 사악한 존재는 아니었을 것이라는 설정에서 출발한다(최선호, 2014). 원작에서는 악역으로 등장한 마녀 엘파바를 위키드에서는 약한 자의 편에 서는 선한 주인공으로 변환하여 새로운 이야기를 창조해냈다. 뮤지컬 <위키드>는 초록색 피부와 마법을 사용하는 능력으로 인해 사람들로부터 소외되지만 동물을 사랑하는 착한 마음을 지닌 학생 '엘파바'가 위대한 마법사로 추앙받는 '오즈'의 음모를 알게되어 그를 막으려다 사악한 마녀라는 누명을 쓰게 되는 이야기이다. 친구인 '글린다', '피에로'와 함께 '오즈'를 몰아내는 과정에서 우정과 배신, 편견과 화해, 용기와 사랑이라는 주제를 모두 담고 있다(홍미옥, 2018).

이 작품은 학생들이 친숙함과 새로움을 동시에 느낄 수 있다는 매력을 지닌다. 동화 『오즈의 마법사』에 나오는 도로시, 허수아비, 사자, 양철 인간 등의 캐릭터는 뮤지컬 <위키드>에도 같은 이름으로 등장하여 친숙함을 느낄 수 있는 한편 캐릭터의 성격과 사건이 달라지기 때문에 작품을 관람하며 새로움도 느끼게 해준다(황진하, 2017).

<table>
<tr><td>활동명</td><td>뮤지컬 ‘위키드’</td></tr>
<tr><td>활동목표</td><td>• 뮤지컬 ‘위키드’에 대해 알 수 있다.
• 자신의 상황에 맞게 노래가사를 바꿀 수 있다.</td></tr>
<tr><td>활동재료</td><td>위키드 ppt 자료와 위키드 영상</td></tr>
<tr><td colspan="2" align="center">활동내용</td></tr>
<tr><td colspan="2"> 1회차 〈동기유발〉
◎ ‘오즈의 마법사’ 이야기를 소재로 한 작품 찾아보기
(영화, 뮤지컬, 게임, 팝업북, 동화, 애니메이션)
◎ 뮤지컬〈위키드〉를 소개한다.

</td></tr>
</table>

(동화 '오즈의 마법사'를 창의적으로 재구성한 뮤지컬 작품)

◎ 자신이 생각하는 마녀의 모습 그려보기

〈활동〉

◎ **뮤지컬 〈위키드〉 이야기 듣기**

◎ 엘파바의 탄생부터 마법사에 대한 이야기를 듣는 부분까지 이야기 듣기

◎ 마법사와 만날 날을 기대하는 엘파바의 기분을 발표해보기

◎ **'The Wizard and I' 감상하기**

◎ 엘파마의 상황을 생각하며 노래 감상하기

◎ 노래의 상황이나 분위기에 대해 이야기 나누기

◎ 내가 기대하고 기다리는 상황 떠올리기
(점심시간, 방학, 미래, 가족여행 등)

◎ 내가 기다리는 상황을 떠올리며 노래 가사 바꿔보기

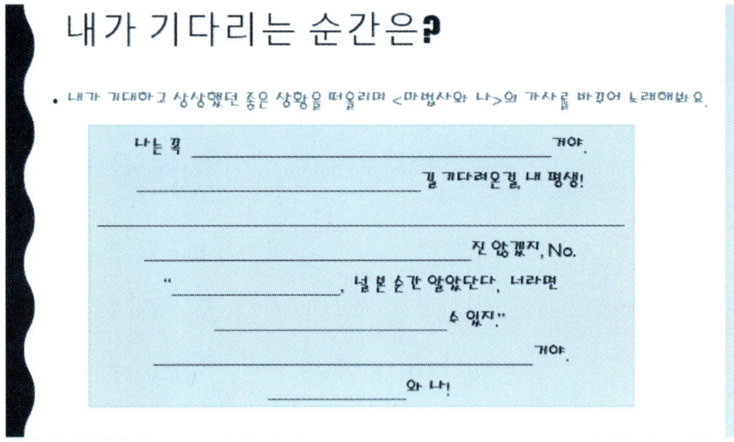

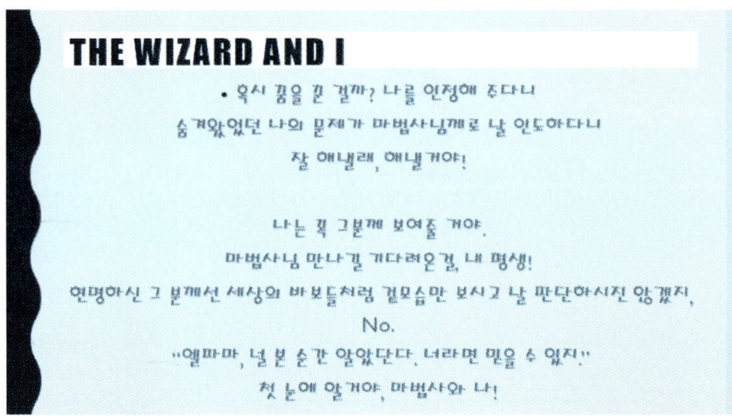

◎ **노래 가사 발표하기**
◎ 바꾼 노래 가사 읽기
◎ 친구들이 발표한 노래가사 속 상황 이야기하기

〈마무리〉
◎ **노래 가사를 바꾸어 본 소감과 친구들의 가사에 대한 감상 나누기**
◎ **다음 차시 예고하기**

활동명	뮤지컬 '위키드' Ⅱ
학습주제	등장인물을 대체하여 역할극하기

2회차

〈동기유발〉
◎ **뮤지컬 '위키드' 이야기하기**
◎ 댄스파티를 계기로 진짜 친구가 된 엘파바와 갈린다.
◎ 엘파바를 인기있는 학생으로 바꾸어주려는 갈린다.
◎ 마지막까지 다리가 남는 사람이 이기게 된다.

〈활동〉

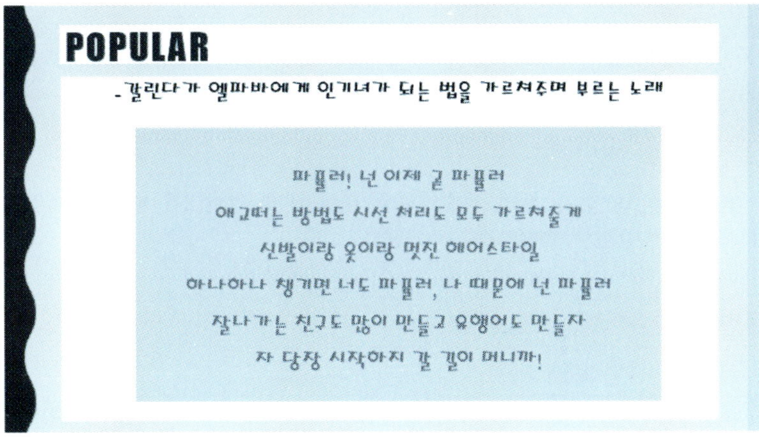

◎ 'Popuiar' 감상하기

- 엘파마에게 머리를 쓸어넘기는 방법을 알려주는 갈린다
- 갈린다 특징 찾기
  (화려한 옷을 잘 입는다, 머리색이 금발이다, 잘난 척을 한다, 목소리가 높고 애교가 많다, 공주병이다)
- 파퓰러 노래장면에서 갈린다의 특징을 보여주는 대사 찾기
  ('애교 떠는 방법도 시선 처리도', '신발이랑 옷이랑 멋진 헤어스타일', '잘나가는 친구도 많이 만들고 유행어도 만들자')

〈활동지〉

◎ **갈린다 대신 등장**

- 갈린다를 대체할 수 있는 캐릭터 생각하기
  (갈린다처럼 특징적이고 멋진 캐릭터- 아이언맨, 토르, 블랙팬서, 엘사, 안나, 루피, 뽀로로 등)
- 대체 캐릭터 특징 파악하기
- 엘파바에게 가르쳐주고 싶은 능력이나 특징 선택하기
- 노래 또는 장면대사 연습하기

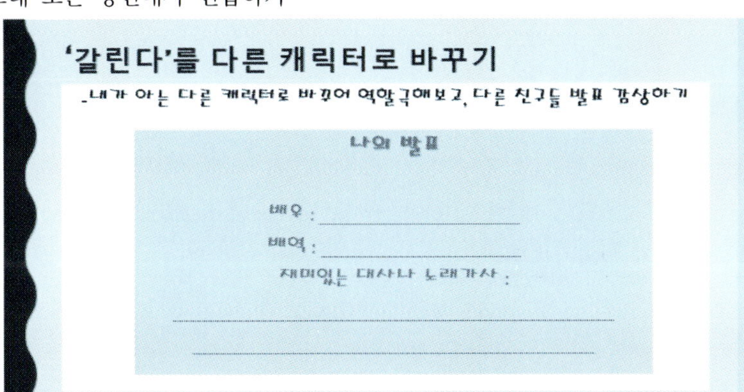

◎ 발표하기
- 내가 대체한 캐릭터로 발표하기
- 대사를 외워서 표현하기
- 친구가 발표한 장면에서 대체된 캐릭터 맞춰보기

〈마무리〉
◎ 오늘 활동 내용 중 힘든 점과 재미있었던 점에 대해 이야기를 나누고 여러 가지 확장활동을 할 수 있는 방법에 대해 토의한다.
◎ 작품의 인물을 바꾸었을 때 좋은 점, 나쁜 점 발표하기

활동명	뮤지컬 '위키드' Ⅲ
활동재료	색연필, 도화지

3회차

〈동기유발〉
◎ 뮤지컬 속 '에메랄드 시티'가 초록색인 이유 알아보기

〈활동〉
◎ 한 가지 색으로 나만의 장소 꾸며보기

〈마무리〉
◎ 자신이 꾸민 장소 발표해보기

활동명	뮤지컬 '위키드' Ⅳ
활동재료	도화지, 사인펜

4회차

〈동기유발〉
◎ 뮤지컬 위키드 스토리 전체 파악하기

〈활동〉
◎ 이야기의 순서 바꾸어서 상상해보기
◎ 자신만의 네 컷 만화 그려보기

〈마무리〉
◎ 이야기 순서를 바꾸거나 네 컷 만화를 그리는 과정에서 느낀 점 이야기해보기
◎ 위키드 뒷이야기 이야기해보기

2) 뮤지컬 '알라딘과 요술램프'

활동명	뮤지컬 '알라딘과 요술램프'
활동목표	• 뮤지컬 '알라딘과 요술램프'에 대해 알 수 있다. • 노래를 익히고, 악기를 연주할 수 있다. • 자신의 상황에 맞게 노래가사를 바꿀 수 있다.
활동재료	페르귄트 모음곡 제1번 '산 왕의 궁전에서' 음원, 뮤지컬 '알라딘' 관련 사진 혹은 자료

활동내용

1회차

〈동기유발〉

◎ 우리 오늘은 음악을 먼저 들어보고 시작할 거에요.

◎ 이 곡을 만든 사람은 그리그란 사람인데, 멋진 곡을 많이 만들었어요. 한 번 들어볼게요. 듣고 난 후의 느낌은 어떤가요?

〈활동〉

〈스토리 듣기〉

오늘은 페르시아에 살고 있는 알라딘을 만나러 가볼거에요. 옛날 페르시아의 어느 마을에 알라딘이라는 소년이 살았어요.

어느날 밤 골목에서 한 아저씨가 알라딘에게 다가와 이야기를 했어요. "네가 알라딘이냐? 나는 네 삼촌이란다. 너의 어머니가 걱정되어 이렇게 선물을 가져 왔단다. 이걸 받고 나와 잠깐 다녀올 곳이 있는데 같이 가지 않을래?"

"네 같이 갈게요." 알라딘은 삼촌을 따라가 인적 드문 동굴 앞에 도착했어요. "동굴에 들어가 낡은 램프를 가져다 다오." 착한 알라딘은 동굴에 들어갔어요. 동굴 안에는 아름다운 보석들이 가득했어요. 그리고 동굴 깊숙한 곳에서 낡은 램프를 찾았지요. 요술램프를 찾았지만 동굴 속에 갇힌 알라딘이 더러워진 램프를 닦았더니 놀라운 일이 벌어졌어요. 파란 얼굴의 거인 '지니'가 나타나 말했어요. "주인님 무엇을 도와 드릴까요? 3가지 소원을 들어 드리겠습니다." 그래서 알라딘은 소원 중 한 가지를 말했어요. "이 동굴에서 나가게 해줘"라고 외쳤더니 순식간에 알라딘은 집으로 돌아왔어요.

1절 : 페르시안 마을에 알라딘 살았네 동굴 깊숙한 곳에 램프를 찾아서. 요술램프 찾았지만 동굴속에 갇혔네 요술램프 속에서 지니가 나타나.

2절 : 쓱싹 쓱싹 문질러 문질러 문질러 신-비한 요술램프 문질러보자. 소-원을 말해봐 소원을 말해봐 소-원을 말해봐 다 이루어줄게.
(멘트 - 주인님 무엇을 도와 드릴까요?)

◎ 천천히 가사를 인지한다.
◎ 마디를 나누어 노래를 천천히 익힌다.

〈악기를 통한 노래인지〉
◎ 드럼종류 악기와 캐스터네츠를 연주하며, 1절을 불러본다.
◎ 귀로 쉐이커(혹은 긁어서 소리나는 물건 대체 가능)
◎ 쓱싹쓱싹 문질러보고, 두드려보고, 악기를 탐색한다.
◎ 악기 연주하며 2절을 불러본다.

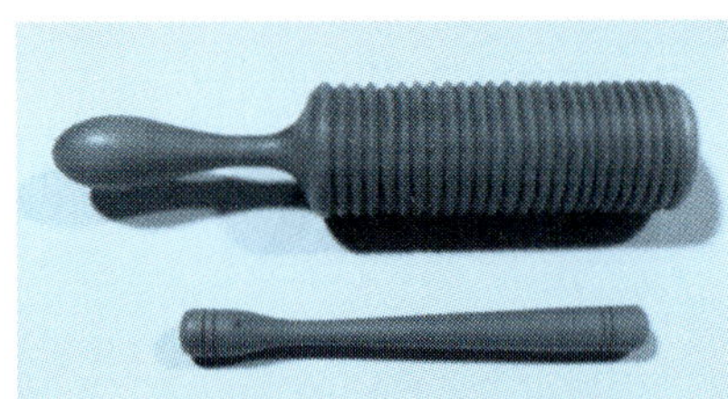

귀로-긁어서 소리내는 악기

〈마무리〉
◎ 알라딘에 대해 이야기 나누고, 오늘 배운 노래에 대해 이야기 나눈다.
◎ 다음 차시 예고하기

활동명	소원을 말해봐
학습주제	• 역할에 따라 목소리의 변화를 느끼며 노래부를 수 있다.

2회차

〈동기유발〉
◎ 지난 시간의 노래를 상기시킨다.
◎ 저번 시간에 배운 노래 기억나나요?
◎ 우리 다시 한 번 불러볼까요?

〈활동〉

〈스토리듣기〉

어느 날 알라딘의 마을에 공주님이 지나가게 되었어요. 아름다운 공주님을 보고 알라딘은 사랑에 빠졌지요. 그래서 결혼을 허락 받기 위해 임금님을 찾아갔어요.

알라딘 – "임금님, 공주님과 결혼하고 싶습니다."

임금님 – "내일까지 궁전을 지어온다면 허락하도록 하지!"

알라딘은 커다란 궁전을 가지고 임금님에게 가서 공주와 결혼을 하게 해달라고 했어요. 다음날 알라딘과 공주님은 결혼을 했지요. 이 소식을 들은 나쁜 마법사는 몰래 궁전에 들어가 요술 램프를 훔치고 공주님을 데리고 갔어요. 모두들 나쁜 마법사를 무서워했지만, 용감한 알라딘은 공주님을 구하러 갔어요. 알라딘은 나쁜 마법사가 나쁜 마법을 부르지 못하도록 잠이 오는 약을 몰래 술에 넣었어요.

마법사 – "공주도 램프도 모두 내것이다. 하하하하."

나쁜 마법사가 잠든 사이에 용감한 알라딘은 공주님을 구하고 램프도 찾을 수 있었어요.

◎ 스토리에 나오는 역할을 나누어 함께 읽어본다.

◎ 모둠을 나누어 역할극을 발표해본다.
(알라딘, 임금님, 마법사, 해설사)

◎ 저번 시간에 배운 노래음정에 가사를 바꾸어 불러본다.

<나쁜 마법사♫>

1절 – 나는 나쁜 마법사 마법을 부리면 공주도 마법에 걸리지 하하하하

2절 – 자기만의 주문을 만들어 2절 불러본다.

(예를 들어, 수리수리 마수리, 훌랄라 훌라, 익스펙토 패트로눔, 얄리얄리 얄라셩)

<알라딘♫>

1절 – 어둠을 몰아내고 공주를 구해야지 나의 사랑의 힘으로 구해내야지

<1-2마디♫> 나쁜 마법사– 어딜도망 가느냐 랄랄라 랄랄라

<3-4마디♫> 알라딘 – 지니 나를 도와줘 랄랄라 랄랄라

<5-8마디♫> 다같이 – 랄랄라라 랄랄라~ ~ ~얄라리 얄라뽕!

◎ 자기만의 주문마법을 만들어본다.
◎ 친구들과 자기가 만든 마법에 대해 서로 이야기 나눈다.

〈마무리〉
◎ 오늘 재미있었던 일에 대해 이야기 나눈다.

3) 뮤지컬 '사운드 오브 뮤직'

활동명	'사운드 오브 뮤직'
활동목표	• 요들송에 대해 알아보고 불러본다.
활동재료	아름다운 스위스 아가씨 음원
활동내용	

〈동기유발〉
◎ 오늘은 저 멀리 스위스에 대해 배워볼께요.
- 스위스는 어디에 있는 나라일까요?

〈활동〉
〈요들송이 생겨난 배경〉
퀴즈) 우리나라에는 아리랑이 있듯이 스위스에는 요들송이라는 음악이 있어요. "요들레이~요들레이~" 하고 부르는 노래이지요. 스위스의 요들송은 주로 알프스 지방을 중심으로 발달했는데, 어떻게 생겨났을까요?
정답(3)

출처 : 네이버 지식백과.

〈목동들의 신호, 요들송〉

요들송은 중세 때부터 내려오는 스위스 알프스 지방의 노래예요. 스위스는 높은 산봉우리나 깊은 산골짜기가 많아요. 알프스에 사는 목동들은 서로 떨어져 만나기가 쉽지 않았지요. 그래서 멀리 있는 사람에게 소리를 외쳐서 자기 생각을 전달하기 시작했어요. 예를 들어, 산에 늑대가 나타나 이웃 목동의 양을 잡아먹으려고 할 때는 서로 약속한 소리를 크게 외쳐 그 사실을 알리곤 했지요.

요들송은 이처럼 목동들이 서로 생각을 주고 받는 신호에서 생겨났답니다.

처음 요들송은 가사와 악기 반주 없이 남자 혼자 불렀어요.

그러다가 점차 중창곡으로 발전하고 18세기 후반부터는 가사 있는 요들송이 나타났지요. 요들송은 주로 알프스 지방에서 많이 부르지만 오스트리아의 티롤 지방, 독일의 바이에른 지방 등에서도 즐겨 부른답니다. 또한 미국에도 웨스턴 요들이 있어요. 1970년대 미국으로 이주한 유럽 유목민들이 만든 요들이지요.

요들송을 잘 부르려면?

요들송을 잘 부르려면 두성 발성 창법을 익혀야 해요. 두성 발성 창법이란 머리의 울림을 이용하여 노래를 하는 창법을 말하는데, 가장 높은 목소리인 가성과 가슴을 울리는 소리인 낮은 소리를 음률에 따라 자주 빨리 바꿔 부르는 것을 말해요. 이 창법을 익힌 사람이 요들송을 부르면 소리가 아주 맑고 아름다워요.

출처 : 네이버 지식백과.

〈요들송 음악 감상하기〉

◎ 아름다운 스위스 아가씨

아름다운 스위스 아가씨

◎ 가사를 먼저 읽어본다.

◎ 반복해서 들어본다.

〈마무리〉

◎ **노래 부르면서 재미있었던 부분과 어려운 점에 대해 이야기 나눈다.**

05 CHAPTER 마을 프로젝트 : 협동작업

1. 협동작업의 개념 및 의의

초등학교에 들어가면서 아동은 가정보다는 학교와 학원 등에서 또래와 대부분 시간을 보낸다. 이 시기의 아동은 또래와의 상호작용을 통해 서로의 생각을 표현하고 타인을 인정하며 이해하고 수용하면서 집단에 소속되는 것을 중요시한다. 또한, 아동은 이러한 집단관계 경험을 통해 자아개념을 형성하고 성공적인 대인관계에 필요한 사회적 기술을 발달시키게 되며 사회생활에 필요한 여러 기술에 대한 직접적인 가르침을 주고받으면서 또래로부터 사회적 지지와 안정감을 느낀다.

아동은 사회생활을 하는 데 있어 꼭 필요한 기본적인 집단의 규범을 배우고, 협동정신과 의사 결정방법 등 여러 가지기술을 배우게 되는데, 이 시기에 요구되는 사회적 기술을 획득하지 못하면 학교생활 부적응과 비행 행동을 초래할 수 있다. 따라서 사회성은 인간 생활의 핵심이라고 할 수 있으며, 사회성을 향상하는 것이 초등학생의 교육에 중요한 부분이다.

2. 협동작업의 교육적 효과

첫째, 집단원들과 함께 과제를 해결해 나감으로써 긍정적 상호작용과 관계 형성을 통해 협동심과 소속감을 경험할 수 있다.

둘째, 집단원들과 함께 의견을 주고받는 과정에서 자신의 의견을 표현함으로써 자기표현과 자신감을 길러준다.

셋째, 집단 속에서 나와 타인을 객관적으로 볼 수 있게 되면서 나와 다른 타인을 인식할 수 있는 계기가 된다.

넷째, 집단원들과 함께 하는 과정 속에서 공감, 격려, 지지 등의 상호작용을 통하여 배려심을 향상시켜 줄 수 있다는 장점을 알 수 있다.

<table>
<tr><th>활 동 명</th><td>우리가 그린 벽화</td></tr>
<tr><th>활동목표</th><td>• 벽화감상을 통해서 역사, 문화, 사회를 이해한다.
• 모든 학생들의 자발적인 참여로 상호협력과 공동체 의식을 기를 수 있다.
• 생활 속에 활용되고 있는 조형미를 찾아보고 생활과 미술의 관계를 이해할 수 있다.</td></tr>
<tr><th>활동재료</th><td>벽화작품사진, 종이, 연필, 지우개, 아크릴물감, 붓, 물통, 가위, 전지 도화지, 채색도구(크레파스, 색연필, 수채화물감)</td></tr>
<tr><th colspan="2">활동내용</th></tr>
<tr><td colspan="2">1차시 : 벽화감상
〈동기유발〉
◎ 벽화의 사진을 보며 역사를 알아본다.
– “이 벽화의 제목은 무엇일까요?”
– “벽화의 특징과 내용이 담고 있는 의미는 무엇일까요?”
– 알타미라 동굴 벽화 가운데 최고 걸작으로 꼽히는 것은 〈상처 입은 들소〉다. 숨이 끊어지기 직전의 들소가 묘사된 이 그림은 구석기 시대의 것으로는 믿기 어려울 정도로 작품성이 뛰어나다. 기진맥진한 채로 쓰러진 들소의 잔털까지 사실적으로 표현되어 있어 크로마뇽 인의 뛰어난 예술성을 짐작하게 한다. 학자들은 벽화에 묘사된 동물 그림이 사냥에 성공하기 위한 기원을 담은 주술적 의식이라고 생각했다. 일부에서는 사냥에 나서기 전에 행하는 시뮬레이션 의식이라고 설명하기도 한다.
– 벽화나 벽에 드리는 아주 큰 그림은 이집트, 그리스 등과 같은 고대 문화의 아주 오래된 미술 형태이다. 선사 시대의 동굴 그림을 벽화라고 주장하는 사람도 있다. 르네상스 시대에는 프레스코 기법의 벽화가 매우 유행하였고, 그 시기에 교회에 그려진 것으로 세계에서 가장 유명한 벽화 두 작품은 미켈란젤로가 시스티나 성당의 천장에 그린 그림과 레오나르도 다빈치의 〈최후의 만찬〉이다. 그리고 마르크 사갈은 파리 오페라 하우스의 천장에 장엄한 벽화를 그렸다.
– ‘디트로이트 공장’는 20세기 전번의 디트로이트 자동차 공장을 그린 것이다. 벽화는 크기가 크기 때문에 복잡한 이야기를 전달하며 의미 있는 주제를 표현하는 데</td></tr>
</table>

용이하다. 벽화는 보통 리베라의 그림에 등장하는 인물 같은 많은 세부를 포함하고 있고 모두 자동차 공장과 관련이 있다. 리베라의 벽화들은 정치, 경제, 산업, 기술 그리고 관련된 주제에 대해 공부할 수 있는 중요한 작품이다.

출처: 앨허위츠 • 마이클데이(2006). 어린이와 어린이 미술. 서울: 예경.

〈활동〉

◎ **벽화작품을 감상한다.**

- 작품의 내용과 표현특징에 대해 이야기를 나누고 활동지를 활용하여 자유롭게 기록한다.
- "그림에서 보이는 것들을 모두 말해 봅시다."
- "어떤 색이 쓰였나요?"

반명		이름	

✎ 작품명 :

✎ 작가명 :

✎ 작품의 전체적인 분위기는 어떠한가요?

✎ 작품에서 전달하고자 하는 의미는 무엇인가요?

✎ 작품의 주요색은 무엇이고 그 색들은 어떻게 사용되었나요?

✎ 작품의 시대적 배경 및 상황은 어떠했을까요?

✎ 작품 감상 후 느낀 점은 무엇인가요?

〈마무리〉

◎ **벽화감상 활동지를 발표한다.**

◎ **다음차시 수업에 대한 의견을 나눈다.**

- "벽화 그리기 전에 준비해야 하는 것은 무엇이 있을까요?"
- "다음 시간에는 실제 벽화작업을 위한 밑그림 그리기 연습을 합시다."

2차시 : 벽화제작 전 준비단계

〈동기유발〉

◎ **벽화제작을 위하여 그림을 확대하는 방법에 대해 알아본다.**

- “자신이 스케치한 그림을 실제 벽화에 옮기기 전에 연습이 필요합니다.”
- “원본 그림을 가로, 세로 비율로 맞게 확대해서 그려야 합니다.”
- “스케치한 원본 그림을 확대하는 활동을 해 보겠습니다.”

〈활동〉

◎ **모둠을 만든다.**

◎ **주제를 정하고 전지도화지에 밑그림을 그리고 색칠을 한다.**

- 정해진 주제를 그린다.
- 모자이크 기법을 활용하여 조각으로 자르고 각자 맡은 부분을 색칠한다.
- 완성된 조각을 모아 전체 그림을 완성한다.

〈마무리〉

◎ **모둠별 작품에 대해 소개를 한다.**

◎ **완성된 작품을 보고 협동 작업으로서의 힘든 점과 재미있었던 점을 이야기 나눈다.**

- “어떤 작품이 주제가 가장 잘 드러날까요?”
- “색의 조화가 가장 잘 어울리는 작품은 무엇인가요?”

3차시 : 벽화제작

〈동기유발〉

◎ **벽화 제작할 곳에 대한 의견을 나눈다.**

- “우리 주변에 벽화를 그릴 곳이 있나요?”
- “주변환경을 자세히 살펴볼까요?”
- “어떤 주제로 벽화를 그리면 좋을까요?”

◎ **어떤 그림을 그릴 것인지 구상하기 위해 토론을 한다.**

- “벽화주제를 정해 볼까요?”
- “밑바탕은 어떤 색이 좋을까요?”

〈활동〉

◎ **주제 선정 후 자료를 모은다.**
- 인터넷과 책 등 여러 가지 그림 자료를 모은다.
- 자료를 모은 뒤 선별하여 각자 도안을 그린다.
- 각자 그린 도안을 함께 연결하여 구성한다.

◎ **도안 수정 후 다시 종이에 사전 스케치를 한다.**

◎ **벽화 밑바탕을 색칠하고 1일 정도 말린다.**

◎ **연필로 비율에 맞추어 확대하여 밑그림을 그린다.**

◎ **채색 시 고려할 점과 주의사항에 대해 알아본다.**
- 편한 복장과 신발을 준비하고 붓 사용법을 익힌다.

◎ **아크릴 물감으로 채색한다.**
- 물감이 흘러내리지 않게 물감 농도를 조절한다.
- 같은 붓으로 다른 색을 사용할 때는 깨끗이 씻어 사용한다.
- 채색 시 잘못 칠했을 경우 바로 물티슈나 물수건으로 닦는다.
- 각자 맡은 부분에 대해서는 책임을 가지고 끝까지 채색한다.
- 장난을 쳐서 물감이 튀어서 옷이나 신발 등에 묻지 않도록 주의한다.
- 손바닥 또는 여러 가지 도장에 물감을 묻혀 다양한 기법으로 표현한다.

◎ **마감제를 바른다.**
- 아크릴 물감이 마른 후 마감제를 바른다.

〈마무리〉

◎ **의도했던 작품이 완성되었는지 토론한다.**

◎ **벽화제작 시 어려웠던 점과 재미있었던 점을 이야기 나눈다.**

◎ **벽화를 배경으로 사진을 찍는다.**

활 동 명	우리마을 수호신
활동목표	• 우리나라 장승의 기원과 기능에 대해 알아본다. • 우리나라의 장승과 다른 나라의 토템폴을 비교하여 우리 문화에 대한 소중함을 배운다. • 자연성에 기초한 형태와 독창적 아름다움을 찾는다. • 모든 학생들의 자발적인 참여로 상호협력과 공동체 의식을 기를 수 있다.
활동재료	사진 자료, 활동지, 도화지, 연필, 지우개, 통나무, 매직, 조각칼, 도구, 아크릴물감, 붓, 물통

활동내용

1차시 : 장승의 기원과 역할

〈동기유발〉

◎ 장승의 기원과 특징에 대해 알아보고 이야기를 나눈다.

– "장승의 기원에 대해 알아볼까요?"
  장승은 마을의 평안과 모든 재해를 막기 위해 세웠다. 농사를 짓고 가축을 기르기 시작하면서 시작되었던 일종의 마을의 수호신이며 씨족, 부족민의 공통적 바람을 담은 상징물이다.

– "천하대장군, 지하여장군 장승 그리고 어떤 장승들이 있을까요?
  천하대장군 장승은 악귀를 좇고 해를 끼치는 일을 막는다는 민속신앙이 깃들어져 있는 이름이다. 그리고 마을에 따라서 일 년마다 장승제를 지내거나 별신굿에서 장승제를 따로 지내기도 하였다. 기본적으로 나무와 돌로 장승을 많이 만든다. 나무는 대체로 소나무를 쓰고 돌은 화강암을 쓴다.

◎ 활동지를 통해 장승과 관련된 속담의 뜻에 대해에 대해 알아본다.

- '구척 장승 같다' : 멋없이 키 큰 사람
- '십리에 장승 서듯' : 무엇이 지키듯 서 있기만 한다.
- '까불면 장승백이로 끌고 간다' : 말 안 듣는 어린아이 어를 때 쓰는 말
- '개가 장승 무서운 줄 알면 오줌 눌까?' : 아무것도 모르고 저지르는 일

〈활동〉

◎ 장승의 자연성에 기초한 형태와 독창적 아름다움을 찾는다.

- **단순미** : 자연스럽고 꾸밈이 없으며 단순하게 표현되었지만 속박하면서 대담하고 강한 의지를 나타내며 한국의 소박한 미를 표현

- **추상미** : 사람의 형상을 왜곡하고 과장함으로써 대담하게 변형시켜 이목굽의 위치와 형태가 무쌍하며 자유로운 형식으로 왜곡되고 생략되어 하나의 추상화를 보듯이 표현
- **풍자미** : 민간의 설화나 속담에서 장승을 한결같이 미련하고 예의 없고 멍청하게 묘사하는 것처럼 장승에 대한 친근감 민중의 익살과 해학미를 표현

◎ 한국의 장승과 서양의 토템폴의 차이점과 공통점을 찾는다.

- **공통점**
  ① 원시신앙을 모태로 한다.
  ② 공동체 생활을 통해 나타난 신앙이다.
  ③ 나무와 돌로 만들어졌다.
- **차이점**
  ① 장승은 사람의 형상을 하고 있으며 소박하고 인위적이지 않은 자연마를 그대로 살려 만들어졌다.
  ② 토템폴은 동물이나 식물을 형상화 했으며 화려하고 여러 가지 색을 사용하였고 인위적인 조각으로 완성하였다.

◎ 장승과 토템폴을 비교 감상하고 활동지를 작성한다.

- 활동지 내용 : 세워진 장소는 어디인가? 어떤 모습인가? 재료는 무엇인가? 작품을 처음 본 느낌은? 작품들은 가치가 있는가? 작품에 대한 나의 생각

〈마무리〉

◎ 감상 활동지를 발표한다.

◎ 감상기록지의 같은 내용과 다른 내용에 대해 토의한다.

2차시 : 장승 만들기

〈동기유발〉

◎ 우리나라의 여러 지역의 장승사진을 보며 특징에 대해 이야기 나눈다.

- 전남 영암 금정면 쌍계사 석장승(1719년), 전남 나주군 암정리 운흥사 입구 석장승(1719년), 전북 남원시 아영면 의지리 석장승(제작연대 불명), 경기도 광주군 초

월면 무갑리 목장승(제작연대 불명), 충남 공주시 웅진동 한산소 석장승(제작연대 불명), 경남 사천군 축동면 가산리 석장승(제작연대 불명), 충남 부여군 외산면 만수리 목장승(제작연대 불명), 전북 순창읍 남계리 석장승(제작연대 불명)

- "어느 지역의 장승이 가장 자연적인가요? 소박한가요? 개성이 있나요?"
- "직접 만든다면 어떤 장승을 만들고 싶나요?"

◎ 모둠을 만든다.

〈활동〉

◎ 우리 마을에 어울리는 목장승 중에서 어떤 형태의 장승을 만들 것인지 구상하기 위해 토론을 한다.

- "어떤 형태의 장승을 만들어 볼까요?"
- "어떤 소원을 담으면 좋을까요?"

◎ 8절도화지에 얼굴형상과 장승 목의 비례를 생각해서 스케치한다.

◎ 준비된 나무에 매직으로 밑그림을 그린다.

◎ 조각칼로 음영을 표현하여 조각한다.

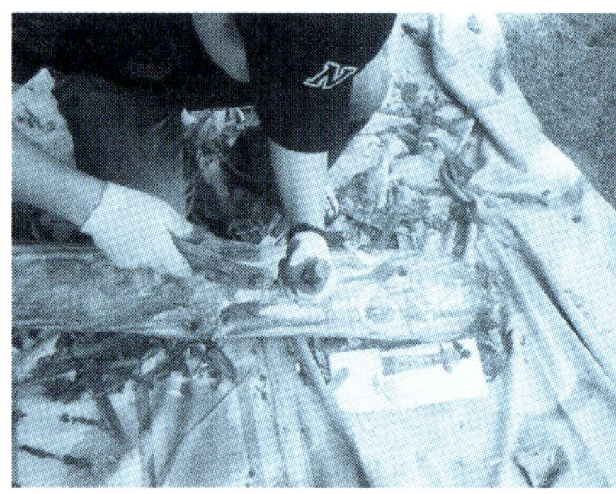

◎ 아크릴 물감으로 색칠한다.

◎ 물감이 마른 후 작품을 세워 땅에 심거나 전시한다.

〈마무리〉

◎ 모둠별 작품에 대해 소개를 한다.

◎ 완성된 작품을 보고 협동 작업으로서의 힘든 점과 재미있었던 점을 이야기 나눈다.

06 CHAPTER 생활 속에서 즐기는 과학

1. 생활 속에서 즐기는 과학의 개념 및 의의

과학은 사물의 현상에 관한 보편적 원리 및 법칙을 알아내고 해명하는 것을 목적으로 하는 지식 체계나 학문으로 비자 없이 국경을 마음껏 드나들 수 있는 것이다. 과학교육의 교육내용은 주로 물리과학, 생명과학, 환경과학(화학, 천문학, 기상학, 지질학 등) 영역 등을 다루고 있었으며 과학교육의 교수-학습법은 아동이 '어떻게'와 '왜'라는 물음으로 주변현상과 환경을 관찰하고 탐구하는 과정이 강조되는 것이어야 한다. 이러한 측면에서 학교 학습과 분리된 방과후 과학교육으로 생활 속에서 쉽게 접근할 수 있는 과학으로 교육이 아닌 경험으로 제공되어야 할 것이다.

생활 속 과학(Thinking Science)은 형식적 조작기 초기인 학생들이 친숙한 일상생활 속 다양한 상황을 과학학습으로 연결하는 기회를 제공함으로써 과학적 사고를 하고 과학적 개념을 형성해야 한다(Charlesworth, R,, & Lind, K. K., 2007; Smith, D., 2002). 즉, 일상생활 속 다양한 과학적 상황이나 사물을 통한 경험에서 능동적으로 이루어지는 과학적 경험이나 문제해결 경험은 아동들이 과학교육을 과학 자체를 학문으로 탐구하고 이해하는 것이 아니라 일상생활 속 과학적 상황 속에서 과학의 유용성을 깨닫고 과학적인 문제를 해결하기 위해 각각의 아이디어를 표상해보고, 반성하며, 다른 사람과 의사소통해보고 추론하여 다양한 문제를 이해하고 해결하도록 하여 의미 있는 통합으로서의 과학학습이 된다(김세루·홍혜경, 2010).

생활 속 과학은 주변에서 쉽게 볼 수 있는 구슬, 공, 나무, 블록, 막대, 종이컵 등의 매체를 직접 탐색하고 탐구하며 놀이를 통하여 새로운 아이디와 흥미를 불러일으키며 변화와 발견을 하는 것이다. 이는 일상생활에 활용되는 익숙한 물체들의 다양한 의미를 자연스럽게 이해하게 되며 상상력을 일깨워 주어 호기심과 흥미를 느끼며(강민정, 2012) 문제를 적극적으로 해결하고자 하는 동기를 갖고 다양한 과학적 탐구능력을 적용해 보는 경험을 할 수 있게 된다. 이는 과학적 현상과 관련된 어떤 정보나 지식 또는 개념을 학습하는 데 중점을 두기보다는 그 결과에 도달하기까지의 사고 과정이나 탐구과정에 중점을 두어 과학적 태도, 과학적 탐구인 과학적 소양 증진을 강조해야 함을 시사하고 있다. 또한 방과후 과학교육의 평가는 결과 중심의 행동과 사고 변화과정을 평가하는 것이 아니라, 과학적 탐구능력을 일상생활의 호기심으로부터 물체의 현상에 대해 의문을 제기하고 문제를 해결하고자 하는 과정에 자발적이고 적극적으로 참여하고자 하는 마음과 즐기는 과정을 평가해야 한다(Martin, D. J., 2014).

2. 과학교육의 교육적 효과

과학은 그 기원부터 생활 속의 문제를 해결하고 합리적으로 의사결정을 하며 일상의 문제를 해결하는 것으로 존재하였다(정효은, 2009). 1960년대 이전의 과학교육은 자연현상에 대한 관찰이 위주가 되어 자연학습형태로 동·식물 기르기, 흥미로운 자연물의 전시나 관찰, 자연이야기 들려주기 등과 같은 활동으로 이루어져 왔다(엄기영, 1995). 그러나 1957년 Sputnik호 발사를 기점으로 다른 교육분야도 마찬가지지만 과학교육에 대한 관심이 증가되어 보다 체계적인 프로그램들이 개발되었다. 이와 관련하여 1970년대에는 Piaget의 이론을 기초로 하는 과학교육 프로그램이 널리 통용되었고, 1980년대에는 아동의 일상에 보다 더 밀접히 접근하는 과학교육 프로그램이 강조되었으며 통합적 접근법이 주류를 이루었다. 1990년대 이후에는 과학교육을 재조명하여 유·초 연계가 강조되었으며 자연환경의 오염으로 인한 생명존중과 자연환경보호 내용에 중점이 되는 자연친화탐구 프로그램이 강조되고 있다.

우리는 과학교육하면 '어렵다'가 먼저 떠오른다. 이는 학교 과학교육을 통해 과학실험실에서 수행되는 탐구 활동이 일반적이고 정해진 규칙과 안전에 집중해야 하고, 이미 실험 결과가 검증된 것을 경험해 보는 것에 그치기 때문이다. 즉, 학교 현장에서 운영되는 다양한 과학체험학습이 특정 장소에 편중되거나 특정 활동, 일부 주제에 한정되어 운영되어 있다(권혁재, 2020).

따라서 방과후 과학교육은 아동이 단순한 관찰자로 있게 하기보다는 문제해결 과정에 주체적으로 참여하고 관찰, 측정, 동일시하기의 과학 과정에서 기술을 강조하며 언어, 미술, 수학, 사회성 등과 통합되어 생활 속에서 즐길 수 있어야 할 것이다. 과학에서는 학교 밖 인적·물적 자원을 활용하여 과학관 및 박물관 또는 실생활과 밀접한 장소에서 맥락적으로 접근하는 과학체험학습을 포함하여 운영해야 한다. 또한 과학적 현상과 관련된 정보나 지식만을 제공하는 것이 아니라 사고 과정이나 탐구과정에 중점을 두어 과학적 태도나 소양을 증진시킬 수 있어야 한다.

1) 활동안 1(물리과학)

활 동 명	어디까지 갈까요?
활동목표	• 공기의 압력과 물체의 관계를 안다
활동재료	• 스티로폼 공(탁구공, 퐁퐁이), 빨대(구멍이 큰 것), 풍선

〈동기유발〉

◎ 바람의 세기를 조절하여 빨대를 불어 본다.

- 어떻게 불면 목표선 너머로 불 수 있을까?

◎ 입으로 불어서 목표선 너머로 잘 넘어갈 것 같은 구체물과 안 넘어갈 것 같은 구체물에 대해서 알아본다.

〈활동〉

◎ 활동 1(멀리 멀리)

1) 각자 구체물 선택하기
2) 종류별로 공기의 압력으로 목표선 너머로 불어서 보내기
3) 1m 거리에 목표선과 출발선을 그린다.
4) 목표선에 각자의 공을 두고 목표선을 향해 분다.(목표선에 가까이 보낸 사람이 승리)

◎ 활동 2(높이 많이)

1) 빨대의 끝을 +로 3cm 정도 자르고 펼친다.
2) 잘라서 펼친 빨대 위에 구체물을 올리고 다른 끝을 분다.
3) 구체물을 띄웠다 가라앉혔다를 반복하며 가장 높이 불어 올린 사람을 가린다.
4) 구체물을 띄웠다 가라앉혔다를 반복하여 그 횟수가 많은 사람을 가린다.

◎ 활동 3(풍선 축구)

1) 인원수를 나누어 팀을 정한다(팀명을 아동이 정하도록 하기).
2) 바닥에 전지를 깔거나 가로 2m×세로 1m의 축구 코트를 만들고 양쪽에 사각의 통이나 재활용품을 이용하여 골대를 세운다.
3) 풍선을 불어 바람을 조절하면서 축구를 한다(이때 바람을 다시 넣지는 않고 한 번의 바람을 모두 사용하면 더 이상 게임을 하지 못한다).

◎ 활동 4(바람을 먹고 달리는 자동차)

1) 활동 3과 같은 방법으로 자동차를 움직인다(자동차가 멀리 간 팀이 승리).

〈마무리〉

◎ 호기심을 가지고 공기의 압력을 달리하며 적극적으로 구체물을 움직여 보았는가?

◎ 또 다른 바람을 이용하여 할 수 있는 게임은 어떤 것들이 있는가?

2) 활동안 2(생명과학)

활 동 명	나의 손과 발
활동목표	• 나의 몸의 특징을 알 수 있다. • 우리 몸의 신체 기관이 하는 일에 대해 알 수 있다.
활동재료	• 유리수지 관액자, 입체로 특수 찰흙, 특급 HCM-30고강도 석고, 수지 용액 접착제, khg-45 황금색 금분, 6호 사각 붓, 사포, 사용설명서 • 별도 준비물 : 종이컵, 물, 나무젓가락, 휴지 등

〈동기유발〉

◎ 손과 발이 하는 역할에 대하여 알아본다.

◎ 손과 발의 생김새와 손가락과 발가락의 개수나 각자 크기를 탐색한다.

〈활동〉

◎ 만드는 방법

1. 찰흙 반죽하기
   1) 찰흙을 적당하게 나눈다.
   2) 찰흙을 손으로 5분 정도 충분히 반죽한다.
   3) 찰흙모양을 두툼하고 둥그렇게 만들어 받침대 위에 놓는다.
   ※ 반죽을 오래하면 찰흙이 더욱 부드러워진다.
   ※ 반죽이 부드럽지 않으면 찰흙에 물을 묻혀서 반죽한다.

2. 모형 본뜨기
   1) 만들고자 하는 모양(손바닥, 발바닥 등)을 정한다.
   2) 찍고자 하는 모양을 여러 가지 형태로 찰흙에 찍어보면서 연습한다.
      – 이때 모양에 따라 찰흙을 손으로 들고 찍어도 된다.
   3) 발가락이나 손가락은 모양이 잘 찍히도록 천천히 눌러준다.
   4) 찰흙을 안쪽으로 밀어 넣으면서 모형이 잘 나오도록 만든다.
   5) 석고를 부었을 때 한쪽으로 새어나오지 않도록 테두리를 균형 있게 마무리한다.
   6) 찰흙에 모양을 누른 후 뺄 때 모형이 변형되지 않도록 주의해서 뺀다.
   7) 표현하고자 하는 모형이 찰흙에 잘 표현이 되어 있는지 눈으로 확인하고 찰흙에 변형이 가지 않도록 주의하여 관리한다.
   ※ 찰흙에 충분히 찍는 연습을 한 다음 실전 작업을 하는 것이 좋으며 손가락이나 발가락 등 세밀한 곳은 찰흙이 충분히 사이사이로 들어갈 수 있도록 찰흙을 밀어 넣는다.
   ※ 작업이 완료되면 비눗물로 해당 부위를 깨끗이 씻는다.
   ※ 급하게 누르면 점토가 벌어지므로 천천히 눌러 가장자리의 찰흙을 안쪽으로 모아준다.

3. 석고 반죽하기
   1) 종이컵에 물을 1/2 정도 채우고 석고를 부으면서 천천히 저어준다.
   2) 나무젓가락을 이용하여 한 방향으로 천천히 저어 기포가 생기지 않도록 한다.
   ※ 석고는 물과 혼합하면 바로 굳기 시작하므로 완전히 준비가 되었을 때 물과 혼합한다.

※ 석고 사용 후 변기나 하수구에 버리면 막히므로 마른 후 종이에 싸서 분리해 버린다.

4. 석고 붓기
   1) 약 2분 정도 저은 다음 반죽한 석고의 거품을 제거하고 굳기 전에 모형 틀에 천천히 붓는다.
   2) 석고를 부을 때는 한쪽 방향에서만 천천히 붓는다.
   3) 석고를 부을때 조금 넘치거나 흘러내려도 건조 후 다듬기에서 처리할 수 있으므로 그냥 놔두는 것이 좋다.

5. 1차 건조
   1) 바람이 잘 통하는 그늘진 곳에서 건조한다.
   2) 석고가 굳는 시간은 석고와 물의 비율에 따라 달라진다.
   3) 1시간 이상 충분히 기다린다.

6. 분리
   분리는 약 1시간 이후에 한다.
   ※ 석고가 완전히 굳어있지 않은 상태이므로 무리한 힘이나 충격을 주지 않도록 조심해 다루어야 한다.

7. 모형 세척 및 2차 건조 다듬기
   1) 모형에 묻은 찰흙을 깨끗이 씻어 낸다.
   2) 그늘진 곳에서 약 24시간 이상 충분히 건조 후 사포를 이용하여 석고모형을 다듬어 입체감을 살려 준다.
   ※ 과도한 다듬기는 모형의 순수성을 저하시키므로 부분적인 다듬기로 입체감을 살리는 것이 좋다.

8. 모형 색칠하기
   1) 금분 물감통의 뚜껑을 열고 붓으로 충분히 저어 희석시킨다.
   2) 조형물에 엷게 한 번 칠한 다음 1분 정도 지난 후 완전히 전체적으로 다시 칠해준다.
   ※ 금분을 너무 많이 두텁게 칠하지 않는다.

9. 접착제 바르기
   1) 모형 뒷면에 접착제를 발라 액자에 부착한다.
   2) 뒷면이 거칠 때는 칼로 다듬은 후 접착제를 바른다.
   3) 모형이 크거나 여러 개를 붙일 경우 원형 마트지를 사용하지 않아도 좋다.

10. 완성
   1) 액자를 평지에 놓고 접착제가 완전히 굳을 때가지 6시간 정도 건조시킨다.
   2) 사진을 함께 넣거나 이름과 출생일자를 기재하면 더욱 좋다.

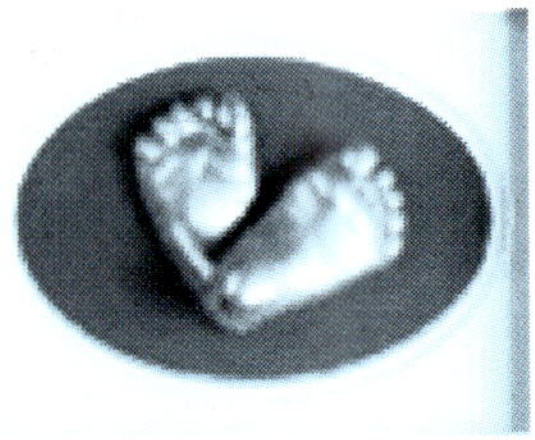

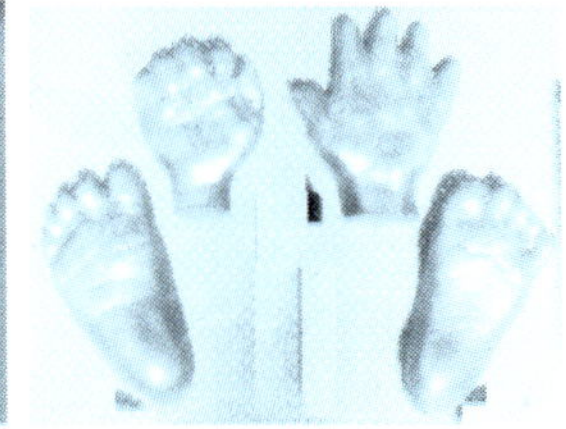

〈마무리〉
◎ 자신의 손이나 발의 모형을 통해 생명(신체)의 소중함을 안다.

3) 환경과학 활동안

활 동 명	재생 비누 만들기
활동목표	• 수질 오염에 관심을 가진다. • 물을 보호하는 다양한 방법에 관심을 가진다.
활동재료	• 개인 재료 : 비누 몰드(틀), 비누베이스, 글리세린, 에센셜 오일, 첨가할 분말(천연재료 분말 등) • 전체 도구 : 전자저울, 비누액을 녹일 용기, 전기핫플레이트, 비누베이스를 자를 칼, 도마, 소독용 에탄올 스프레이, 비누액을 섞을 스푼이나 나무젓가락, 비누몰드(틀–없으면 종이컵 등)

〈동기유발〉
◎ 수질오염의 주범에는 어떤 것들이 있는지에 대하여 이야기 나눈다.
◎ 안전관련 유의사항을 약속한다.

〈활동〉
◎ 수제 비누 만들기
1. 모든 도구와 용기를 소독용 에탄올로 소독한다.
2. 비누베이스를 깍둑썰기 한다.
3. 자른 비누 베이스를 가열하여 녹인다(서서히 완전히 녹을 만큼 가열)
   - 전자레인지 20~30초 간격으로 가능
   - 비커나 스테인리스 용기가 좋음
4. 비누 베이스를 녹이는 동안 다른 용기(종이컵등)에 글리세린을 계량하고 분말을 넣어서 잘 섞어준다.
   - 이때 추가로 첨가하고 싶은 오일이나 보습제(세라마이드 등)를 넣음
   - 첨가물을 너무 많이 넣으면 비누가 물러지고 거품이 잘 안날 수 있음
   - 비누베이스 외의 첨가물 총량이 최대 10%가 넘지 않도록 주의
   - 분말을 잘 개어주어야 비누가 깨끗하게 나옴
   - 오일이나 보습제 생략 가능함

   ※ 첨가물 예시 (비누베이스 1kg 또는 500g 기준)
   ① 글리세린 4~8g ② 천연분말 4~6g
   ③ 세라미아드(보습제) 1~2g ④ 동백오일 2~4g
   ⑤ 비타민E(보존제) 1~2g ⑥ 티트리 에센셜오일 15방울
   ⑦ 라벤더 에센셜 오일 15방울
5. 비누액이 다 녹으면 비누액이 너무 뜨겁지 않은 상태에서 액상 첨가물과 에센셜 오일을 넣어 잘 섞어 준다(비타민E는 보존제로 생략 가능).
   (에센셜 오일의 효능이나 부작용은 개인마다 차이가 있으므로 유의)
6. 첨가물을 비누액에 모두 섞은 다음 소독한 비누 몰드에 붓는다.
   (몰드가 없으면 종이컵 등 이용 가능)

7. 처음 몰드에 부으면 기포가 생기는데 70% 소독용 에탄올을 분무한다.
   - 70% 소독용 에탄올 만들기
     정제수 39g + 95% 에탄올 61g
8. 비누가 굳으면 기포가 줄어들고 꺼내서 하나씩 싸 두고 사용하면 됨
   - 여름에는 보관에 주의 필요

〈마무리〉

◎ 화학첨가물을 넣지 않고 사람이 먹을 수 있는 식물성 오일과 허브, 한방 등 천연색소(재료)들을 이용하여 비누를 만들면 피부와 수질에 효과가 있는 것에 대하여 이야기 나눈다.

◎ 수질오염을 예방해야 하는 이유를 알고 생활 속에서 수질오염 예방을 위한 태도를 기른다.

07 CHAPTER 그림책을 활용한 프로그램

1. 그림책을 활용한 프로그램의 개념 및 의의

그림책은 아동의 창의성과 상상력을 골고루 발달시키는 데 있어 가장 적절한 매개체이다(http://blog.naver.com/150151240832). 이는 그림 또는 그림과 글이 융합해서 이루어지는 예술적 소산물로 그림은 글의 내용을 단순하게 보충하는 의미 이상의 주제를 효과적으로 전달해 주는 역할을 하는 것으로 읽는 것만으로도 효과가 있지만 연계 활동에 따라 그 효과는 달라진다. 이에 그림책을 활용한 프로그램은 '특정 주제'에 대하여 간접경험이 될 수 있고 내면화할 수 있는 것이다. 뿐만 아니라 그림책은 아동에게 문학교육을 하는 데 매우 매력적이며 효과적인 매체로 문학 형식면에서는 문학적 · 예술적 기준을 만족시켜 주고 내용면에서는 아동의 성장 · 발달에 유익하며 욕구를 충족시켜 아동이 즐겨 읽는 것(박선희, 2016)으로 글(text)과 그림(illustration)의 결합을 통해 커뮤니케이션을 할 수 있도록 창작된 것이다(김정숙 · 남규, 2014).

2. 그림책을 활용한 프로그램의 교육적 효과

그림책을 활용한 프로그램은 많은 교육적 의미를 가지고 있는데, 첫째, 책을 사랑하고 즐기는 습관을 길러 준다. 둘째, 언어발달을 돕는다. 셋째, 이야기 감각 발달을 증진시켜 준다. 넷째, 스키마 형성을 증진한다. 다섯째, 상상력과 창의력을 발달시킨다. 여섯째, 문제해결 능력을 증진시킨다. 일곱째, 인지발달을 돕는다. 여덟째, 사회·정서 발달을 돕는다. 아홉째, 욕구 발달을 충족시켜 준다.

1) 자아존중감 증진을 위한 그림책 활동

<table>
<tr><td>활 동 명</td><td>알록달록 코끼리 엘머 그림책 활동</td><td rowspan="4"></td></tr>
<tr><td>활동목표</td><td>• 그림책을 읽고 내용을 이해한다.
• 이야기 나누기를 통해 자아존중감을 발달시킬 수 있다.
• 그림책을 통한 노래극 활동을 즐길 수 있다.</td></tr>
<tr><td>활동재료</td><td>알록달록 코끼리 엘머 그림책</td></tr>
<tr><td colspan="2">활동내용</td></tr>
<tr><td colspan="3">〈동기유발〉
◎ 그림책을 보고 듣는다.
◎ 그림책에 누가 등장하나요?
- 코끼리 엘머, 친구 코끼리들, 하마, 사자, 호랑이
◎ 알록달록 코끼리 엘머'에서 일어난 일은 무엇인가?
- 1년에 하루 알록달록 칠해서 퍼레이드를 한다.
- 엘머 혼자 무지개 빛이어서 다른 코끼리색 나무 열매를 칠했다.
- 비가 와서 나무 열매가 씻겨 알록달록한 엘머로 돌아왔다.
- 1년에 하루 엘머의 날을 정했다.
◎ 만약 내가 주인공이라면 어떻게 할지에 대한 생각을 말해 보아요.
- 엘머처럼 친구들과 같은 색을 물에 씻기지 않게 칠한다.
- 오히려 자랑스럽게 생각한다.

〈활동〉
◎ 노래가사 정하기 및 노래 부르기
- 그림책에서 도출한 내용을 대입하여 가사를 정한다.
(1절 문제상황, 2절 문제해결과정, 3절 문제를 해결한 후 기분이나 느낌)

동요 '송아지' -'내가 최고야'
1절 : 코끼리 엘머는 알록달록해 다른 코끼리들은 엘머 좋아해
2절 : 엘머는 슬펐어 열매 칠했어 비가 와서 모두가 지워졌다네
3절 : 달라도 괜찮아 나는 소중해 나는 나를 사랑해 나는 행복해

◎ 동작 만들기
- 노래에 어울리는 동작을 정한다(이때 정적인 동작보다 동적인 동작으로 이끌어 주며 동작을 크게 할 수 있도록 격려한다).
- 먼저 역할자가 먼저 제안하고 다른 유아들이 제안하도록 하고 역할자가 선택하도록 한다.</td></tr>
</table>

코끼리 엘머는 / 알록달록해
(손으로 코끼리 코 만들기 / 손으로 반짝반짝)
다른 코끼리들은 / 엘머 좋아해
(검지로 좌우 찌르기 / 옆 친구 안아주기)
엘머는 슬펐어 / 열매 칠했어
(눈을 비비기 / 손바닥으로 몸 닦기)
비가 와서 모두가 지워졌다네
(손가락으로 비 표현한 뒤 놀라는 표정)
달라도 괜찮아 / 나는 소중해
(손으로 '안녕' 하듯이 좌우로 움직이기 / 팔로 껴안기)
나는 나를 사랑해 나는 행복해
(손으로 하트 만든 뒤 점프하기)

◎ **역할 정하기**

- 등장인물을 대신할 역할을 유아가 자발적으로 선택하도록 한다.
  (만약 하나의 역할에 여러 명의 유아가 원할 경우 유아들이 협의해서 정하도록 하고, 다음에는 역할 바꾸기를 하기로 한다.)

역할 : 엘머, 큰 코끼리, 작은 코끼리, 뚱뚱한 코끼리, 빼빼 마른 코끼리 등

◎ **소품 및 무대배경 만들기**

- 각 역할에 맞는 소품을 만든다(이때 새롭게 만들어도 되고, 기존의 것을 활용해도 된다).
- 음악극의 효과를 극대화하기 위해 주제에 맞는 무대배경을 준비한다.

무대 : 정글 배경(덤불, 정글 동물), 비가 오는 배경, 나무가 울창한 숲,
소품 : 코끼리 색 열매(색종이를 잘게 찢기), 코끼리 코 등

〈마무리〉

◎ **연습하기**

- 또래들과 협동하면서 자신의 역할 수행하기
- 유아 스스로 자신의 역할을 다하고 자신감을 갖도록 격려한다.

◎ **수정 및 보완하기**

- 연습하기 후 수정·보완하기

◎ **공연하기**

- 자신의 역할을 잘 알고 최선을 다한다.
- 공연을 마치고 성취감을 느낀다.

◎ **평가하기**

- 공연하기에서 유아 스스로 잘된 점과 아쉬웠던 점을 이야기 나누기하고 다음 활동에 반영한다.

◎ **유의점**
- 실수를 해도 다음 역할을 수행하도록 격려한다.
- 혼자 잘 해서 되는 것이 아니고 협력해야만 재미나는 활동임을 알려 준다.

2) 사회정서발달을 위한 그림책 활동

활 동 명	바바빠빠 그림책 활동	
활동목표	• 그림책을 읽고 내용을 이해한다. • 이야기 나누기를 통해 사회정서 발달에 도움을 줄 수 있다. • 그림책을 통한 노래극 활동을 즐길 수 있다.	
활동재료	바바빠빠 그림책	
활동내용		

〈동기유발〉

◎ **그림책을 보고 듣는다.**

◎ **바바빠빠에는 어떤 것이 나왔나요?**
- 바바빠빠, 프랑수아, 프랑수아 아빠와 엄마, 꽃밭, 동물원, 소방수, 홍학, 낙타, 관리인, 자동차, 극장, 호텔, 표범, 사람들, 아이들, 공원, 바바빠빠 집

◎ **바바빠빠는 어떤 일을 하였나요?**
- 프랑수아네 꽃밭에서 태어났다.
- 불이 났을 때 사다리처럼 사람들을 구했다.
- 우리를 탈출한 표범을 잡았다.
- 공원에서 사람들을 즐겁게 해 주었다.
- 아이들과 노는 것을 좋아했다.
- 엄마 아빠는 바바빠빠가 너무 커서 같이 살 수가 없다고 한다.

〈활동〉

◎ **노래 가사 짓기 및 부르기**

'작은 동물원' – '친구 바바빠빠'

바바빠빠 내 친구 꽃밭에서 태어나 　몸이 커서 갇혔네 불이 나도 괜찮아
표범 잡았네 사람들은 모두 행복해 　바바빠빠도 행복 라랄라랄라 야호!

◎ **동작 만들기**

바바빠빠 내 친구 꽃밭에서 태어나
: 양손 바닥을 입에 뽀뽀하고 손바닥을 앞으로 뻗어 내민다 ×2,
가슴에 손 포개기, 손 반짝이며 아래서 위로 원 그리기

몸이 커서 갇혔네 불이 나도 괜찮아
: 뚱뚱하게 해서 뒤뚱거리기 ×2

표범 잡았네 사람들은 모두 행복해
: 바바빠빠 양쪽 주먹 불끈 쥐고 어깨위에 뽀빠이처럼,
  다른 사람들 모두 둥글게 박수치기
바바빠빠도 행복 라랄라랄라 야호!
: 옆사람과 팔짱끼고 한 바퀴 돌고 앞으로 보고 야호 외치기

◎ **역할 정하기**
: 바바빠빠, 아저씨, 아줌마, 아이, 동네사람들(반의 인원에 따라 정함)

◎ **소품 및 무대배경 만들기**
의상 : 보자기(바바빠빠 망토)
무대 : 정글 배경(덤불, 정글 동물), 비가 오는 배경, 나무가 울창한 숲,
소품 : 코끼리 색 열매(색종이를 잘게 찢기), 코끼리 코 등

〈마무리〉
◎ **연습하기**
1) 또래들과 협동하면서 자신의 역할 수행하기
2) 유아 스스로 자신의 역할을 다하고 자신감을 갖도록 격려한다.
◎ **수정 및 보완하기**
– 연습하기 후 수정・보완하기
◎ **공연하기**
– 자신의 역할을 잘 알고 최선을 다한다.
– 공연을 마치고 성취감을 느낀다.
◎ **평가하기**
– 공연하기에서 유아 스스로 잘된 점과 아쉬웠던 점을 이야기 나누고 다음 활동에 반영한다.
◎ **유의점**
1) 실수를 해도 다음 역할을 수행하도록 격려한다.
2) 혼자 잘 해서 되는 것이 아니고 협력해야만 재미나는 활동임을 알려 준다.

3) 도덕성 발달을 위한 스토리텔링 그림책 활동

활 동 명	마들린느와 주네비버 그림책 활동	
활동목표	• 그림책을 읽고 내용을 이해한다. • 이야기 나누기를 통해 도덕성 발달에 도움을 줄 수 있다. • 그림책을 통한 노래극 활동을 즐길 수 있다.	
활동재료	마들린느와 쥬네비버 그림책	
활동내용		

〈동기유발〉

◎ **마들린느와 쥬네비버에는 무엇이 나왔나요?**

– 배, 아기 강아지, 마시는 차, 고기, 강, 마들린느, 비스킷, 우유, 가로등, 빼꾸기 아저씨, 침애, 경찰관, 선생님, 다리, 학부모, 아이들, 기숙사, 쥬네비브

◎ **마들린느와 쥬네비버에서 어떤 상황이 있었나요?**

(1) 쥬네비버(개)가 물에 빠진 마들린느를 구했다.
(2) 쥬네비버를 서로 데리고 자려고 싸웠다.
(3) 개를 기숙사에 데리고 오면 안 된다는 규칙 때문에 쫓겨났다.
(4) 새끼 강아지를 12마리 낳았다.
(5) 마들린느는 쥬네비버를 찾으려고 이리저리 돌아다닌다.

〈활동〉

◎ **노래가사 정하기 및 노래 부르기**

유치원에 갑니다(기숙사에 못 살아)
1절 : 마드린느 산책을 갔네, 물에 빠졌네, 도와 주세요, 쥬네비브 구해 줘어요.
2절 : 쥬네비브 기숙사 와서, 규칙 어겼네, 쫓겨 났어요, 개는 기숙사에 못 살아

◎ **동작 만들기**

1절 : 마드 린느 산책을 갔네 **(마드린느 가리킨 뒤 걷는 동작)**
물에 빠졌네, 도와 주세요 **(코를 막은 뒤 양팔 흔들기)**
쥬네비브 구해 줘어요 **(쥬네비브 가리킨 뒤 박수치기)**
2절 : 쥬네 비브 기숙사 와서 **(손바닥이 바닥을 향하게 한 뒤 까딱이기)**
규칙 어겼네, 쫓겨 났어요 **(양팔 X자 만든 뒤 우는 동작)**
개는 기숙사에 못 살아 **(쥬네비브 쪽을 바라보며 손 흔들기)**

◎ **역할 정하기**

: 쥬네비브, 선생님, 마들린느와 아이들, 빼꾸기 아저씨, 학부모, 새끼강아지

◎ **소품 및 무대배경 만들기**
- 실내 미끄럼틀을 다리로 무대설정
- 강아지 옷(쥬네비브)

〈마무리〉
◎ **연습하기**
- 또래들과 협동하면서 자신의 역할 수행하기
- 유아 스스로 자신의 역할을 다하고 자신감을 갖도록 격려한다.

◎ **수정 및 보완하기**
- 연습하기 후 수정・보완하기

◎ **공연하기**
- 자신의 역할을 잘 알고 최선을 다한다.
- 공연을 마치고 성취감을 느낀다.

◎ **평가하기**
- 공연하기에서 유아 스스로 잘된 점과 아쉬웠던 점을 이야기 나누고 다음 활동에 반영한다.

◎ **유의점**
- 실수를 해도 다음 역할을 수행하도록 격려한다.
- 혼자 잘 해서 되는 것이 아니고 협력해야만 재미나는 활동임을 알려 준다.

4) 문제해결과정의 발달을 위한 스토리텔링 그림책 활동

활 동 명	친구랑 싸웠어 그림책 활동	
활동목표	• 그림책을 읽고 내용을 이해한다. • 이야기 나누기를 통해 문제해결능력을 증진 시킬 수 있다. • 그림책을 통한 노래극 활동을 즐길 수 있다.	
활동재료	친구랑 싸웠어 그림책	
활동내용		

〈동기유발〉

◎ **'친구와 싸웠어'에는 무엇이 나왔나요?**
- 친구들, 울었다. 붙잡혔다, 놀이터, 현관문, 나자빠졌다, 힘이 세다, 놀이섬, 슬프다, 사과했다, 엉덩방아 찧었다. 접시, 분했다, 만두, 아이쿠 선생님, 엄마, 고타, 다이

◎ '친구와 싸웠어'에는 어떤 상황이 있나요?
- 고타와 대판 싸웠다.
- 다이는 만두를 좋아한다.
- 엄마가 만두를 가지고 와서 먹으라고 했다.
- 선생님께서 친구들과 함께 간식을 먹자고 한다.
- 다이는 날마다 놀이섬에서 논다.
- 다이와 가장 친한 친구는 고타이다.
- 고타는 힘이 세다.
- 고타가 먼저 사과했다.
- 엄마 혼자 가버렸다.
- 엄마가 만두를 사왔다.

〈활동〉

◎ 노래가사 정하기 및 노래 부르기

원곡 : 꼭꼭 약속해/ 우린 친구야

1절 : 친구와 내가 싸움을 했네 화가 나고 분했네
기분이나빠 나는 울었네 너랑 안 놀아

2절 : 친구가 먼저 사과를 했네 부끄럽고 창피해
기분이 좋아 나는 웃었네 나도 사과해

◎ 동작 만들기

1절 : 친구와 내가 싸움을 했네
(친구와 자신을 번갈아 가리키며 주먹질 하는 동작)
화가 나고 분했네
(발 굴리기)
기분이 나빠 나는 울었네
(팔을 한 번 떨어트린 뒤 우는 동작)
너랑 안 놀아
(팔짱 끼고 고개 옆으로 돌리기)

2절 : 친구가 먼저 사과를 했네
(또래의 어깨 두 번 두드리기)
부끄럽고 창피해
(손으로 얼굴 감싸기)
기분이 좋아 나는 웃었네
(둘이서 손을 잡고 빙글빙글 돌기)
나도 사과해
(껴안아 주기)

◎ 역할 정하기
- 고타, 다이, 선생님, 엄마, 친구들

◎ **소품 및 무대배경 만들기**
- 따로 무대와 소품을 마련하지 않고 두 명씩 짝을 만들어 활동하기

〈마무리〉

◎ **연습하기**
- 또래들과 협동하면서 자신의 역할 수행하기
- 유아 스스로 자신의 역할을 다하고 자신감을 갖도록 격려한다.

◎ **수정 및 보완하기**
- 연습하기 후 수정・보완하기

◎ **공연하기**
- 자신의 역할을 잘 알고 최선을 다한다.
- 공연을 마치고 성취감을 느낀다.

◎ **평가하기**
- 공연하기에서 유아 스스로 잘된 점과 아쉬웠던 점을 이야기 나누고 다음 활동에 반영한다.

◎ **유의점**
- 실수를 해도 다음 역할을 수행하도록 격려한다.
- 혼자 잘 해서 되는 것이 아니고 협력해야만 재미나는 활동임을 알려 준다.

5) 성역할(가사일)발달을 위한 스토리텔링 그림책 활동

활 동 명	돼지책 그림책 활동	
활동목표	• 그림책을 읽고 내용을 이해한다. • 이야기 나누기를 통해 가사일에 대한 성역할 고정관념의 완화를 도울 수 있다. • 그림책을 통한 노래극 활동을 즐길 수 있다.	
활동재료	돼지책 그림책	
활동내용		

〈동기유발〉

◎ **'친구와 싸웠어'에는 무엇이 나왔나요?**
- 친구들, 울었다, 붙잡혔다, 놀이터, 현관문, 나자빠졌다, 힘이 세다, 놀이섬, 슬프다, 사과했다, 엉덩방아 찧었다, 접시, 분했다, 만두, 아이쿠 선생님, 엄마, 고타, 다이

◎ **'친구와 싸웠어'에는 어떤 상황이 있나요?**
- 고타와 대판 싸웠다.
- 다이는 만두를 좋아한다.

- 엄마가 만두를 가지고 와서 먹으라고 했다.
- 선생님께서 친구들과 함께 간식을 먹자고 한다.
- 다이는 날마다 놀이섬에서 논다.
- 다이와 가장 친한 친구는 고타이다.
- 고타는 힘이 세다.
- 고타가 먼저 사과했다.
- 엄마 혼자 가버렸다.
- 엄마가 만두를 사왔다.

〈활동〉

◎ 노래가사 정하기 및 노래 부르기

우리 다함께(싹이 났어요)

1절 엄마 슈퍼맨 아냐 빨래 청소 힘들어
남자일 여자일 나눠서 엄마가 화나서 집나가 버렸답니다.
2절 아빠 엄마를 돕고 엄마 집에 들어와
자동차 수리를 했다네 집안일 모두가 도우면 행복해져요.

◎ 동작 만들기

◎ 역할 정하기

◎ 소품 및 무대배경 만들기

〈마무리〉

◎ 연습하기

- 또래들과 협동하면서 자신의 역할 수행하기
- 유아 스스로 자신의 역할을 다하고 자신감을 갖도록 격려한다.

◎ 수정 및 보완하기

- 연습하기 후 수정·보완하기

◎ 공연하기

- 자신의 역할을 잘 알고 최선을 다한다.
- 공연을 마치고 성취감을 느낀다.

◎ 평가하기

- 공연하기에서 유아 스스로 잘된 점과 아쉬웠던 점을 이야기 나누기하고 다음 활동에 반영한다.

◎ 유의점

- 실수를 해도 다음 역할을 수행하도록 격려한다.
- 혼자 잘 해서 되는 것이 아니고 협력해야만 재미나는 활동임을 알려 준다.

08 CHAPTER 무비 콜라주 : 영화교육

1. 영화교육의 개념 및 의의

영화교육은 영화를 자주 접하는 학생들에게 영상 매체를 통한 미디어를 활용하여 창조적인 사고 능력과 창의성 및 인성을 기르는 데 중점을 둔다. 학생들이 영상 미디어를 접할 때 수동적으로 받아들이는 것이 아니라 능동적으로 자신의 생각을 표현하며 올바르게 이해하도록 한다. 단순한 감상 활동에만 머무르는 것이 아니라 영화와 학습자를 중심에 두고 원활한 상호작용이 이루어 질 때 학생들은 즐거움과 상상력, 창의력, 소통을 경험하게 된다. 영화교육은 학교교육 내외에 있는 다양한 교과목을 통합하여 유연한 사고 능력을 기르며 뉴미디어를 접목하여 개방적이며 확산적인 사고를 할 수 있게 도와준다. 영화를 중심으로 한 다양한 경험은 학습자가 생애교육의 주체로 자라날 수 있는 밑거름이 된다.

2. 영화교육의 교육적 효과

첫째, 애니메이션 음악은 일상적인 경험과 관련 있는 음악은 그저 학교에서 또 경험하는 것에 그치는 것이 아니라 생활 속에서 학생의 삶에 긍정적인 작용을 한다.

둘째, 감상수업을 통해 느끼고 생각하는 것을 밖으로 표현함으로써 자기 자신과 주변환경을 되돌아 볼 수 있다. 그리고 공감적인 교류를 통해 심리적 안정감과 위안을 받게 되어 부정적인 사고의 반응을 완화하고 희망과 용기를 가질 수 있다.

셋째, 이야기의 틀 안에 추상적인 교육현상과 문제를 녹여내어 교육실천을 담아낼 수 있으며 현실과 거리를 두고 객관적으로 문제를 바라볼 수 있는 비판의 기회를 준다.

활 동 명	애니메이션 음악
활동목표	• 애니메이션음악의 역할에 대해 이해한다. • 영상과 음악과의 관계를 느끼고 탐색하여 음악적 감수성을 기를 수 있다. • 애니메이션 음악을 통해 자신의 감정 느낌을 언어로 표현함으로써 언어 표현 능력을 발달시킬 수 있다.
활동재료	애니메이션 영상, 영화소개 자료, 활동지, 음원

활동내용

1차시 : '하울의 움직이는 성', '라이온 킹' 영화감상하기

2차시

〈동기유발〉

◎ **애니메이션의 뜻에 대해 알아본다.**

- "애니메이션 음악이란 무엇일까요?"
- 애니메이션 음악이란? 애니메이션을 위하여 작곡되거나 선곡 된 음악으로서 주제를 표현하거나 장면의 효과를 위해 만들어 지는 음악
- "가장 기억에 남는 애니메이션 음악이 있나요?"

◎ **애니메이션 음악의 역할에 대해 알아본다.**

- 주제를 표현하는 역할, 인물을 상징하는 역할, 감성적 토대를 만드는 역할, 영상의 진행감에 도움을 주는 역할, 시공간적 배경의 역할

〈활동〉

◎ **'하울의 움직이는 성', '라이온 킹'의 한 장면을 선정하여 음악을 제거하고 보여준 다음 음악이 삽입된 영상을 보여준다.**

- 두 영상의 차이점과 느낀 점에 대해 이야기 나눈다.
- "음악이 없을 때와 있을 때의 느낌에 대해 이야기 나누어 볼까요?"
- "히사이시 조의 '인생의 회전목마' 음악의 느낌은 어떤가요?"
- "'The Lion Sleeps Tonight'의 음악에 대한 느낌을 이야기 나누어 봅시다."

◎ **영상과 어울리는 음악을 찾는다.**

- 소리가 제거된 장면을 보여주고 교사가 미리 준비한 음원을 듣고 어울리는 음악 선택하기
- '하울의 움직이는 성' 명장면을 선택하여 소리를 제거한다.
- 클래식 음악 3가지를 듣는다. 드뷔시의 '아마빛 머리의 소녀', 브람스의 '6개의 피아노 소품 작품번호 118-2번, 간주곡', 사티의 '짐노페디 1번'을 듣는다.
- "이 영상과 어울리는 음악을 선택해 볼까요?"
- "이 음악을 선택한 이유는 무엇인가요?"

〈마무리〉

◎ **좋아하는 애니메이션과 음악에 대해 자유롭게 이야기 나눈다.**

◎ **활동지를 활용하여 배운 내용을 정리한다.**

활 동 명	애니메이션과 캐릭터
활동목표	• 애니메이션의 캐릭터의 역할에 대해 이해한다. • 자신만의 다양한 감정과 느낌을 창의적으로 표현할 수 있다. • 자신의 이미지를 표현함으로써 자아 존중감을 증진시킨다.
활동재료	애니메이션 영상, 도화지, 그리기 도구(사인펜, 색연필 등)

활동내용

1차시 : '몬스터 주식회사' 영화감상하기

2차시

〈동기유발〉

◎ **애니메이션 캐릭터의 뜻에 대해 알아본다.**
- "애니메이션 캐릭터란 무엇일까요?"
- 캐릭터란? 물건의 특성, 사람의 성격, 소설이나 연극의 등장인물이다.
- 애니메이션 캐릭터란? 애니메이션에서 동일한 캐릭터를 표현하기 위해 반복해서 나오는 음악이다.

◎ **애니메이션의 캐릭터 중에서 가장 인상 깊었던 캐릭터를 생각하며 이야기 나누기**
- "가장 인상 깊었던 캐릭터의 이름은 무엇인가요? 캐릭터의 생김새는 어떠한가요? 캐릭터의 독특한 점은 무엇인가요? 캐릭터의 성격을 간단하게 적어보세요."
- 가장 인상 깊었던 캐릭터를 그린다.

〈활동〉

◎ **나의 성격, 생김새, 잘하는 것 특이한 행동이나 습관 등 마인드맵으로 자신의 이미지를 정리한다.**

◎ **나의 이미지를 바탕으로 자신의 캐릭터를 그린다.**
- 캐릭터를 그리는 방법 : 특징을 강조하거나 과장한 표현, 단순화시켜 이미지를 표현, 눈과 잎으로 다양한 느낌 표현, 여러 가지 눈 모양, 입모양 등을 표현
- 도화지에 자신의 캐릭터를 그린다.

〈마무리〉

◎ **작품을 감상하고 느낀 점을 이야기 나눈다.**

◎ **캐릭터를 모아 새로운 이야기를 만든다.**

활 동 명	달라서 빛나는 우리 '함께 그리는 그림' : 단편영화
활동목표	• 서로 다름을 이해하고 장애인에 대한 인식을 개선할 수 있다. • 자신의 마음을 글로 표현함으로써 언어표현력과 공감 능력을 기른다.
활동재료	영상자료, 편지지, 필기도구

활동내용

〈동기유발〉

◎ 영화기획 및 내용을 간단하게 소개한다.

- 제목 : 달라서 빛나는 우리 '함께 그리는 그림'
- 상영시간 : 25분
- 기획 : 교육부, KBS한국방송, 장애인먼저실천운동본부
- 후원 : 사랑의 열매 사회복지 공동모금회
- 출연진 : 아역배우 임승민, 안성원, 최형주, 신비
- 내용 : 자신만의 표현방법으로 그림을 그리는 성호를 통해 나와 다른 친구를 알아가며, 다르지만 각자 저마다 재능과 장점이 있다는 것을 이해하고 친구가 되어가는 이야기
- 출처 : https://www.youtube.com/watch?v=l0KN9ZZaSKk&t=844s

◎ '함께 그리는 그림' 단편영화를 감상한다.

〈활동〉

◎ 인상적인 장면과 등장인물의 성격에 대해 이야기 나눈다.

◎ 장애에 대한 정보를 알아본다.

- "성호는 어떤 아이인가요?"
- "영화에 등장하는 주인공 성호가 앓고 있는 자폐증에 대해 알아볼까요?"

◎ 느낀 점에 대해 이야기 나눈다.

- "친구들이 무시하고 아프게 한다면 성호의 마음은 어떨까요?"
- "만약 모두가 같다면 세상을 어떨까요?"
- "서로 다른 색을 가지고 있다고 인정을 하면 어떤 점이 좋을까요?"

◎ 내가 알고 있는 장애를 가지고 있는 친구에게 또는 영화주인공에게 편지를 쓴다. 편지쓰기가 어려운 친구는 시로 써본다.

〈마무리〉

◎ 쓴 편지를 발표한다.

◎ 만약 내가 편지를 받았다면 어떻게 답장을 쓸 것인지 생각해보고 이야기 나눈다.

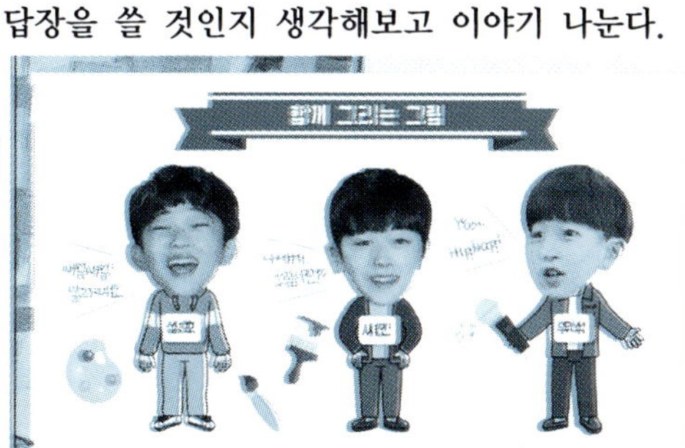

활 동 명	영화시나리오
활동목표	• 이야기 구성력과 창의적 표현력을 기른다. • 서로 다른 생각을 모아 하나의 작품을 완성함으로써 협동심과 사회성을 키운다.
활동재료	영화제작과정 자료, 도화지, 그림도구

활동내용

〈동기유발〉

◎ **영화 제작과정과 용어에 대해 알아본다.**

① 프리 프로덕션 : 작품의 기획, 시나리오, 시나리오 개발, 촬영준비

② 프로덕션 : 촬영

③ 포스트 프로덕션 : 편집, 녹음

- 시놉시스 : 영화나 드라마 등 영상물의 간단한 줄거리나 개요
- 시나리오 : 영화제작을 전제로 장면이나 배우의 행동, 대사, 배경 따위를 상세히 기술한 각본
- 스토리보드 : 주요 장면을 그림이나 사진등으로 정리한 계획표

◎ **모둠을 구성한다.**

〈활동〉

◎ **최근 관심 주제에 대해 이야기 나눈다.**

◎ **의견을 모아 시놉시스를 만든다.**

◎ **릴레이식으로 이야기를 만든다.**

- 이야기 속 주인공의 입장으로 생각하여 글을 쓴다.
- "만약 내가 주인공이라면 어떤 생각과 행동을 했을까요?"

◎ **의견을 교환하고 서로의 생각을 나누며 토의한다.**

◎ **시나리오 양식에 맞게 글 쓰는 것도 중요하지만 이야기의 흐름에 맞게 장면의 타당성과 촬영가능성을 예상하여 글을 쓴다.**

〈마무리〉

◎ **활동 시 어려웠던 점과 재미있었던 점에 대해 이야기 나눈다.**

- "각자의 생각을 모아 정리했을 때 어려웠던 점은 무엇인가요?"

◎ **시나리오를 쓰는 것이 목적이 아니라 만드는 과정을 통해 창의성과 협동심을 스스로 체험할 수 있게 한다.**

◎ **활동 시나리오 예시 : 학용품들의 수난시대(소그룹 4명)**

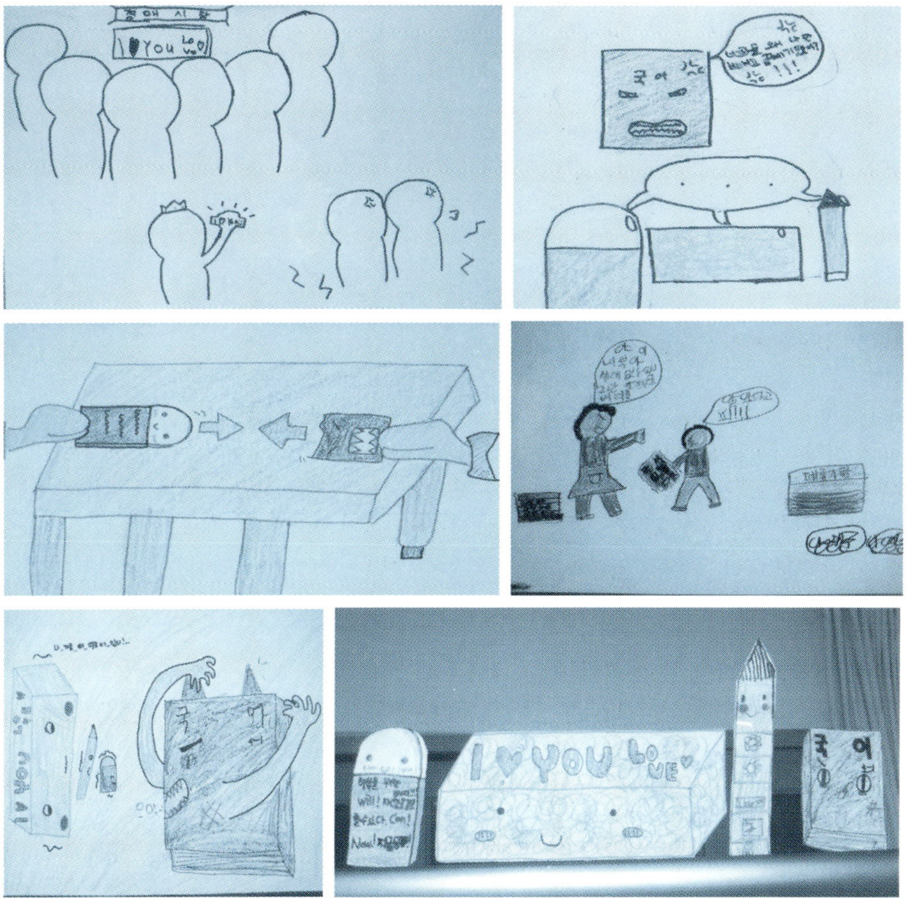

장면1.

우리가 알지 못하는 학용품들의 세계,

사람이 없을 때 사람처럼 말을 하고 살고 있는 학용품들의 이야기란다.

아이들이 집으로 돌아간 교실에서는 주인이 놔두고 간 학용품들이 자기 사물함에서 잠을 잔단다.

그러던 어느 날 필통이 이상한 꿈을 꾸었어.

“그것 참 이상하네. 도대체 느낌만 생각나고 장면이 기억 안 나는 알쏭달쏭한 꿈인걸!“

“그렇지! 옆 사물함에 자고 있는 다른 친구들에게 물어봐야겠다.”

장면2.

너무 똑똑한 척하는 책은 어렵고 이상한 말만 할거야!'

필통은 책은 깨우지 않기로 했단다.

“지우개야~ 일어나! 연필아~ 일어나!

내가 아주 이상한 꿈을 꾸었거든. 내 꿈에 담긴 의미를 좀 알려줄래?“

필동은 연필과 지우개를 깨웠어. 그러자 친구들이 고개를 갸웃거리며 물었어.

“이상한 꿈이라니, 대체 어떤 꿈을 꾸었는데?”

“꿈에 내가 꽉 끼이다가 다시 풀렸다가 쾅!쾅! 소리가 들리더니 아팠어. 그리고 뾰족

뾰족한 느낌이 나는 거야."
그때 옆 사물함에서 잠을 자고 있던 책이 귀를 쫑긋 세우고 필통의 꿈 이야기를 열심히 듣고 있었단다.

장면3.
필통의 꿈 이야기를 들은 지우개는 한참동안 눈을 끔벅이며 생각하더니 마침내 무릎을 탁 치며 말하는 거야.
"참 좋은 꿈인 것 같아. 아이들이 널 경매에 올려 서로 널 가지려고 하는 거야. 그때 승자가 널 꽉 잡았고 경매가 끝이나 쾅! 쾅! 책상을 쳤고 새 필통에 바로 깎은 새 연필을 넣어 뾰족뾰족한 느낌이 나는 거야. 너는 인기가 많아 좋겠다."

장면4.
다음 연필도 필통의 꿈에 대해 좋은 이야기를 해 주었어.
"내가 생각해도 좋은 꿈인 것 같아. 너가 복잡한 가방 속에 힘들게 있다가 주인이 너를 음악시간에 데려가기 위해 꺼내주고 음악시간에 박자에 맞추어 신나게 너로 장단을 맞추고 유행에 맞는 멋진 연필들을 네 안에 가득 넣어주는 꿈인 것 같아. 주인이 너를 너무 사랑하나봐~"
필통은 기분이 너무 좋았어.
그 때 옆 사물함에서 듣던 책이 화를 내며 나타났다.
"흥! 좋은 꿈 좋아하시네! 나도 그 정도 꿈에 대해 말할 수 있어. 그건 주인이 너를 미워하는 꿈이야!"
책은 큰 소리로 말했어.
필통은 책의 말에 몹시 화가 났지.
"너 지금 무슨 소리 하는 거야? 내가 사랑받는다고 하니까 샘이 나서 그렇지?"
그러자 책은 이렇게 말했단다.
"그 꿈은 주인이 너를 바닥에 떨어뜨려 밟고 발로 너를 차고 뾰족한 연필로 너를 찔러 너를 아프게 하는 꿈이야."
책의 말에 필통와 다른 친구들은 깜짝 놀랐지.

장면5.
"너 어떻게 친구마음을 아프게 하는 말을 하니?"
"너가 나만 안 깨운 것이 화가 나. 그리고 자기 생각을 솔직하게 이야기하는 게 뭐가 나빠? 사람들 생각은 모두가 다른 거야."
"나는 너가 똑똑해서 어렵고 이상한 말을 할까봐 그런거야. 미안해!"
필통은 책에게 사과를 했어. 그때 좋은 생각이 떠오른 지우개가 말을 했어.
"그럼 우리 다 함께 꿈을 나누어 볼까?"
"그래. 그래."
모두 찬성하고 이야기를 나누기 시작했지.

장면6.
먼저 지우개가 꿈 내용을 말했지.
"내 꿈은 나는 느낌이 나다가 떨어지고 또 타는 느낌이 나는 꿈을 꾸었어."

연필이 말했어.
"주인이 너를 지우다가 책상 아래로 떨어뜨려 주운 다음 빡빡 더 세게 문질러 니 몸이 뜨거워질 거라는 꿈이야. 네 할 일을 열심히 하는 꿈인 것 같아."
"난 다르게 생각해. 주인이 너를 가지고 알까기 놀이를 하다가 세게 너를 쳐서 책상 아래로 떨어뜨린거야. 그리고 시합을 더 잘하기 위해 너를 동그랗게 만들려고 손으로 너를 문질러 열이 나는 꿈인 것 같아. 재미있는 놀이에 참여하는 꿈인 것 같아."
필통이 즐거운 표정으로 말했어. 그때 책은 환한 미소를 지으며 말했어.
"버려진 네가 재활용공장으로 가서 새로운 지우개로 탄생하는 꿈이야."
연필, 지우개, 필통은 책의 말에 깜짝 놀랐어.

장면7.
그때 연필이 놀란 목소리로 말했지.
"그럼 책아! 내 꿈에 대해 어떻게 생각하니?"
연필은 자신의 꿈을 말했어.
"올라갈려고 하는데 안 되고 양옆으로 자꾸 부딪치는데."
"내 꿈? 그래 말해볼게. 잘 들어봐~ 처음에 뭔가 불안한 느낌이 나더니 심장이 막 뛰어!"
책은 불안한 표정으로 말을 했어.
말이 끝나기 무섭게 연필이 먼저 말을 했어.
"주인 어머니께서 쓸데없는 책을 버리라고 주인을 혼내서 네가 버려질까봐 불안해하는 꿈이야."
"내 생각에는 주인친구가 네 주인이 미워 네 주인 몰래 널 찢으려고 해서 무서워 심장이 뛰는 거야."
"그 꿈은 주인이 문제를 풀다 어렵다고 해서 짜증나서 널 내던지는 꿈이야."
서로 말이 끝나기 무섭게 책의 꿈에 대해 이야기를 했어.
책은 화가 많이 났어. 힘들어."
"그 꿈은 주인이 바닷가에 놀러 갔는데 너를 해변가에 놔둬서 파도에 휩쓸려 먼 바다로 떠내려가는 꿈이야!"
"너 너무 나쁜 쪽으로만 이야기한다. 그럼 네 꿈이야기를 해봐! 우리가 꿈의 내용을 말해줄게!"
화가 난 필통이 말을 했다.

장면8.
그 이후로 책은 다른 학용품들과 사이좋게 지내지 못하고 혼자 놀았고 다른 친구들은 필통 안에서 재미있게 지냈단다.
한 번씩 책의 저주로 학용품인 연필은 책 안에 글씨를 쓰면 혼나고 지우개는 책 내용을 지우지 못하고 필통은 아예 책 근처에 얼씬도 하지 못하고 책이 시키는 일을 했단다.

09 CHAPTER 세계 여러 나라 전통춤을 통한 신체 프로그램

1. 세계 여러 나라 전통춤의 개념 및 의의

'춤'이란 인간의 가장 원초적인 표현 수단이며 인류와 함께 생성되고 발전하게 된 예술 중 하나라고 볼 수 있다. 자연의 두려움에 대한 대항과 순응의 몸짓으로부터 출발하여 인류의 '삶의 형태'를 그대로 투영하는 동작으로 극대화되어 나타난 것이 바로 '춤'이다(오승지, 2002). 다시말해, '춤'은 무엇인가를 표현하고 싶어하는 인간의 욕구를 신체의 움직임으로 나타내는 시간적·공간적 예술이며, 일상 속의 희로애락을 신체의 움직임을 통하여 표현하는 인간의 가장 원초적인 표현수단으로 모든 예술의 시작이다(배수을, 2011).

'전통춤'은 전래동요, 전래놀이와 마찬가지로 각 나라 또는 지역마다 민속 양식을 반영한 춤으로 정서와 문화를 담고 있다. 오랫동안 각 나라의 민족 고유의 문화를 바탕으로 계승·발전해 온 몸짓을 일반적으로 '전통춤'이라고 지칭하며(김경숙, 2009), 유의어로는 민속춤, 민속무용, 포크댄스, 민중무용, 민족무용, 대중오락무용 등으로 나타낸다(정현주, 2009).

어원을 살펴보면 '전통'과 '춤'이라는 단어가 조합된 것으로 '전통'은 어떤 집단이나 공동체에서 전해 내려오는 사상, 관습, 행동양식을 말하고, '춤'은 장단에 맞추어 흥에 겨워 팔과 다리와 몸을 움직여 뛰노는 동작으로(표준국어대사전, 2017), 전통춤이란 각 지역마다의 독특한 민속 양식을 반영한 춤으로 전통음악에 따라 자연스럽게 반복되는 동작을 박자에 맞게 움직이는 것을 말한다.

2. 세계 여러 나라 전통춤의 교육적 효과

'세계 여러 나라 전통춤'은 인간의 본능적인 감정을 그대로 표출하고자 간단하고 소박한 춤으로 표현되어 일상생활 내에서 즐겼으며 그 지역의 민요와 관련을 갖고 파생되었다. 시간이 흐르면서 자연스럽게 따라 하기 쉽고 인상적인 춤들 만이 전승되어 온 것이다. 리듬이 단순하고 움직임이 규칙적이고 반복적이던 춤들이 오늘날까지 남아 각국의 전통춤으로 발전했다. 즉, 전통춤(민속무용)은 세계 여러나라 민족의 사고방식과 생활양식에서 전승되어 민중들의 정서와 감정이 풍부하게 담긴 자연발생적 춤이라 할 수 있다(배수을, 2011). 다른 기록 방법이 없지만 자연스럽게 전승되어 왔으며 세계 여러 나라의 문화를 찾아볼 수 있으며, 춤과 함께 사용되는 음악과 의상 등 민족 고유의 문화적인 전통이 담겨 있다. 또한 종교의식, 사상, 정서, 생활 습관, 풍습, 주거, 의복, 생업(수렵·어로·농업)에 관계되는 것으로 각 나라의 전반적인 문화를 이해할 수 있다. 그에 따라 전통춤 속에서는 지역적 특성이 나타나는 것은 당연하고, 일상생활 속에서 일어나는 일들을 춤으로 표현했으며, 즐기기 위함이므로 동작을 표현하는 데 있어 활발한 리듬감이 있다. 표현방식 또한 간단하고 소박하여 동작이 반복적으로 구성되어 있으며 주로 팔과 다리의 움직임으로 구성되어 있고, 리듬이 정확하고 반복적이다. 그렇기 때문에 누구나 쉽게 배우고 익힐 수 있고, 때와 장소에 상관없이 여러 사람이 함께 어울려 즐길 수 있다(배수을, 2011). 유아들에게 '춤'이란 언어이자 자신을 표현하는 즐거운 수단으로서의 의미를 지니며(최재원, 2009), 성장발달을 위한 중요한 가치를 가질 수 있다. 많은 연구들에서 교육적 가치를 언급하고 있다. '춤'으로 표현하는 것은 개개인의 독특한 창의적 사고를 촉진시키기 위한 교육의 가치가 있으며(최상철, 2014), 신체를 움직이며 자신의 감정을 표현하고 신체 에너지를 조절하는 경험을 배울 수 있다(이현희, 2010). 또한, 춤을 추고 신체를 통하여 무언가를 만드는 예술 활동으로 그 과정을 통해 자연스러운 학습효과를 제공하며 신체적, 정서적 측면에서의 성장에 긍정적인 영향을 준다(이강순·최희아, 2001).

1) 춤추는 농부 - 태국 전통춤

활동명	세계 여러 나라 전통춤
활동목표	• 태국 전통춤을 감상하고 다양한 춤 동작에 관심을 갖고 표현하기를 즐긴다. • 태국 전통춤 동작을 이용해서 새로운 춤을 창작해 본다.
활동재료	전통춤 영상(태국), 춤에 사용된 모자, 태국관련 ppt 자료

활동내용

1회차

〈동기유발〉

◎ **춤에 흥미를 갖는다.**
- 오늘 배울 춤은 음식과 관련이 있는데, 어떤 춤일 것 같니?
- 왜 태국 사람들은 쌀춤을 추었을까?
- 옛날 태국 사람들의 쌀농사를 짓는 모습은 어땠을까?

◎ **영상 감상하기**

〈활동〉

◎ **춤을 감상하고 이야기 나눈다.**

◎ **태국 전통춤의 기본동작을 탐색한다.**
- 어떤 동작으로 시작했고 어떤 동작으로 끝났니?
- 어떤 동작이 재미있고 기억에 남았니?

◎ **태국 전통춤을 춘다.**
- 영상을 보면서 동작을 따라해 보자.
- 모를 심는 모습을 표현해보자.
(머리에 쓴 모자를 잡고 썼다 벗었다 몸을 꼬아보자, 손목을 돌리며 팔을 움직여보자, 자리에 앉아서 한쪽 팔을 위로 뻗었다 내렸다 해보자.)

출처: 천안 흥타령 축제 2015 국제민속춤 대회사진.

〈마무리〉

◎ **활동을 회상하고 평가한다.**
- 동작을 따라해 보니 재미있거나 힘든 점은 없었니?
- 다른 사람에게 어떻게 소개해 줄 수 있을까?

활동명	춤추는 농부Ⅱ
활동재료	영상

2회차

〈동기유발〉

◎ **영상을 보여준다.**

◎ **1회차 활동을 회상한다.**

- 어떤 동작들이 있었는지 기억이 나니?
- 태국 전통 춤 안에 있었던 여러 가지 동작들을 사용해서 새로운 춤을 만들어 볼까?

〈활동〉

◎ **태국 전통춤의 기본동작을 사용하여 춤을 창작해본다.**

- 저번 시간에 했던 동작을 중에 재미있는 동작들이나 상상되는 동작이 있니?
- 쌀춤의 순서는 어땠니?
- 팔을 어떻게 다르게 움직일 수 있을까?
- 너희들이 말한 움직임을 선생님이 동작카드에 그대로 적어줄게. 카드 하나는 너희가 마음대로 움직일 수 있는 카드야.

◎ **음악과 함께 자유롭게 춤을 춘다.**

- 시작하고 끝 동작은 자유롭게 춤춰보자.
- 앞에 놓여 있는 동작카드 순서대로 춤을 추어보자.
- 카드는 너희 마음대로 생각해서 자유롭게 춤춰보자.

〈마무리〉

◎ **오늘 활동 내용 중 힘든 점과 재미있었던 점에 대해 이야기를 나누고 여러 가지 확장 활동을 할 수 있는 방법에 대해 토의한다.**

- 태국 전통춤과 너희가 만든 춤이 무엇이 같고 달랐어?
- 너희들이 만든 춤에 이름을 붙여준다면 무엇이라고 할까?

참고자료	천안 흥타령 축제 2015: 국제민속춤 대회영상

2) 친구와 함께 춤을 - '마주르카' 폴란드 전통춤

활동명	세계 여러 나라 전통춤
활동목표	• 폴란드의 춤곡에 대해 알아보고 음악에 사용된 악기에 흥미를 가진다. • 폴란드의 전통춤을 감상해보고 다양한 춤 동작을 표현하는 것을 즐긴다. • 친구와 짝을 지어, 음악에 맞춰 다양한 동작을 이용해 춤을 춰본다.
활동재료	마주르카 음원(쇼팽의 마주르카), 전통춤영상(폴란드), 폴란드 관련 ppt

활동내용

1회차

〈동기유발〉

◎ **춤에 흥미를 갖는다.**

- 오늘 배울 춤은 어느 나라의 춤일지 먼저 음악을 들어보자(쇼팽의 마주르카 연주곡).
- 어떤 악기로 연주했을까?
- 폴란드 사람들이 즐겁게 춤을 출 수 있도록 만든 음악이 바로 '마주르카'라고 한단다.

◎ **영상 감상하기**

(춤 소개: 여러 명이 함께 추던 춤으로 폴란드 마조프세 지방의 마주르인들이 추었던 춤. 함께 농사를 지으면서 모였을 때 추던 춤으로, 춤이 너무 멋져서 독일, 프랑스, 영국 사람들도 이 춤을 춤. 쇼팽은 이 춤과 어울리는 음악을 많이 작곡해서 더 유명해지기도 함. 짝을 맞추어 함께 추기도 하고 원형을 그리며 모두 함께 추기도 함. 춤추는 사람들이 얼마나 빨리 누구와 함께 어떤 동작으로 춤을 추는지, 어떻게 이동하며 춤을 추는지 집중해서 감상해보기)

〈전개〉

◎ **춤을 감상하고 이야기 나눈다.**

◎ **폴란드 전통춤의 기본동작을 탐색한다.**

- 몇 명이 춤을 추었고, 빠르기는 어땠니?
- 어떤 동작이 재미있고 기억에 남았니?

◎ **폴란드 전통춤을 춘다.**
- 영상을 보면서 동작을 따라해 보자.
- 먼저 짝을 지어보자.

(양팔을 겹쳐 직선을 만들어보기, 친구와 등을 지고 앞뒤로 움직여보기, 친구의 팔을 걸어서 빙글빙글 돌아보기, 친구와 서로 팔을 엇갈려 잡고 한 발씩 앞으로 차보기, 친구와 손을 잡고 제자리 돌기, 친구와 모두 손을 잡고 원 모양으로 돌기, 손을 엇갈려 잡고 돌기, 원 모양으로 스키핑으로 움직여보기)

〈마무리〉

◎ **활동을 회상하고 평가한다.**
- **'마주르카'** 동작을 따라해보니 재미있거나 힘든 점은 없었니?
- 폴란드 전통춤이나 폴란드에 대해 더 알고 싶은 것이나 궁금한 것이 있니?

활동명	친구와 함께 춤을 Ⅱ
활동재료	영상

2회차

〈동기유발〉

◎ **영상을 보여준다.**

◎ **1회차 활동을 회상한다.**
- 어떤 동작들이 있었는지 기억이 나니?
- 지난 시간 폴란드 전통춤 이름이 뭐였지?
- '마주르카'의 다양한 동작들을 이용해서 새로운 춤을 만들어 볼 수 있을까?

〈활동〉

◎ **폴란드 전통춤의 기본동작을 사용하여 춤을 창작해본다.**
- 저번 시간에 했던 동작을 중에 재미있는 동작들이나 상상되는 동작이 있니?
- 혼자 할 수 있는 동작과 친구와 함께 할 수 있는 동작을 생각해보자.
- 동작을 하나씩 정해보자.

◎ **음악과 함께 자유롭게 춤을 춘다.**
- 오늘은 친구와 함께 춤을 만들어 보는 거야.
- 먼저 동그랗게 서 볼까?
- 오른쪽으로 빙빙 돌다가 선생님이 이름을 부르는 친구는 가운데 나와서 춤을 추는 거야.
- 다른 친구들은 가운데 있는 친구의 춤의 동작을 따라해보자.

〈마무리〉

◎ **오늘 활동 내용 중 힘든 점과 재미있었던 점에 대해 이야기를 나누고 여러 가지 확장 활동을 할 수 있는 방법에 대해 토의한다.**

◎ **두 명씩 짝을 지어 함께 이야기하며 새로운 동작을 만들 수 있도록 한다.**

참고자료	천안 흥타령 축제 2015: 국제민속춤 대회영상

3) 손에 손을 잡고 - '마임' 이스라엘 전통춤

활동명	세계 여러 나라 전통춤
활동목표	• 이스라엘의 특성과 기후, 결혼식 문화에 관심을 가진다. • 이스라엘 전통춤을 감상하고 움직임의 특성을 파악하여 동작을 표현하기를 즐긴다. • 스토리텔링을 통해 이야기에 맞는 동작을 이용해 새로운 춤을 창작해본다.
활동재료	이스라엘 결혼식 영상 및 사진, 넥타이, 부케

활동내용

1회차

〈동기유발〉

◎ **춤에 흥미를 갖는다.**

- 오늘은 이스라엘의 전통춤을 배워볼 거야.
- 이스라엘은 어디에 있을까(지도를 보며 알아본다)?
- 사막의 날씨는 어떨까?

〈춤 소개하기〉

물을 마임이라고 하는데 사막이 있는 지역은 비가 잘 안내리기 때문에 물이 아주 소중했어. 하지만 사람들은 포기하지 않고 물을 찾기 위해 노력했어. 물을 찾을 때 느낌은 어땠을까? 이 춤은 물을 찾아낸 기쁨을 표현한 춤이래. 늘 빠른 템포로 옆으로 사람들과 함께 돌기도 하고 혼자 돌기도 하는 즐겁고 경쾌한 춤이래.

또 하나는 결혼식 같은 행사나 나라의 중요한 날에 사람들이 함께 모여서 추는 춤인데 처음에는 사막에서 살기 위해 노력할 때 서로를 위로하며 추던 춤인데 이스라엘 전통음악 '하바 나길라'에 맞추어 추는 춤이래.

〈활동〉

◎ **춤을 감상하고 이야기 나눈다.**

- 이스라엘 전통춤을 보고 무엇이 생각났니?
- 이스라엘 사람들은 물이 소중하다는데 우리에게는 소중한 것이 어떤 것이 있을까?
- 결혼식 외에 이 춤은 언제 또 추고 싶어?

◎ **이스라엘 전통춤의 기본동작을 탐색한다.**

- 영상을 보면서 기본동작을 살펴보자.
- 춤은 어떻게 시작했니? 어떻게 움직였어? 표정은 어땠니?
- 팔과 다리의 움직임은 어땠니?
- 물을 찾으러 다닐 때 어떻게 움직임으로 표현할 수 있을까?
- 물을 찾아서 이제 춤을 추는데 먼저 제자리에서 추는 춤이야. 신체 어디를 움직이면 좋겠니? 이번에는 움직이면서 추는 춤이야. 어떤 방향으로 움직일까?

◎ **음악과 함께 자유롭게 춤을 춘다.**

(**물을 찾기**- 씩씩하게 뛰기, 점프하기, 점점 힘이 없어서 천천히 걷기, 터벅터벅 걸어보기, **물을 찾았다**- 기쁨을 몸으로 표현해보기, 제자리에서 움직이기, 움직이면서 표현하기)

〈마무리〉

◎ **활동을 회상하고 평가한다.**

◎ **우리가 만든 춤에 이름을 붙여본다.**

활동명	손에 손을 잡고Ⅱ
준비자료	영상

2회차

〈동기유발〉

◎ **지난 시간을 회상하며 음악에 맞추어 춤을 춘다.**

동그란 모양으로 다함께 서서 손을 잡고 서서 먼저 제자리에서 춤추기(점프를 하고 팔을 올려 빙글 돌기도 하고, 손뼉도 쳐보고, 자유롭게 추기), 움직이면서 추기(손을 잡고 오른쪽으로 천천히 돌다가 5발 옆으로 간 다음 춤을 추고, 왼쪽으로 5발 옆으로 간 다음 춤추기, 원 안팎으로 손뼉 치며 앞으로 돌면서 뒤로 움직이기)

〈활동〉

◎ **전통춤의 기본동작을 활용하여 춤 창작해보기, 호라-결혼식장**

- 춤속의 사람들은 신랑 신부를 가운데 세워두고 동그랗게 서서 춤을 추었네. 우리는 어떻게 해볼까?
- 신랑 신부가 되어 춤을 추자.
- 신랑 신부가 된 친구들은 앞으로 나와 나만의 춤을 추자.

〈마무리〉

◎ **오늘 활동 내용 중 힘든 점과 재미있었던 점에 대해 이야기를 나누고 여러 가지 확장 활동을 할 수 있는 방법에 대해 토의한다.**

참고자료	1회차-이스라엘 결혼식 영상 및 사진 www.youtube.com/watch?v=t9SSao-RCqA 전통춤영상(이스라엘 www.youtube.com/watch?v=ZWFaZ0tixXg www.youtube.com/watch?v=vHSNZK4Je-Y 2회차-음원(하바 나길라 www.youtube.com/watch?v=uST0cyev1OE www.youtube.com/watch?v=vHSNZK4Je-Y)

4) 춤으로 이야기해요 - '훌라' 하와이 전통춤

<table>
<tr><td>활동명</td><td>세계 여러 나라 전통춤</td></tr>
<tr><td>활동목표</td><td>• 하와이의 아름다운 자연환경을 알아보고 이야기를 몸으로 표현하는 춤이 있음을 알 수 있다.
• 하와이 전통춤 '훌라'를 감상하고 표현하기를 즐긴다.</td></tr>
<tr><td>활동재료</td><td>우쿨렐레, 의상(치마, 꽃 목걸이)</td></tr>
<tr><td colspan="2">활동내용</td></tr>
<tr><td colspan="2">1회차

〈동기유발〉
◎ 춤에 흥미를 갖는다.
- 우리가 말을 할 수 없다면 어떨까?
- 오늘 배울 춤은 동작으로 이야기를 표현하는 춤이거든.
- 이 춤에 사용된 악기는 무엇일까?
- 우쿨렐레 소리를 들어보자.

〈춤 소개〉
훌라댄스는 하와이에서 옛날부터 전해져 내려오는 민속춤으로 훌라는 '춤추다'라는 의미를 가진다고 해. 오래전에는 하와이를 지켜준다는 '하이카'라는 여신이 불의 여신 펠레라는 동생을 위해 춤을 추었다는 이야기가 있어. 훌라춤은 표정도 중요하고 동작 하나하나에 뜻을 가지고 있는데. 자연을 묘사하는 동작이 많아. 손과 팔 뿐 아니라 표정마다 눈을 우아하게 움직이는데 이것은 산, 파도, 태양, 물고기, 하늘, 사랑 등의 의미를 가지고 있어. 훌라춤의 매력은 바로 손동작인데, 이 손동작이 사물이나 행동의 모든 언어를 표현해. 이것은 마치 수화처럼 몸으로 언어를 표현해.

〈활동〉
◎ 춤을 감상하고 이야기 나눈다.
- 훌라춤을 보고 무엇이 생각났니?
- 부드럽다는 느낌은 어떤 느낌일까?
- 무엇을 입고 춤을 추었어?
- 춤을 추는 사람의 표정은 어땠니?
◎ 하와이 전통춤의 기본동작을 탐색한다.
(신체의 어느 부분을 움직였니?, 팔을 위로 움직이는 동작은 무엇을 표현한 것 같니? 허리와 다리는 어떻게 움직였니?)
◎ 하와이 전통춤을 춘다.
- 춤을 추기 위해 무엇이 필요할까?</td></tr>
</table>

〈마무리〉

◎ 활동을 회상하고 평가한다.

- '훌라'동작을 따라해보니 재미있거나 힘든 점은 없었니?

활동명	춤으로 이야기해요 Ⅱ
활동재료	영상, 자연환경사진

2회차

〈동기유발〉

◎ 영상을 보여준다.

◎ 1회차 활동을 회상한다.

- 어떤 동작들이 있었는지 기억이 나니?
- 우리도 사진을 보며 이야기를 동작으로 표현해 볼 수 있을까(자연환경사진)?

〈활동〉

◎ 훌라춤의 기본동작을 활용하여 춤을 창작해본다

- 훌라춤은 무엇을 표현한 것이었니?
- 사진과 영상보기(사진-산, 하늘, 하트, 태양, 파도, 물고기, 나무, 바람)
- 제자리에서 춤을 추어야 하는 것은 어떤 것이 있을까?(산, 나무), 움직이면서 춤을 추어야 하는 것은 어떤 것이 있을까?)파도, 바람, 물고기, 태양)
- 훌라는 부드럽게 움직이며 표현했는데 우리는 어떤 느낌으로 춤을 표현해볼까?

◎ 음악과 함께 자유롭게 춤을 춘다

〈마무리〉

◎ 자신이 표현한 사물에 대해 이야기 나눈다.

◎ 몸으로 나의 생각을 표현해보니 어떻니?

참고자료	www.youtube.com/watch?v=QV_PnQynXjw www.youtube.com/watch?v=mqXErrKDL9w www.youtube.com/watch?v=DszmYzxk2og www.youtube.com/watch?v=suUYmlp7zWl

10 CHAPTER 우당탕탕 리듬 속으로

1. 악기와 컵타의 만남

1) 붐웨커와 컵타의 특징

붐웨커(Boomwhackers)는 선율을 연주할 수 있는 유율타악기인 동시에 두드려서 소리를 낼 수 있는 타악기이다. 속이 뚫린 플라스틱 튜브로 되어있으며, 각각의 튜브마다 일정한 음계를 가지고 있는 것이 특징이다. 다양한 색깔과 길이에 따라 음을 구분할 수 있고, 계이름과 음이름이 악기에 쓰여 있어 활동 시 쉽게 활용이 가능하다. 가장 통용적으로 쓰는 색깔악기로 빨, 주, 노, 초, 파, 남, 보 7가지 색깔로 되어있으며, 두 개의 붐웨커를 서로 맞부딪쳐 연주가 가능할 뿐만 아니라, 무릎, 다리, 손바닥 등 신체 부위를 두드리거나 말렛 등을 사용하여 다양한 부분을 두드려 연주도 가능하여 치는 부위에 따라 음색의 변화를 느낄 수 있다.

컵타(Cup percussion)란 '컵(cup)'과 '치다'라는 뜻의 '타(打)'가 합쳐진 말로, 컵을 이용해서 두드리거나 동작 활동을 하는 것을 뜻한다(정길선 외, 2013). 생활 속에서 쓰이는 소품이 악기로 활용되므로 학생들이 손쉽게 다가갈 수 있으며, 컵을 치며 여러 가지 다른 신체 동작들도 함께할 수 있다.

붐웨커와 컵은 각각이 가진 장점도 있지만, 연주방법이 쉽고 재질도 안전하여 누구나 쉽게 연주할 수 있는 접근의 용이성이 있으므로 함께 연주했을 때 그 효과를 배로 상승시킬 수 있다. 또한, 붐웨커로 선율만 연주했을 때의 단조로움을 컵을 통한 리듬치기를 첨가하여 학생들이 수업에 흥미를 갖고 참여할 수 있게 하여 집중력을 높일 수 있다.

붐웨커와 컵타의 합주는 리듬의 자유로운 표현과 신체 활동이 동시에 가능하므로 학생들의 창의적인 신체 표현 활동에 효과적이라 할 수 있다.

2) 붐웨커와 컵타의 교육적 의의

붐웨커와 컵을 활용한 수업은 기본적으로 협동학습에 바탕을 두고 있다. 학생들은 협동학습 수업을 함으로써 타인의 의견을 조율하고, 음악적 생각을 공유해 나가는 과정에서 또래 간의 친화력과 어휘력도 발달시킬 수 있다. 학업성취나 문제해결력 등의 인지적 영역, 태도 및 자아 존중감, 또래 간의 긍정적 상호관계 등의 정의적 영역, 갈등 해결 능력, 의사소통 능력과 같은 사회적 기능습득 측면의 사회적 영역을 동시에 골고루 발달시킬 수 있는 장점도 있다.

더불어 창의성 교육 측면으로는 학생들이 소리를 직접 경험함으로써 청·감각적 능력을 발달시킬 수 있다. 또한, 신체 동작을 통해 리듬감을 익히고, 음악을 듣고 느낀 생각이나 느낌을 신체로 자유롭게 표현할 수 있도록 도와준다. 악기와 목소리의 모방을 시작으로 자연스러운 창의성도 성장시킬 수 있다. 특히 컵으로 다양한 리듬 패턴을 만들고 붐웨커를 연주하며 음색이 가장 좋은 부위를 찾는 것 등은 유창성을 향상시켜 줄 수 있는 요소로 작용한다.

2. 교육적 효과

컵타의 교육적 효과를 살펴보면 다음과 같다.

첫째, 컵타 연주는 모둠이 같은 패턴을 연주하므로 의사소통을 통한 배려심과 협동심을 기를 수 있고, 작품에 대한 완성도가 높을수록 높은 성취감을 경험할 수 있다.

둘째, 컵타는 비교적 쉽고 간단한 리듬을 동작으로 자유롭게 구성할 수 있어

학생들이 쉽게 음악 활동에 참여할 수 있고 개개인의 음악 활동이 모여 적극적이고 활동적인 모둠 활동을 할 수 있다.

셋째, 컵타 연주는 모둠원 중 특정 한 사람의 뛰어난 연주 실력만으로는 완벽한 연주를 할 수 없다. 모둠원 간의 상호작용이 매우 중요한 요소이며, 서로 의견을 나눔으로 다양한 리듬과 동작과 순서를 정하고, 손동작 같은 신체표현을 추가하여 자유롭게 구성할 수 있으므로 학생들의 사회성 증진효과를 기대할 수 있다.

마지막으로 신체 표현을 통해 학습자 개개인의 표현력에 자신감을 이끌어낼 수 있고 다른 모둠의 새로운 컵타 연주를 관찰함으로써 시각과 청각의 자극을 통해 흥미도를 향상시켜 수업에 몰입할 수 있다.

1) 쿵쿵따 쿵쿵따

<table>
<tr><td>활동명</td><td>붐웨커로 두드려요</td></tr>
<tr><td>활동목표</td><td>• 함께 연주하며 친구들과 친밀감과 신뢰감을 형성할 수 있다.
• 노래와 놀이로 감성을 키우며 창의적인 음악 표현력을 향상시킨다.</td></tr>
<tr><td>활동재료</td><td>음원, 활동지</td></tr>
<tr><td colspan="2">활동내용</td></tr>
<tr><td colspan="2">1회차
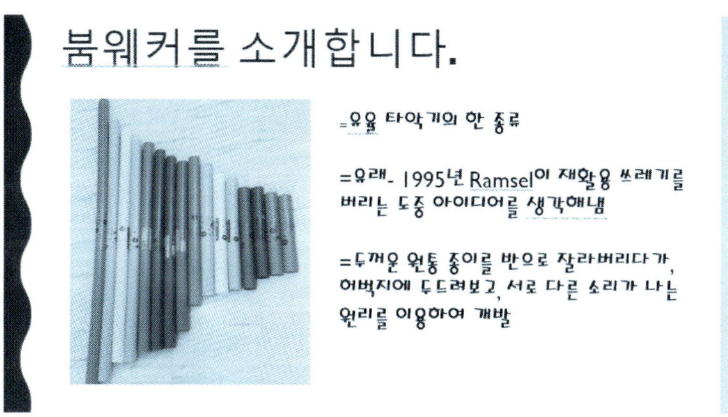
〈동기유발〉
◎ 붐웨커에 대한 자료를 보여주며, 악기에 대해 간단한 설명을 한다.
◎ 악기의 유래나 만들어진 원리를 설명하고, 타악기이면서 동시에 선율악기임을 설명한다.</td></tr>
</table>

〈활동〉

◎ https://blog.naver.com/storyis2016/222044680563에 소개된 동영상을 시청한다.

◎ 학생들을 모둠으로 나누고, 모둠별 한 옥타브 음역의 8개 악기를 한 세트씩 나누어준다.

◎ 연주방법을 소개하고 도, 레, 미, 파, 솔, 라, 시, 도의 스케일을 다 같이 연주하며 연주방법을 익힌다.

〈마무리〉

◎ **오늘 배운 붐웨커를 연주해본 소감을 말해본다.**

활동명	쿵쿵따 쿵쿵따
준비자료	컵, 붐웨커, 참고영상

2회차

〈동기유발〉

◎ 컵타가 무엇인지 알아본다.

◎ 컵타 리듬치기 영상을 시청한다.

〈활동〉

◎ 컵타 컵의 종류와 연주자세 익히기

◎ 컵타 구음 익히기

◎ 컵타 기본 리듬 배우기

◎ 동요에 맞추어 기본리듬 연주해보기

◎ 그룹별 선호곡에 맞추어 기본리듬 연주해보기

〈마무리〉

◎ 오늘 배운 컵타에 대해 이야기 나눈다.

3회차

〈동기유발〉

◎ 지난 시간에 했던 컵타 리듬을 복습해본다.

〈활동〉

◎ 컵타 응용리듬 (주고 받기, 넘기기) 배워본다.

◎ 그룹별 선호곡에 맞추어 응용리듬을 연주해본다.

◎ 붐웨커 연주그룹과 컵타 연주그룹 나누어 연습한다.

◎ 그룹별 선호곡에 맞추어 연주해본다.

〈마무리〉

오늘 활동한 내용에 대해 이야기 나눈다.

참고자료	유튜브 https://www.youtube.com/watch?v=0P7roug6Xk4

2) 잠보- 하쿠나마타타

활동명	Let's go Africa!
활동목표	• 아프리카 민속 악기를 이해하고 특징을 살려 케냐어로 노래 부를 수 있다. • 컵타의 기본 리듬을 표현할 수 있다.
활동재료	잠보 노래 반주음원, 잠보 자료, 컵

활동내용

1회차

〈동기유발〉

◎ 라이온킹에 나오는 배경음악을 듣고 아프리카 음악에 대해 흥미를 유발시킨다.

◎ 지라니 합창단이 남자의 자격이라는 프로그램에 나와 합창하는 동영상을 보여준다.

〈활동〉

◎ 아프리카의 지도상 위치와 지형에 대해 알아본다.

◎ 아프리카의 문화와 민속악기에 대해 알아본다.
(문화로는 일부다처제와 대가족제가 특징이며 민속악기로는 타악기가 특징이다. 종류로는 젬베, 콩고니 등이 있다.)

◎ 〈잠보〉노래를 듣고, 익숙해지면 케냐어로 교사의 반주에 맞추어 노래부른다.
(교사가 선창하면 학생들이 따라 부르도록 한다.)

Jambo 가사

Jambo Jambo bwana (잠보 잠보 뿌아나)	잠보는 greeting
Habari gani ? (하바리 가니)	how are you ?
Mzuri Sana (므쥬리 사나)	fine
Wageni Mwakaribishwa (와게니 와카리비슈와)	visitors welcome
Kenya yetu (케냐 예뚜)	our Kenya
Hakuna Matata (하쿠나 마타타)	no problem
(Kenya nchi nzuri(케냐 인치 쥬리)	Kenya good country
Hakuna Matata (하쿠나 마타타)	no problem
Inchi yakupendeza (인치 야쿠펜데자)	happy country
Hakuna Matata (하쿠나 마타타)	no problem
Mwakaribishwa (와카리비슈와)	welcome
Hakuna Matata (하쿠나마 타타)	no problem

◎ 반복적으로 노래를 불러보고, 모두 제자리에 일어나서 불러본다.
◎ 뒤로 나가서 칠판을 보고 가로로 줄에 맞추어 선다.
◎ 큰 소리로 노래를 부르며, 몸을 제자리에서 자연스럽게 움직여본다.
◎ 쉿♩쉿♩(쉿 쿵 쉿 쿵, 쉿 짝 쉿 짝) 리듬에 맞추어 노래 불러본다.

〈마무리〉
◎ 아프리카 음악적 특징을 이해하고 노래를 불렀는지 이야기 나누고, 재미있었던 점에 대해 이야기한다.

활동명	하쿠나마타타 2
활동재료	컵, 잠보 가사

2회차

〈동기유발〉
◎ 저번 시간에는 우리가 어느 나라의 노래를 경험했는지 질문해보고 추가 설명을 하며, 흥미를 유발한다.

〈활동〉
◎ 아프리카의 타악기 문화를 컵타를 통해 경험하도록 한다.
- 컵타의 기본박과 기본리듬을 알려주고 책상에서 컵을 사용하여 리듬치기 한다.
〈손뼉치기-컵등치기(왼)-컵등치기(오)-컵바닥치기〉
- 능숙해지도록 연습한다.
- 칠판에 적힌 잠보가사를 보며 노래부른다.
- 컵타 리듬치기를 하며 노래불러본다.

〈마무리〉

◎ 오늘 배운 내용을 잘 생각하며 컵타리듬치기를 정리한다.

◎ 잠보를 케냐어로 큰소리로 노래 부른다.

활동명	잠보
활동재료	컵, 잠보노래

3회차

〈동기유발〉

◎ 컵타리듬과 잠보 노래를 상기시킨다.

〈활동〉

◎ 모둠을 만들어 저번시간 컵타 리듬을 연습한다.

◎ 잠보노래에 맞추어 컵타치기한다.

◎ 모둠별로 잠보의 2마디를 창작하도록 한다.

◎ 모든 친구들이 모둠별 2마디를 돌아가며 경험해본다.

◎ 컵으로 자유롭게 놀이해본다.

〈마무리〉

◎ 아프리카 민요에 흥미를 가지고 적극적으로 참여하였는지 평가해보고 정리한다.

참고자료	https://www.youtube.com/watch?v=EgqQSuwYpA0 라이언킹 하쿠나마타타 영상자료

합창단 이야기

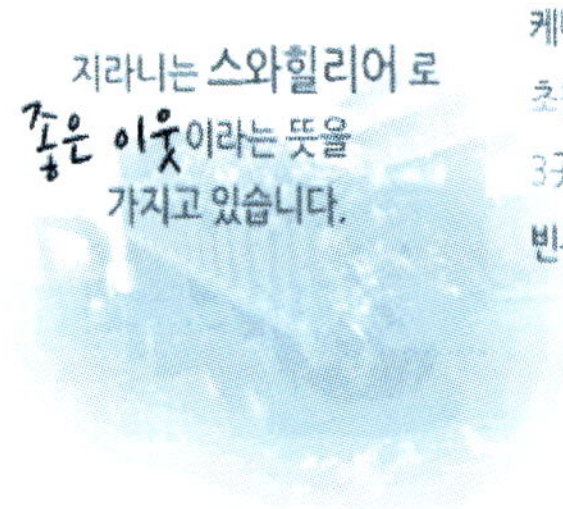

케냐는 세계 10대 불평등 국가 중 하나입니다. 수도 나이로비를 제외한 거의 모든 지역은 초원으로 이루어져있어 수도에는 인구 밀집 현상이 심각하며, 세계 최대 규모의 슬럼가가 3곳이나 형성될 정도로 주민들의 빈부격차가 심각합니다.

빈부격차는 범죄, 교육 부재, 아동인권 유린 등의 또 다른 문제를 야기하고 있습니다.

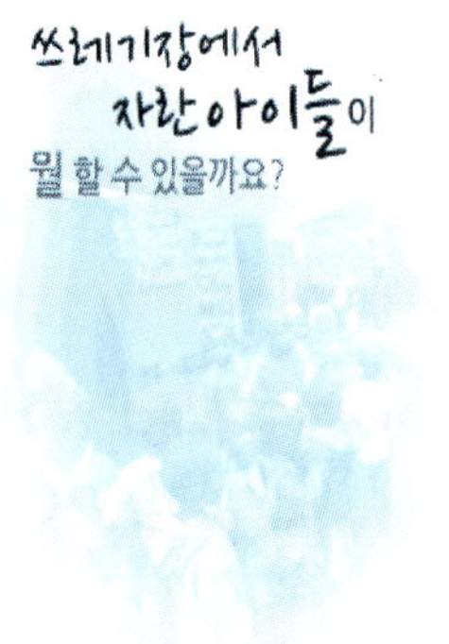

특히 **단도라 지역의 고로고초**는 쓰레기장으로 둘러 쌓여있는 열악한 마을입니다.

이곳 사람들은 어른, 아이 할 것 없이 쓰레기 더미를 뒤지며 하루하루를 연명하고 있습니다.

쓰레기장에서 짐승들과 뒤섞인채로 음식 쓰레기를 찾는 이 어린 영혼들에게,

'학교생활'이나 '공부'같은 낱말은, 그 실체를 느낄 수도 없는 것이었습니다.

2005년 12월, 구호활동을 위해 이곳을 찾았던 한 한국인 목사의 눈에 쓰레기를 먹고 있던 검은 아이의 눈동자가 들어왔습니다. 그는 그 광경을 지나칠 수 없었습니다.

아이들에게 꿈과 희망의 씨앗을 남겨주고 싶었습니다.

배고픔을 달래는 것도 중요하지만, **미래와 성장에 대한 허기를 채워주는 것이 케냐의 악순환을 끊을 수 있는 근본적인 방법**이라고 생각했습니다.

생각에 잠겨있던 그에게 아이들의 목소리가, 아프리카의 목소리가 들려왔습니다.

유튜브

https://www.youtube.com/watch?v=4ntMxBJmK-E(지라니합창단)

https://www.youtube.com/watch?v=cmSbXsFE3l8(컵타 나오는 영화장면)

11 CHAPTER 프로젝트 접근법

1. 프로젝트 접근법의 교육적 개념 및 의의

프로젝트학습은 관심 있는 주제에 대한 다양한 방법으로 조사·탐구·표현하는 기회를 통해 프로젝트 수행 능력을 키움으로써 학습 능력이 신장되며 모든 활동이 아동의 참여 속에 이루어지므로 학습에 대한 내적 동기화가 이루어진다. 또한 또래, 가족, 이웃, 지역사회 구성원들과의 의미 있는 상호협동의 기회가 많이 제공되기 때문에 사회성 및 협동심을 기를 수 있으며, 타인 정서를 잘 이해할 수 있게 된다. 뿐만 아니라 활동과정에서 제공되는 끊임없는 선택과 결정 과정을 통해 의사결정능력과 언어적 표현 능력을 기를 수 있다. 더불어 아동이 프로젝트의 주제 선정에서부터 활동 전개 및 마무리까지 주도적으로 참여하는 동안 스스로의 선택 및 결정에 대한 책임감을 가지게 되며 규칙 및 질서에 대한 개념이 바르게 형성된다.

프로젝트 접근법의 교육적 주창자인 Katz와 Chard(1989)는 어떤 연령이나 시기에 대부분의 아동들이 무엇을 할 수 있고 못하고에 관한 보편적인 발달의 문제를 다루는 규준적 차원과 상호 연관된 측면인 시간과 경험에 따른 인간의 변화 방식, 지연 효과(delayed impact), 누적효과(commulative effect)를 고려하는 역동적 차원의 교육으로 학습의 계열과 발달 단계, 아동의 경험이 정의적·인성적 발달에 미치는 영향, 빈번한 반복적 경험이 미치는 장기적인 누적 효과까지 고려할 수 있다.

2. 프로젝트 접근법의 효과

프로젝트 접근법은 지식획득, 기술습득, 성향개발, 느낌발달을 주요 목표로 한다[1].

첫째, 아동으로 하여금 진지하게 새로운 경험을 이해하는 데 몰입하게 함으로써 새로운 지식을 습득하도록 돕는다.

둘째, 신체적, 인지적, 사회적, 의사소통 능력발달에 필요한 다양한 기술을 획득하도록 돕는다.

셋째, 다양한 상황에서 겪는 경험에 대해 비교적 지속적으로 나타나는 반응양식이나 행동유형에 관한 성향을 키우도록 돕는다.

넷째, 아동으로 하여금 주관적인 감정 상태로서의 다양한 정서를 경험하도록 돕는다. 또한 아동들은 프로젝트 접근법의 각 활동에 스스로 참여하고 수행해내는 과정 속에서 집단에 대한 소속감과 유대감을 느끼고, 자신을 능력 있는 존재로 여기며 자신감을 갖게 된다.

3. 프로젝트 프로그램의 실제 : 똥 프로젝트

활 동 명	똥 프로젝트
활동목표	• 건강한 몸에 대한 긍정적인 인식을 기르고 자기 존중감을 실천할 수 있다. • 그룹활동을 통해 유대감을 느끼고 자기 효능감을 기른다. • 그룹활동을 통해 자기표현과 자신감을 기를 수 있다.
활동재료	똥 관련 그림책
활동내용	
1단계	준비 단계
◎ 주제선정의 이유 초등학교 2학년 체육시간에 공을 뻥 차는 순간 방귀소리가 크게 들리자, 옆에서 뛰던 친구가 "아이 냄새, 너 똥 쌌지?"라며 코를 틀어막았다.	

1) Katz & Chard, 1989

"똥"은 우리 몸의 건강에 아주 중요한 부분이면서도 아이들에게는 너무도 흥미롭고 호기심 있는 것이다. 우리 몸에서 만들어 내는 것 중 가장 큰 관심을 보이는 것이 "똥"이 아닐까라는 생각이 든다. '똥', '방귀' 소리만 해도 아이들은 크게 웃는다.

똥과 연계하여 우리 몸 속에 일어나는 소화 작용을 알아보고 몸의 신비와 더불어 어떤 음식을 먹어야 배변을 잘 보 수 있는지, 소화기관은 어떤 것이 있는지, 내가 본 배변은 어떻게 되는지, 배변의 쓰임새는 어떠한지에 대하여 알게 되는 것으로 모두가 유익한 부분이고 호기심과 흥미를 유발하는 주제라고 생각하고 '똥'을 주제로 선정하게 되었다.

사람이 건강하게 사는 비결을 똥을 개운하게 잘 누는 일이다. 그러나 대부분의 사람들은 자신의 몸 속에 똥을 안고 다니면서도 똥 얘기를 시작하면 자기들은 생전 똥도 안 싸고 사는 것처럼 남의 일처럼 더럽게 생각한다. 그러나 사람이 들숨과 날숨을 반복해 생명을 유지하듯 먹는 것과 싸는 것이 순환구조를 이루고 있어 결국 이 일을 멈추면 죽게 되는 것이다. 이 순환구조를 바로 알고 이치대로 살아갈 때 건강한 생활을 할 수 있다.

◎ 주제망 구성

1) 혀 – 신맛, 단맛, 매운맛, 짠맛, 쓴맛, 뜨겁다, 차갑다(각각의 맛을 내는 음식이름)
2) 목구멍 – 혀로 음식물을 밀어 넣으면 어떻게 내려갈까?
   – 음식물이 쭈글쭈글한 벽을 타고 내려간다.
3) 음식물이 지나는 길(소화 단계)
   목구멍을 지난 음식물 덩어리는 위 → 작은창자 → 큰창자를 거쳐 내려가는 동안 사람에게 피와 근육과 에너지를 만들고 필요없는 것은 찌꺼기가 된다.
4) 이 – 소화과정에서 이는 음식물을 잘게 부순다.

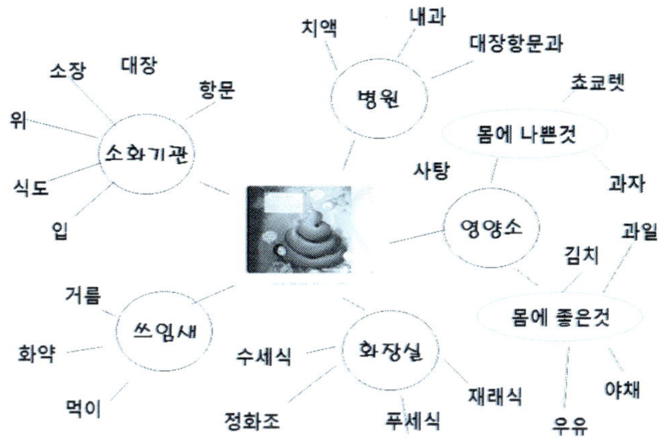

◎ 교육목표 및 기본어휘 선정

1) 교육목표
   (1) 소화기관은 어떤 것인가에 대해 안다.
   (2) 배변은 우리 몸의 상태를 알려주는 것을 안다.
   (3) 어떤 음식을 먹어야 건강한 배변인지 알아 본다.
   (4) 배변의 쓰임새에는 어떤 것이 있는지에 대해 안다.

2) 기본어휘

'똥(Dung)'

(1) 국어사전

사람이나 동물이 먹은 음식물을 소화하여 항문으로 내보내는 찌꺼기

(2) 백과사전

- 똥은 짐승이 소화하고 난 음식이 찌꺼기로 배출된 것이다.
- 냄새는 박테리아에 의해 비롯되며, 짐승의 똥은 비료로 사용되기도 한다.
- 토끼 똥은 정상 변과 식변으로 분류되어 토끼가 자기의 똥을 먹지 못하면 죽기도 한다.

◎ 똥 프로젝트 활동 예상안 구성

분류	소주제	내용(일일주제)	활동
도입	똥이 궁금해요.	- 똥에 대한 생각 모으기 - 유목화 - 주제망 - 똥이 궁금해(질문목록 만들기)	- 1차표상하기 - 똥하며 생각나는 것 적기 - 똥에 대한 이전경험 나누기
전개	똥은 왜 나오나요? (음식물의 소화과정, 소화기관)	- 음식물의 소화과정 - 소화기관 - 신기한 우리의 몸속 - 동물들의 똥 - 색깔 똥을 누는 달팽이	- 신체표현: 음식물의 소화과정 신체표현 - 메이킹북: 소화기관 책 만들기 - 조형: 클레이로 동물똥 만들기 - 수조작: 달팽이 패턴놀이 - 미술활동: 달팽이가 그린 똥그림 - 동시: 달팽이 똥
	다양한 똥과 우리의 건강	- 다양한 똥의 모양 - 똥을 참으면..(변비) - 황금똥을 누려면! - 내가 눈똥은 어디로 갈까? - 방귀의 비밀	- 신체표현: 똥을 누는 나의 모습 - 음률: 응가송 - 과학: 똥의 순환 순서 알아보기 - 동화: 방귀공주의 비밀 - 새노래: 방귀타령
	건강한 똥을 누려면?	- 똥을 좋아하는 동물(쇠똥구리이야기) - 변비탈출해요! - 똥의 다양한 쓰임	- 요리활동: 과일요거트 만들기 - 동화: 소미네 똥가게 - 과학: 똥을 태우면..? - 역할: 장이 튼튼해지는 식당놀이 - 음률: 누구똥
	똥 누러 화장실 가요.	- 옛날 화장실과 오늘날의 화장실 - 만약에 화장실이 없다면? - 화장실 예절 알아보기	- n.i.e: 신문지죽똥 - 역할: 화장실 바르게 이용하기
마무리	배가 아프면 병원에 가요.	- 배가 아파요(배가 아플 때 다양한 질병). - 어느 병원에 갈까요? - 마무리활동 토의하기 - 마무리활동 준비하기	- 역할: 병원놀이 - 동시: 꾸르륵 꾸르륵 - 2차표상: 찰흙으로 똥 만들기 - 동화: 병원놀이

◎ **자원목록 작성 및 준비**

<table>
<tr><td rowspan="2">1차적 자원</td><td>실물</td><td colspan="2">- 거름흙
- 병원놀이 자료
- 똥이 잘 나오게 하는 음식들(우유, 유산균, 요플레, 채소,과일)</td></tr>
<tr><td>현장 견학 장소</td><td colspan="2">- 인체탐구 박물관
- 호수공원 세계화장실 박물관</td></tr>
<tr><td rowspan="8">2차적 자원</td><td rowspan="2">책</td><td>정보책</td><td>- Why? 와이똥(예림당)
- 과학이 된 흔적 똥화석(주니어김영사)
- 내 똥은 어디로 갔을까?(사파리)
- 똥 누고 물내리지 마세요!(파란자전거)
- 뿌지직! 너 그거 알아? 사람들이 어떻게 똥을 누며 살았는지!(비룡소)
- 코끼리 똥으로 종이를 만든 나라는?(시공주니어)
- 구리구리 똥은 염기성이야?(웅진주니어)</td></tr>
<tr><td>동화책</td><td>- 똥은 참 대단해!(웅진주니어)
- 황금똥을 눌 테야!(웅진주니어)
- 똥 똥, 무슨 똥?(노란우산)
- 소미네 똥가게(고래이야기)
- 고래똥 향수(한솔수북)
- 학교에서 똥이 마려우면?(노란우산)
- 도와줘요, 응가맨!(노란우산)
- 똥의 진실(주니어파랑새)
- 내 똥에 가시가 있나봐!(책먹는아이)
- 병원은 정말 싫어!(상상여행)
- 우리 병원놀이 할래?(문학동네어린이)</td></tr>
<tr><td rowspan="2">사진 그림 자료/ 팜플렛</td><td>사진 및 그림자료</td><td>- 나의 몸 속 소화기관 사진
- 거름이 뿌려져 있는 밭 사진
- 과거의 화장실, 현대 화장실 사진
- 세계의 화장실 사진
- 다양한 동물의 똥 사진</td></tr>
<tr><td>팜플렛</td><td>- 세계의 화장실 박물관 팜플렛
- 인체과학 박물관 팜플렛</td></tr>
<tr><td>CD자료</td><td colspan="2">- 건강과 안전 누리과정 CD</td></tr>
<tr><td rowspan="3">관련 사이트</td><td>지렁이 공부방</td><td>http://cont112.edunet4u.net/∼sklee/</td></tr>
<tr><td>음식물의 소화과정 -에듀넷</td><td>http://www.edunet4u.net/student6/self/elem/pop_6_sci_12_1.jsp?dirChar=/cyber12_6_sci_1/cyber12-14-cho1&org_cd=LNKZ000001&data_no=3199&seq_no=1</td></tr>
<tr><td>식중독예방</td><td>http://www.mfds.go.kr/fm/index.do</td></tr>
</table>

◎ **환경구성**

◎ **부모들에게 알리고 협조 요청**

<table>
<tr><td rowspan="6">가정에서 도와주세요</td><td>유아들과 함께 할 일</td><td colspan="2"></td></tr>
<tr><td rowspan="5">자원 협조</td><td>실 물</td><td></td></tr>
<tr><td>동화자료</td><td></td></tr>
<tr><td>역할놀이</td><td></td></tr>
<tr><td>사진 및 그림자료</td><td></td></tr>
<tr><td>비 디 오</td><td></td></tr>
</table>

2단계	**똥 프로젝트 시작 단계**

◎ **아동의 이전경험 표현**

- 더러워요.
- 냄새나요.
- 아기들은 기저귀에 싸요.
- 화장실 가서 눠요.
- 똥마려울 때 배 아파요.
- 방귀가 자꾸 나오면 똥 마려워요.

◎ **교사와 아동의 공동 주제망 구성**

1) 생각 모으기

팀원 전체의 생각을 하나 하나 모으고, 교사의 의도적인 생각과 함께 나누어 보니 이러한 생각들이 나온다.

2) 유목화

생각 모으기의 생각을 영역별로(큰 묶음)으로 유목화(묶음 만들기) 한다.

소화기관	병원	음식	화장실	쓰임새
• 입 • 식도 • 위 • 작은창자 • 큰창자	• 내과 • 대장항문과 • 치핵 • 변비	• 변을 잘 보는 음식 (야채, 과일, 생선 등) • 변이 잘 안 나오는 음식 (인스턴트, 패스트푸드)	• 수세식 • 재래식 • 푸세식 • 비데	• 거름 • 화약 • 먹이

3) 공동 주제망 짜기

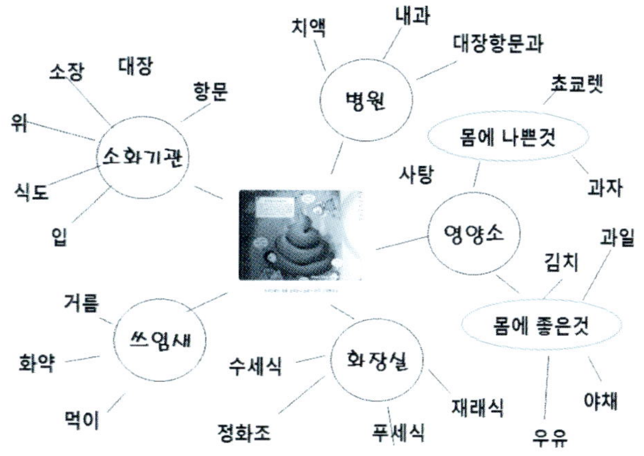

◎ **질문거리 찾기**

- 똥은 어떻게 생길까요?
- 어떤 음식을 먹어야 똥이 잘 나오나요?
- 내가 눈 똥은 어디로 가나요?
- 똥의 색깔은 무슨 색이 있나요?
- 동물의 똥은 무엇에 쓰나요?
- 똥을 먹으면 어떻게 되나요?
- 냄새는 왜 지독하지요?
- 만일 화장실이 없으면 어떻게 하지요?
- 똥이 안 나오면 어디로 가야 하나요?

◎ **질문해결하기**

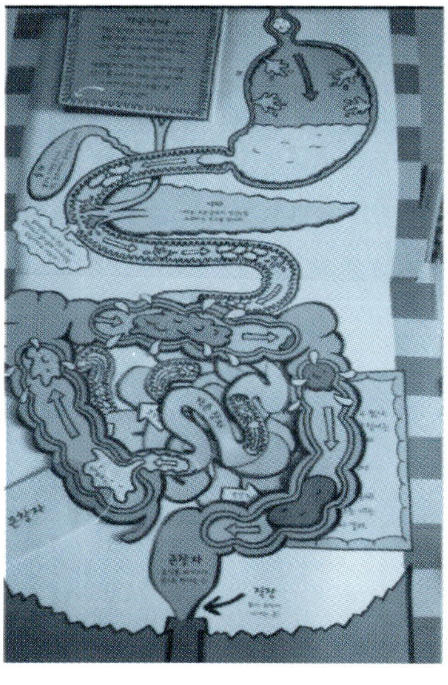

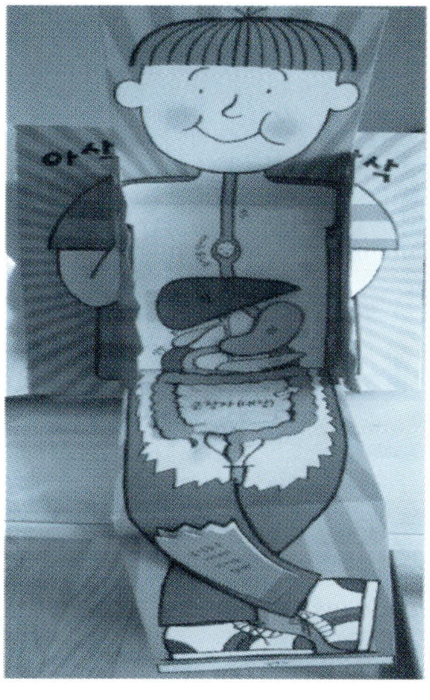

1) 똥은 어떻게 생기는지에 대한 궁금증 해결 : 음식이 소화되는 과정

<table>
<tr><td>첫째, 음식을 입에 넣고 이빨과 침으로 잘게 부순다.</td><td rowspan="2">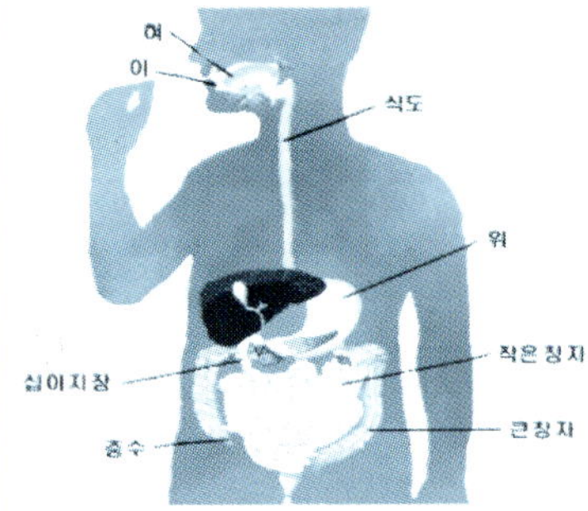
</td></tr>
<tr><td>둘째, 꼭꼭 씹은 음식을 삼키면 연동운동(聯動運動)을 하면서 식도(우리 목의 일부)를 통과한다.</td></tr>
<tr><td>셋째, 씹은 음식을 식도를 통해 운반된 음식물은 위의 분절운동(分節運動)을 통해 위액으로 단백질을 분해하고 음식물의 병균을 죽인다.</td><td>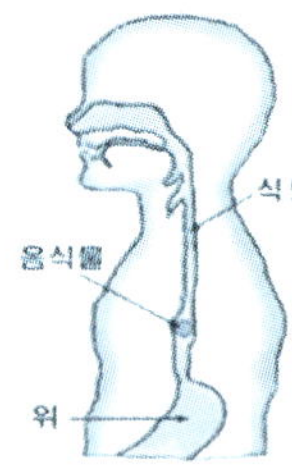
</td></tr>
<tr><td>넷째, 위와 작은창자를 연결하는 기관인 십이지장(十二指腸)에서 쓸개즙과 이자액(胰子液)이 분비되어 소화를 시킨다.</td><td>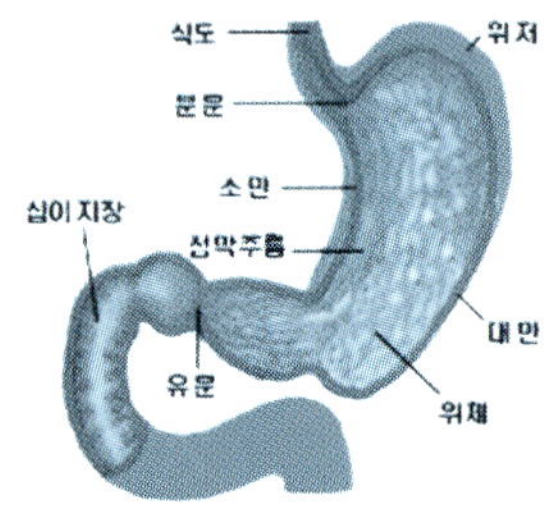
</td></tr>
<tr><td>다섯째, 다음으로 구부러지는 곳이 많고 긴 작은창자(小腸)를 통과한다. 이때 작은창자의 벽에 있는 창자샘에서 창자액이 분비되어 소화시키는 역할을 한다.</td><td rowspan="3">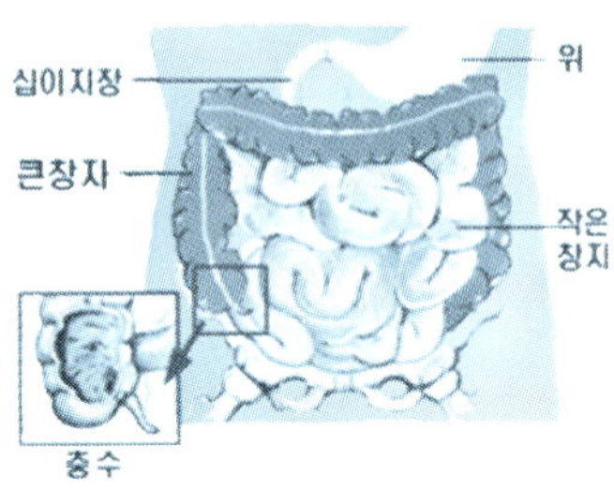
</td></tr>
<tr><td>여섯째, 다음으로 맹장(盲腸)으로 가는데 맹장에서는 구린내가 나고 여기서는 물은 흡수해 오줌이 되고 음식물 찌꺼기들은 큰창자(大腸)을 지난다.</td></tr>
<tr><td>일곱째, 큰창자(大腸)는 맹장에서 걸러진 음식물 찌꺼기들을 항문(肛門)으로 내보낸다.</td></tr>
</table>

〈표현 활동〉

표현 활동에서는 각 소화기관에 대하여 4개의 활동을 한다.

(1) 조형 활동 I, II, III

① 각 소화기관에 대한 머리띠를 만든다(하나의 기관 2명, 똥 1명).

② 찰흙으로 다양한 똥 만들기

③ 조형 활동

- 식도 : 구부러진 빨대

- 위 : 풍선
- 작은창자 : 모루
- 큰창자 : 백업

(2) 언어 활동: 소화기관에 대한 작은책 만들기

〈역할과 신체 활동놀이〉

(1) (같은 기관 2명)머리띠를 하고 손을 마주 잡고 터널을 만든다(이때, 순서는 입 → 식도 → 위 → 작은창자 → 맹장 → 큰창자 → 항문

(2) 대문놀이와 같이 똥 역할의 아동이 각 기관에 도착하면 역할 아동이 노래부르며 행동하기(아동과 협의)

(3) 마지막 똥이 되어 항문을 통과할 때 모두 둥글게 모여 똥이 만들어지는 과정을 합창하듯이 놀이함

2) 어떤 음식을 먹어야 똥이 잘 나올지에 대한 궁금증 해결

똥의 종류에 따라 우리 몸이 건강하다는 것이다. 똥이 잘 나오게 하기 위해서 영양을 맞추어서 음식을 먹어야 한다. 이는 5대 영양소가 좋다.

- 1종: 곡류, 전분류 : 많이 먹고, 점점 조금씩 먹어야 한다.
- 2종: 과일, 채소류
- 3종: 고기, 생선, 달걀, 종류
- 4종: 우유, 유제품
- 5종: 유지, 견과류, 당류

Tip 변비

변비는 대변을 보는 횟수가 1주일에 2회 이하이며 화장실에 오랫동안 앉아 있으면서 배변 시 고통스러울만큼 힘든 대변과 대변의 딱딱함과 이에 동반된 통증이 있고 하루 35g미만의 소량의 대변, 잔변감 또는 불안전 배변감 현상으로 5가지 소견 중 2가지 이상이 3개월 이상 지속될 때를 변비로 정의한다.

※ 변비의 치료

- 섬유질 식품을 많이 섭취한다.
- 흰 쌀밥보다 현미밥이 좋다.
- 아침 일찍 차가운 우유를 마신다.
- 아침에 일어나자마자 한 컵의 물을 마신다.
- 식물성 지방을 되도록 먹는다(특히 깨).
- 식수에는 과일을 먹는다.

*참고 - 한빛 대장항문과 김주형 전문의

3) 내가 눈 똥은 어디로 가는지에 대한 궁금증 해결

우리는 싼 것을 다시 먹고, 먹은 것을 다시 싸는 것이다. 즉, 똥은 짚이나 풀과 함께 발효되어 거름이 되고, 그 거름은 농작물이 잘 자라게 해 주며, 잘 자란 농

작물은 우리의 먹거리가 되는 것이다. 옛날 시골에서는 똥을 거름으로 사용하는 귀한 재료이기 때문에 '남의 집에 가서 똥을 누지 않는다'고 하였다.
똥의 순환은 수세식과 재래식(발효식)이 다 다르다.
첫째, 수세식 변기는 1000g의 똥이 5만g의 유해한 오물이 되며, '음식 → 똥 → 희석액 → 하천방류'로 지하수, 샘, 강, 호수와 바다를 오염시키는 유해물질로 변한다.
둘째, 발효식 변기는 1000g의 똥이 50g의 천연자원, 즉 음식 → 똥 → 거름 → 음식으로 순환되어 황금이 된다.

오스트리아의 건축가이자 문명비평가인 F. 훈데르트바써는 시에서 인간이 자연에 똥을 선물해서 환경을 오염시킬 것인가 아니면 땅을 살찌울 것인가를 깊이 생각하라고 충고하고 있다. 훈데르트바써가 얘기하는 발효식 변기는 바로 우리네 조상들이 대대로 써왔던 뒷간의 원리를 말한다.
전통 뒷간은 자연계의 생태적 순환에 매우 중요한 역할을 해왔다. 농촌이 우리사회의 중심 기반이었던 시절, 뒷간에 쌓인 분뇨를 천연퇴비로 활용하고 다시 이 퇴비로 키운 채소가 우리 식탁에 오름으로써 음식 → 똥 → 거름 → 음식이라는 생태계의 가장 기본적인 순환법칙이 그대로 적용됐다. 그래서 어른들은 자식들에게 오줌은 바깥에서 누어도 똥만은 참았다가 집에서 싸도록 했고 이를 어기면 불호령을 내렸다.
반면 도시화·과밀화·문명화를 통해 산업사회로 이전되면서 자연계의 생태적 순환은 심각하게 단절되기 시작했다. 현대문명의 부산물들은 대부분 자연으로부터 일탈되는 구조 속에 놓이면서 지구생태계는 위기를 맞게 되었고 이로부터 환경문제, 생태문제가 발생한다. 이러한 생태순환 단절의 첫째 원인이 바로 음식과 똥이 분리될 수밖에 없는 현대식 화장실에 있다. 수세식 화장실은 '음식 → 똥 → 희석액 → 하천방류'라는 일방적인 투기로 그 처리방향을 정해졌는데, 이는 한계가 있어서 머지 않아 수자원은 바닥을 드러낼 것이고 오염이 계속되면 인류의 생존마저 위협을 받게 된다.

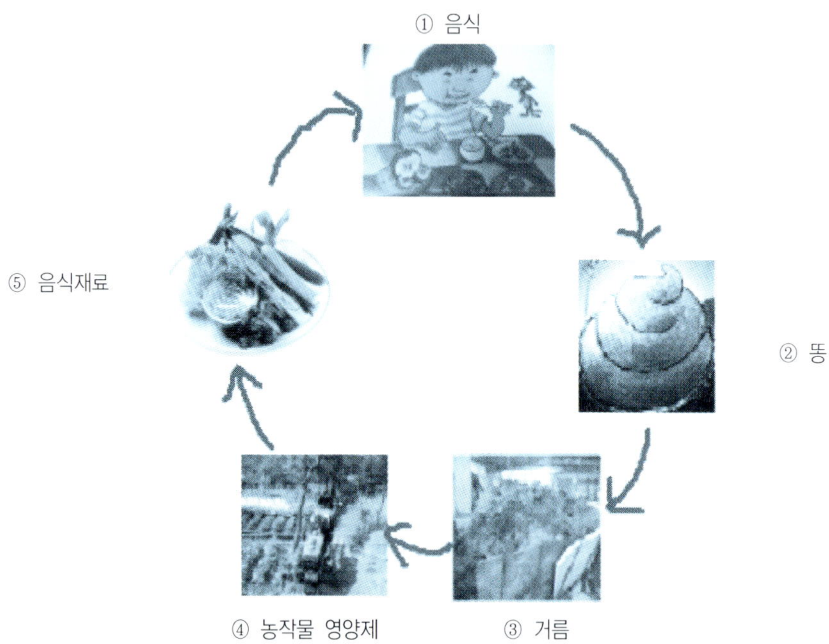

4) 똥의 색깔은 무슨 색이 있는지에 대한 궁금증 해결

똥은 소화하지 못하는 부분의 제거, 치료제 복용의 부산물, 일상에서 우리 몸에 남는 부패물로 그 색깔로 건강을 알 수 있다. 이는 물, 장 내에 자연 공생하는 박테리아, 셀룰로스 같은 소화 불가한 섬유소, 콜레스테롤, 무기염류의 물질로 형성된다. 똥의 색깔은 우리가 무엇을 먹고 있으며 영양소 섭취가 적절하게 되었는지를 알 수 있다.

(1) 옅은 갈색에서 보통 갈색

초콜릿 색 똥은 건강하다는 의미이다. 이는 지방 분해와 소화를 도모하는 간과 쓸개에서 방출되는 담즙 때문인데 담즙은 장의 박테리아를 통해 대사 작용을 거쳐서 형성되는 부산물 스테르코빌린이 갈색으로 변하게 한다.

(2) 빨간색

빨간색 또은 하부 위장관 출혈 또는 빨간색 음식을 과도하게 먹은 결과이며, 이런 현상이 잦으면 전문의와 상담이 필요하다.

(3) 휴지에 남는 빨간색

휴지에 빨간색이 남는다면 치질이나 파열에 따른 직장 출혈을 의심할 수 있다. 치질의 가장 큰 원인은 안 나오는 똥을 밀어내려고 힘주다가 생기는 변비다.

(4) 녹색

녹색 똥은 건강한 채소를 너무 많이 먹었다는 신호일 수 있으며 음식이 보통보다 더 빠르게 소화기를 지나쳤다는 의미일 수도 있다. 담즙은 장을 지나며 녹색에서 노란색 그리고 갈색으로 변한다.

특히 설사를 일으켜서 소화기능 시간이 단축되게 하는 질환으로 인해 똥이 녹색으로 변하는 경우도 있다. 예컨대, 식중독, 여행중에 겪는 설사, 음식 알레르기, 염증성 장질환, 배변완화제 사용 등이다.

(5) 황색

황색똥은 쓸개가 막혀서 담즙 방출이 덜 되는 것으로 췌장염으로 인해 장의 지방질이 소화 안되는 상황에서 기름진 노란 똥이 나올 수 있으며, 냄새도 지독하다(장 내 기생으로 인해 유발되는 편모충 환자 일부도 노란 대변을 본다).

(6) 흰색 또는 매우 희미한 회색의 진흙 질감

색깔이 거의 없어 보이는 똥도 간이나 쓸개 문제로 인한 것일 수 있다. 특히 간질환이나 췌장질환을 의심해 볼 수 있는데 간에서 담즙이 생성되지 않는 이유는 알코올성 간염, 바이러스 간염, 지방간, 혈색소 침착증, 간경변 등이며, 엑스레이 실험 시에 사용하는 대조 액체인 황산바륨이나 제산제 복용의 경우에도 대변이 흰색 또는 회색으로 나타날 수 있다.

(7) 검은색 또는 커피 가루 질감

똥이 매우 짙거나 커피 가루 같은 질감일 경우 식도나 위 또는 소장 같은 위장관 출혈을 의심해야 한다. 피와 담즙이 섞여 생기는 현상이기 때문이다. 위장관에 피가 나는 경우는 위궤양, 식도정맥류, 위염, 위식도역류나 과다한 육류 섭취나 철분 강장제 복용으로도 검은색 대변을 볼 수 있다.

5) 동물의 똥은 무엇에 쓰이는지에 대한 궁금증 해결

똥은 더럽고 냄새만 나는 쓸모없는 것이 아니라 동물의 몸에서 더 이상 쓸모가 없어서 배출되었지만 유용하게 쓰인다.

(1) 종이를 만드는 원료

쓰리랑카에서는 코끼리 똥으로 종이를 만든다. 이는 코끼리는 풀, 나뭇잎, 과일 등을 주로 먹고 45%만 소화를 하고 대부분 소화되지 않고 배설하는데 이러한 코끼리 똥 속에 셀룰로오스(섬유소)가 많기 때문이다. 섬유소 10kg으로 A4 크기의 종이 650여 장을 만들 수 있는데 코끼리가 1일 배설하는 똥은 50kg이다.

(2) 전기를 만든다.

전라북도 김제의 농촌마을에서는 돼지 똥으로 전기를 생산하는 발전기가 있다. 돼지 똥에 있는 박테리아가 분해되면 바이오 가스가 생기는데, 마을에 있는 4천 마리의 돼지가 배출하는 똥으로 매일 600kw의 전기를 생산하며 이는 마을 사람들이 이틀 동안 쓸 수 있는 양이라고 한다.

(3) 향수로 사용한다.

향유고래의 똥은 향수로 쓰인다.

(4) 거름

화학비료가 없던 옛날에는 가축우리 밑에 깔려 있던 볏짚이나 풀, 산과 들에서 거둔 낙엽 등 식물을 겹겹이 쌓고 그 위에 사람이나 가축의 배설물을 섞어주어 거름으로 사용한다. 거름을 만드는 데는 사람의 똥이 최상급에 속했다고 한다.

(5) 화약

구아노는 건조한 해안지방에 바다새의 배설물이 응고되거나 퇴적된 것을 말하는데 남미의 페루 해안 및 칠레 등지에서 생산되며 질소로 가득차 있어서 화약에 쓰이는 질산칼륨과 비료에 쓰이는 인의 주성분이다. 포식자가 적어 새들은 수천년 동안 이 섬들에 똥을 싸게 되었고, 강수량의 부족은 구아노를 보존했고, 건조된 퇴적물은 150피트 깊이까지 남아서 태평양 전쟁은 부분적으로 구아노 광산권을 놓고 싸운 것이라고 한다.

(6) 소똥 – 연료(아프리카의 건축용)

(7) 긴꼬리 사향 고양이 똥 – 커피(인도네시아)

(8) 코끼리 똥 – 종이(아프리카), 커피(아프리카)

(9) 염소 똥 – 알간(기름, 모로코)

(10) 의학적 치료에 사용

① 기원전 1850년, 이집트에서는 악어 똥을 피임약으로 썼다는 기록이 있다.

② 유럽에서는 고양이 똥을 백포도주에 절여서 고열로 고생하는 사람에게 먹였고, 늑대 똥은 포도주에 적시거나 가루로 빻아서 배 아플 때 먹었다고 한다.

③ 제2차 세계대전 당시 독일군이 북아프리카를 점령했을 때 많은 병사들은 이질에 시달릴 때 원주민들이 낙타의 배설물을 주워다 먹는 것을 보고 낙타의 배설물은 소화를 돕고 질병 박테리아를 밀어내는 유익한 박테리아(바실러스 아틸리스) 때문임을 알게 되었다.

④ 조선시대 최고 의서인 동의보감에는 똥을 종기나 기타 환부 치료에 사용하였다는 기록이 있고, 해열, 해동 작용이 있다고 한다.

6) 만일 화장실이 없으면 어떻게 하는지에 대한 궁금증 해결

(1) 1400년대 유럽에서는 여성, 남성 구분 없이 하이힐을 애용하였다.

유럽에는 수로 시설이 발달되지 않아서 인구 밀집지역에서는 사람이나 동물의 오물이 길바닥으로 흘러 넘쳐 길이 더러웠었다고 한다. 이 오물들을 밟지 않기 위해, 굽이 높은 하이힐을 사용하게 되었다.

또 다른 화장실 문화에 관련해 당시 프랑스 귀족들은 궁전에서 살았는데, 궁전을 지을 때 불결한 화장실을 궁전 안에 넣기를 거부한 왕비가 일부러 궁전에 화장실을 못 만들게 해서, 귀족들이 만찬을 하고 배변 할 곳이 없어 주변 정원에 실례하므로 귀족들이 배변을 밟지 않으려고 신기 시작했다고 한다.

(2) 2015년까지도 인도 13억 인구 중 절반 가량인 약 6억 명이 화장실 없는 집에 살고 있었다. 용변은 풀숲이나 강가에 몰래 숨어서 해결하는 것이 일반적인 문화였는데, 특히 여성들은 새벽에도 화장실을 가려면 밖으로 나가야 했기에 그사이 성폭행을 당하는 경우가 상당수에 이르렀다. 실제로 2014년 5월, 인도 북부 시골 마을에서 들판에 용변을 보러 나갔던 14세, 17세 소녀 2명이 성폭행을 당한 뒤 살해돼 발견되었으며, 유괴와 방광염, 뱀과 벌레에 물리는 사고 등 밖으로 나가 변을 보는 이유로 벌어지는 사건들이 많았다. 또한 똥이나 오줌 등 오물이 그대로 강으로 흘러들어가 수질오염이 된다.

7) 똥이 안 나오면 어디로 가야 하는지에 대한 궁금증 해결

(1) 체조

똥이 안 나오면 체조를 해소할 수 있다.

① 자리에 앉아 다리를 펴서 벌리고 두 손을 무릎 위에 올려 놓은 뒤에 상체를 천천히 앞으로 숙인다. 두 손은 상체가 숙여짐에 따라서 발쪽으로 내려가는 동작을 3회 이상 반복한다.

② 다리를 모아 발바닥을 마주 대며, 무릎을 눌러주는 동작을 10회 정도한다.

③ 다리를 곧게 뻗고 두 손을 엉덩이 뒤쪽 바닥에 짚도록 합니다. 또한 발뒤꿈치로 바닥을 짚고 아랫배를 들어올린 뒤에 골반을 좌우로 틀어 주는 동작을 3～4회 반복한다.

④ 바닥에 엎드려 두 손을 바닥에 짚고 왼발과 오른발을 번갈아 곧게 뻗어서 하늘고 드는 것은 3～4회 반복한다.

(2) 똥이 안나올 때 좋은 음식

똥이 잘 나오게 하는 음식은 식이섬유가 풍부한 음식이다. 식이섬유는 여러 영양소를 머금고 있으며 장의 연동운동을 촉진시켜 변을 빨리 배출하는 데 효과가 있고 숙변 제거에 좋다. 목이버섯, 현미, 무말랭이, 바나나 등이 좋다.

3단계	**똥 프로젝트 전개 단계**

◎ 현장 견학 전 활동

똥이 안 나올 때 걸리는 치질에 대하여 알아본다.

(1) 치핵(Hemorrhoid)

치핵은 일반인들이 치질이라고 부르는 질환으로, 항문 및 직장에 존재하는 치핵 조직이 항문 밖으로 빠져나오는 내치핵과 항문 밖의 치핵조직이 부풀어올라 덩어리처럼 만져지는 외치핵을 포함한다.

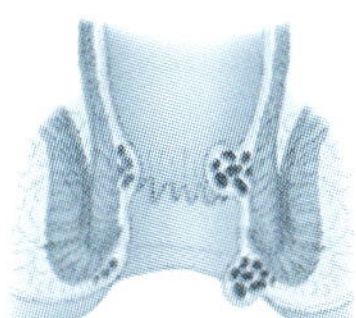

【치핵】

(2) 원인

치핵의 발생에 명확한 원인이라고 알려져 있는 요인은 없으나 유전적 소인, 잘못된 배변습관 등이 영향을 주는 것으로 보고되고 있다. 일반적으로 배변 시 과도한 힘 주기와 장기간 변기에 앉아 있는 습관, 변비, 음주 등이 치핵을 악화시키는 경우가 많다. 여성들의 경우 임신 및 출산 시 골반 혈액 순환이 원활하지 못하고, 항문주위 혈관의 울혈이 발생하기 쉬워 치핵이 생기거나 악화되는 경우가 많으며, 일부는 출산 이후에도 증상이 지속되기도 한다.

(3) 증상

치핵의 가장 흔한 증상은 출혈과 탈항으로 배변 시 선혈이 묻어 나오는 경우가 대부분이고, 치핵이 진행될수록 항문의 치핵 조직이 밖으로 빠져나와서 만져지기도 하며 아주 심한 경우에는 평소에도 항문 밖으로 나와 있기도 하다. 항문이 빠지는 듯한 불편감 및 통증이 있는 경우도 있다.

(4) 진단

문진을 통해서 환자들이 호소하는 자각증상을 확인하고, 육안 및 직장수지 검사를 통해서 진단할 수 있다. 의료진에 의해 심한 치핵의 경우 치핵 조직이 밖으로 나와 있는 것을 눈으로 확인할 수도 있으며, 항문에 손가락을 넣어서 치핵 조직을 확인하는 직장수지 검사가 일반적으로 시행되고 있습니다. 50세 이상의 성인에서는 대장암 또는 직장암에 의한 출혈을 감별하기 위하여 대장내시경을 시행하기도 한다.

(5) 경과/ 합병증

탈출된 치질이 항문 조임근에 의해 혈액 공급이 차단되어 괴사되거나 치질 안의 혈액이 응고되면 혈전증이 생길 수 있다.

(6) 치료

치핵은 적합한 치료방식으로 치료하면 100% 완치가 가능하나 증상과 정도에 따라 방법이 달라질 수 있다. 경도의 치핵은 보존치료나 비수술적 요법 등으로 증상을 경감시킬 수 있다. 충분한 휴식을 취하고, 변비나 설사가 생기지 않도록 섬유질을 풍부히 섭취하며, 온수 좌욕으로 혈액순환을 촉진시킬 수 있다. 그러나 보존적 치료 또는 증상 치료에 효과가 없고 치핵의 심한 탈항으로 손으로 밀어 넣어야 할 정도로 진행한 경우, 일상생활에 지장을 주는 경우에는 외과적인 수술을 해야 한다.

경도의 치핵은 경화제 주입요법, 고무밴드결찰술, 레이저 치료술 등으로 치료가 가능하지만, 대부분 증상이 심한 경우에는 외과적 치핵절제술이 필요하다.

◎ 현장 견학하기 : 항문외과 등 견학

◎ 현장견학 후 활동

◎ 전문가 방문

4단계	**똥 프로젝트 마무리 단계**

◎ 전시회 및 발표회

◎ 평가 및 정보활용

12 CHAPTER 숲에서 만난 수학

1. 숲에서 만난 수학교육의 개념 및 의의

'수는 만물의 근원이다'

피타고라스 Pythagoras : 그리스의 철학자이자 수학자

문명이 생겨난 기원전부터 인간은 수를 표현하고 사용하였으며, 수학의 발달과 더불어 인류는 좀 더 편리하고 윤택한 삶을 영위할 수 있게 되었고 지구에서 벗어나 우주에까지 수학적 원리를 적용하면서 실제로 가보지 않고서도 우주가 어떤 형태를 띠고 어떤 특징이 있는가를 추론하기까지, 이 모든 것이 수학의 발달로 가능하게 된 것이다(김정미, 2011). 특히 숲은 인간에게 포근함과 안정감을 주는 고향이자 오감을 통해 경험하고 체험할 수 있는 모든 것들이 존재하는 가장 훌륭한 장소로 이해되고 있다(임재택 · 이소영 · 김은주, 2015). 즉, 숲은 느슨한 물리적 특성으로 인간의 상상력과 창조력을 발현하는 잠재력을 품고 있으므로 (Blanchet-Cohen, 2011), 수학적 경험을 할 수 있는 장소이다. 방과후 아동들의 특성상 학교에서 학습을 한 이후 시간이기 때문에 주변 환경과의 상호작용을 능동적인 방법으로 하여 수학적 소양과 태도를(윤애희, 김은기, 이혜경, 2002) 기르도록 경험 할 수 있는 장소이다.

2. 방과후 숲에서 만난 수학

방과후 수학교육은 단순히 수학적 지식 습득에 관한 내용보다 수학적 문제해결 능력, 추리 능력, 수학적 의사소통, 패턴, 자료조직 및 처리, 수학적인 감각 등의 내용(홍혜경, 1992)을 숲에서 아동 스스로 적극적으로 참여하고 자연 또는 타인과 상호작용하는 가운데 수가 활용되는 다양한 상황들을 경험하고 구체적인 활동의 기회를 가지게 된다. 또한 숲에서의 체험 활동은 아동의 신체적, 사회적, 심리적, 인지적 발달에 도움을 주며 자연스럽게 생명의 다양성을 감지하고 인식하며 경험할 수 있는 살아있는 초록놀이터로 무한한 상상력과 호기심 그리고 창의력을 제공하고 촉진하는 활동력이 된다(이은희, 2016). 숲은 아동의 감각을 통해 체득하기에 더 없이 좋은 환경이며 교육은 깊은 진리를 발견하게 하는 열린 공간이다(박경희, 2005). 이러한 숲에서의 놀이를 통해 몸으로 직접 체험한 수학적 경험은 지금 당장은 눈에 띄거나 드러나진 않지만 전 생애에 의미 있는 영향을 주게 된다(소희정, 2006).

본 교재에서는 범위를 축소하여 숲에서 쉽게 할 수 있는 수학 활동 중 측정, 패턴, 분류, 공간과 기하를 중심으로 나무조각, 나뭇잎, 돌, 나무 열매, 조개 등의 자연물로 수학적 요소로 연결하는 활동을 하고자 한다.

1) 측정

측정은 단위를 사용하여 물체의 연속적인 양을 정하는 과정으로 숲에서 쉽게 경험할 수 있는 개념이며, 측정 기술의 습득은 수 개념 및 기하 개념발달을 도울 수 있다.

숲에서 측정 활동은 길이, 무게, 부피, 시간, 속도 등에 대한 활동을 할 수 있다.

구체적인 예를 들면, 돌의 크기를 비교하여 돌탑 쌓기, 나무의 높이나 둘레를 인체나 줄기 식물, 끈 등으로 재어보기 등을 할 수 있다. 또한 나무 높이 어림하기, 나무의 둘레를 인체나 식물의 줄기를 이용하여 재어보기 등을 통해서 길이 측정이 가능하며, 돌이나 열매 등 자연물 무게 어림하기, 직접 들었을 때와 끈에

묶거나 나뭇가지에 끼워서 들때의 무게 차이 등으로 무게를 경험한다.

비의 양으로 부피를 측정하고, 해의 방향 등으로 시간을 추측하고 측정할 수 있다.

바람의 세기(속도)에 따라 나뭇잎이나 가지의 흔들림, 비의 세기와 떨어지는 속도 등을 측정하며, 위치와 방향을 알기 위해 해의 방향, 나뭇잎이 자란 방향 등을 사용할 수 있다.

2) 패턴(pattern)

패턴은 사물이나 현상이 보이는 특성이 일정한 규칙성을 갖고 반복되는 것이며, 그 규칙의 원리를 이해하는 것으로 수학적 사고의 중요한 구성 요소인데 규칙성을 찾아 인식하는 것은 사물의 공통점과 차이점을 이해하는 것뿐만 아니라 분석적 사고와 반성적 사고를 요구하며 문제해결의 주된 전략이 되며, 이후 함수 개념의 기초가 되며, 예측하기 능력을 길러줄 수 있다.

3) 분류(classification)

분류는 사물을 어떤 기준이나 특징에 따라 일정한 범주나 영역으로 서로구분하고 유목화(Grouping)하는 지적 과정으로(Ault, 1982) 분류 능력은 곧 논리적 사고의 기초가 되는 동시에 수학적 사고의 기초적 기능이 된다.

숲에서 활동할 수 있는 분류는 나뭇잎이나 돌 또는 열매 등을 모양, 크기, 색깔 등 속성에 따라 분류하기, 자연물 만다라 만들기 등이 있다.

4) 공간(space)과 기하(shape)

공간의 구성은 생활의 편리성과 미적 감각 등에 영향을 주는 중요한 기능으로 현대생활에서 공간과 기하 개념의 중요성은 더욱 강조되고 있다. 공간에 대한 통찰력과 기하 개념은 유아에게 수학적 사고를 길러주며 3차원의 세계를 묘사하고 분석하는 방법을 제공한다.

숲에서 할 수 있는 공간 활동은 한 발 두 발놀이(술래가 말한 숫자만큼 걸음을 뛰면서 다른 아동보다 멀리 뛰어보기), 기하 활동은 땅뺏기 게임(솔방울, 도토리, 밤, 씨앗 등)이 있다.

5) 기초적인 통계 개념(basic statistic concept)

통계는 정보를 수집, 분류, 표현, 분석, 해석하는 것이며(윤애희, 2002), 일정한 준거에 의해 자료들을 하나로 묶어 셈하는 것이다(김숙령, 2002). 이러한 정보를 수집하여 전체적인 성향을 통계 자료로 만들어 봄으로써 확률적 추론과 수학적 기술을 습득하게 된다(류혜숙, 2003). 여기에서 그래프는 유아가 흥미를 갖는 여러 가지 정보를 수집하여 이것을 표나 차트로 조직하고 요약하여 제시하는 방법이다.

6) 활동안 1

활 동 명	땅따먹기 놀이
활동목표	• 공간, 지각 운동 능력을 발달시킬 수 있다. • 차례를 기다릴 줄 알며 사고력과 집중력을 증진시킨다. • 손가락을 조절할 수 있는 신체 조절 능력과 소근육발달을 돕는다.
활동자료	놀이판을 그릴 수 있는 일정한 크기의 작은 공간[마당]과 납작하고 작은 얇은 돌[손톱으로 튕기기 쉬운 정도의 돌]이나 사금파리, 사기그릇 깨진 것과 땅에 금을 그을 작은 막대를 가지고 집 안팎의 마당이나 골목에서 주로 행해진다.

〈동기유발〉
땅뺏기(땅따먹기 또는 짱재먹기)란 마당에서 일정한 구역을 지정한 후 돌을 튕겨서 자신의 땅을 점점 넓혀가며 승부를 가르는 민속놀이이다.

〈활동〉

[실외 놀이 방법]

◎ 방법 1

- 땅따먹기는 평평한 땅 위에 일정한 크기의 경계[보통 방형으로 금을 그어 경계를 지음]를 그어 놓고 행해진다. 놀이에 참가한 아이들은 놀이판의 언저리[가새, 모서리]에 자신의 뼘으로 한 뼘 크기의 원을 그려서 집으로 삼고, 가위바위보로 순서를 정한 다음 먼저 시작하는 편에서 작은 납작한 돌을 자기 집안에 두고 손가락으로 한 번 튕긴다.
- 튕겨진 만큼 꼬쟁이로 직선으로 긋는다.
  (너무 멀리 튕기면 집으로 돌아오기가 어렵다.)

- 한 번 튕겨 선을 그은 다음 세 번째 튕겨서 자신의 집으로 돌아와야 한다. 이때 세 번 만에 자기 집으로 돌아오지 못하거나 줄(자신의 집 경계나 전체 외곽 선)에 닿거나 전체 외곽 선을 넘어가면 무효가 된다.
- 무사히 자신의 집에 들어오면 다시 세 번을 튕겨서 선을 그으며 땅을 확장해 나간다.
- 놀이가 어느 정도 진행되면 자신의 집의 경계와 전체 외곽선의 거리가 자신의 한 뼘 안에 들어올 경우 그 또한 자신의 땅으로 편입시킬 수 있다. 차지할 땅이 없으면 상대방의 집에 들어가서 땅을 뺏기도 한다.
- 마련된 놀이판의 면이 다 분할되었을 때 많이 차지한 쪽이 이긴다.

◎ **방법 2**

- 세 명의 아동 한 팀이 되어 바닥에 경계선으로 세모를 그리고 세모의 각 꼭짓점에 앉는다.
- 경계선 안쪽에 한 뼘 정도 크기로 자신의 영역을 그린다.
- 가위 바위 보를 하여 순서를 정하고, 이긴 아동부터 자신의 영역에서 돌을 3번 튕겨 다시 자신의 영역으로 돌아오면, 돌이 멈춘 지점들을 이어 삼각형을 만들면서 자신의 영역을 넓혀간다.
- 돌을 세 번 튕기기 전에 자신의 영역으로 돌이 들어오거나, 돌이 경계선을 넘었을 때와 세 번 튕겼음에도 자신의 영역에 돌이 들어오지 못했을 경우 땅을 얻지 못하고 다음 차례의 아동에게 기회가 넘어간다.
- 아무도 차지하지 않은 땅을 향해 돌을 튕겼는데 돌이 다른 친구의 영역에 들어갔을 때는, 돌이 세 번 만에 다시 자신의 영역으로 들어온다면 그 영역을 차지할 수 있다. 하지만 친구의 영역과 나의 영역이 붙어있는 곳에서는 돌을 튕길 수 없다.
- 더이상 넓힐 땅이 없게 되었을 때 획득한 땅의 넓이가 가장 넓은 아동이 이긴다.

[실내놀이방법]

◎ **가위 바위 보로 순서를 정한다.**
◎ **놀이판 금에서 한 뼘 정도를 돌려가며 자기 집을 만든다.**
◎ **이긴 친구부터 자기 집에서 말을 엄지와 검지로 3번 쳐서 자기 집으로 들어와야 자기 땅을 만든다.**
◎ **자기 땅에서 놀이판의 가장자리나 자기 집의 선까지 손으로 한 뼘이 되는 곳에 자기 땅을 만든다. 이를 한 뼘 재기라고 한다.**
◎ **말이 금에 닿거나 세 번 만에 자기 집으로 들어오지 못하면 상대방으로 순서가 넘어간다. 남의 땅에 들어가도 죽는다.**

〈마무리〉
놀이 공간이나 또래와 협력하면서 할 수 있는 놀이로 실외나 실내 어디서든지 즐길 수 있는 놀이이다.

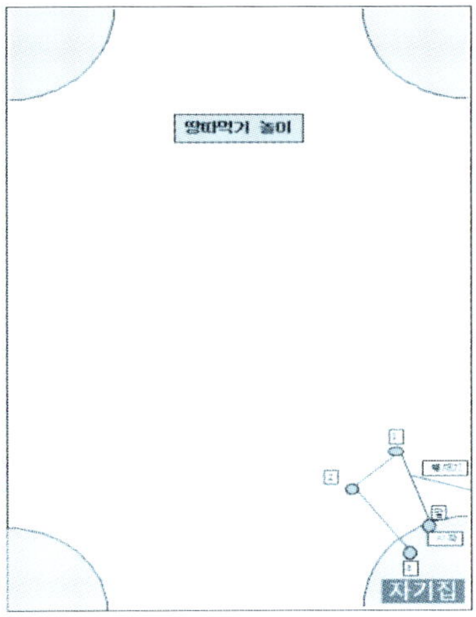

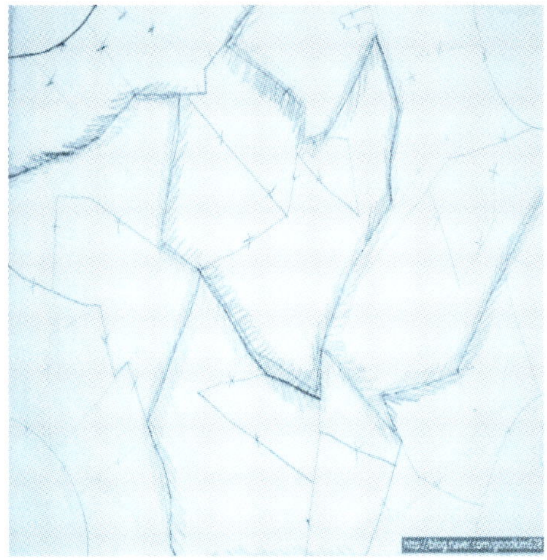

7) 활동안 2

활 동 명	발 가위바위보로 아카시아 잎 따기
활동목표	놀이를 통하여 수 세기와 힘의 원리를 안다.
활동재료	잎의 개수가 같은 아카시아 잎 2개

〈동기유발〉
힘의 세기와 잎이 붙은 부분에 순간적인 힘을 가하면 쉽게 떨어진다.

〈활동〉

◎ 발로 하는 가위바위보
- 가위 : 양 발을 앞뒤로 벌린다.
- 바위 : 양 발을 모아 붙인다.
- 보 : 양 발을 옆으로 벌린다.

◎ 두 사람이 개수가 같은 아카시아 잎을 하나씩 가진다.

◎ 발 가위바위보를 하여 이긴 사람은 엄지+검지 또는 엄지+중지로 아카시아 잎을 튕겨 떨어져 나가도록 한다. 이때 한 번에 여러 개 떨어뜨려도 된다.

〈마무리〉
한 사람이 다 떨어지면 게임이 끝나고 잎이 남아 있는 사람이 진다.

8) 활동안 3

활 동 명	돌탑쌓기
활동목표	놀이를 통하여 수 세기와 힘의 원리를 안다.
활동재료	다양한 크기의 돌

〈동기유발〉

- 탑을 세우는 이유 : 탑 안에 불경을 넣어두고 석가모니에게 예배를 하기 위해, 나라를 다른 나라로부터 보호하기 위해, 소원과 건강을 빌기 위해, 왕이 죽었을 때 왕을 기리기 위해 탑을 세운다.
- 다보탑, 석가탑, 월정사 8각 9층 석탑, 원각사지 10층 석탑 등

〈활동〉

◎ 돌이 많은 숲에서 각 크기의 돌을 모은다.

1) 탑을 쌓는 원리에 대해 설명하기(큰 것부터 아래에서 위로)
2) 한 팀당 3명씩 조를 나누고, 돌의 크기를 비교하며 돌탑을 쌓아본다.
   - 돌탑을 쌓을 장소를 정하고, 각자 넓적한 돌을 주워서 돌탑을 쌓을 장소에 모인다.
   - 돌탑을 높게 쌓을 수 있는 방법 중 하나를 선택하고, 함께 돌의 크기를 비교하여 높게 쌓아본다.

〈마무리〉

높이 쌓은 팀이 이긴다.

9) 활동안 4

활 동 명	자연물 만다라 만들기
활동목표	만다라 만들기를 통하여 분류의 개념에 대하여 안다.
활동자료	여러 가지 자연물

〈동기유발〉
만다라는 기본적으로 우주를 상징한다. 즉, 신들이 거할 수 있는 신성한 장소이며, 우주의 힘이 응집되는 장소이다.

〈활동〉

◎ 실외에서 자연물 만다라

1) 팀을 나누지 않고 전체가 하나를 완성한다.
2) 여러 가지 자연물을 탐색하면서 모은다.
3) 모은 자연물을 종류에 따라서 또는 색깔에 따라서 분류할 개수를 정하고 나뭇가지로 칸을 만든다.

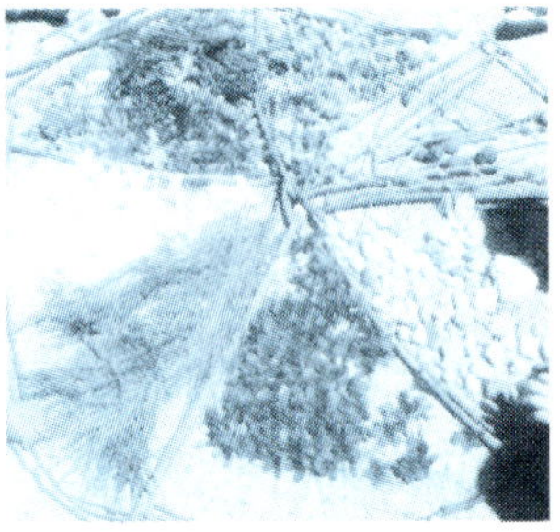

◎ 실내에서 자연물 만다라

1) 실내에서 자연물 만다라는 숲에서 가지고 온 자연물을 이용하여 다양한 모양이나 무늬를 만들거나 글자로 표현한다.
2) 자연물의 양에 따라 개인이나 그룹으로 할 수 있다.

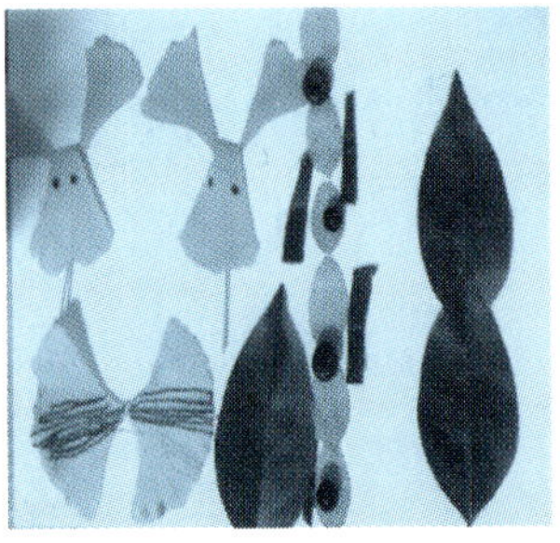

〈마무리〉
어떤 특징에 따라 나누었는지 이야기 나누기 한다.

참고문헌

강민정(2012). 구체물 사용 유무에 따른 유아의 더하기 문제해결하기 문제해결 전략분석. 어린이미디어연구, 11(2), 1-17.

고현, 김종임, 민형덕, 박광숙, 박신영, 배서영, 신철호, 조근호(2017). 미술교육과 미술치료. 경기 : 창지사.

권혁재(2020). 탐구-표상 중심 유아과학교육 프로그램 개발 및 효과. 전남대학교 박사학위 청구논문.

김경숙(2009). 전통 승무의 정체성과 전통춤 교육의 재구성. 한양대학교 대학원 박사학위논문.

김미덕(2011). 명화를 활용한 도덕과 교육. 경상대학교 대학원 박사학위논문.

김선미, 김경자(1998). 학령기 아동 대상 방과후 프로그램 모형 탐색. 교육과학연구, 27, 145-163.

김선현(2010). 사회적응력 향상을 위한 미술치료 프로그램. 한국학술정보 이담Books.

김성원(2010). 총체예술관점으로서 댄스뮤지컬 <Contact>의 해석과 현대적 수용. 세종대학교 박사학위논문.

김세루, 홍혜경(2010). 협동적 문제해결에 기초한 유아 수학활동 프로그램 개발 및 효과. 한국유아교육학회, 30(4), 255-283.

김세훈 외(2004). 문화예술교육 활성화를 위한 정책기반 조성방안 연구. 한국문화관광정책연구원.

김소영(2015). 문화예술교육 프로그램이 학습자의 창의, 인성 발달에 미치는 영향 연구-자기효능감이 매개효과를 중심으로. 추계예술대학교 대학원 박사학위논문.

김수하(2019). 창의적 사고기법을 활용한 초등학교 6학년 뮤지컬 감상 지도 방안. 서울교육대학교 대학원 석사학위논문.

김영명, 서영숙(2006). 보육시설과 유치원 특별활동의 현안과 쟁점 : 발달 적합성과 사회·문화 적합성을 중심으로. 미래유아교육학회지, 13(2). 115-136.

김용현, 김종표, 문종철, 이복희(2013). 평생교육 프로그램 개발론. 경기 : 양서원.

김정미(2011). 미술감상을 통한 유아 수학교육프로그램 개발 및 적용효과. 중앙대학교 대학원 박사학위논문.

김정원, 김유정, 이정아(2006). 방과후 아동지도. 경기 : 공동체.

김정은(2017). 세계여러나라 전통춤을 활용한 동작활동이 유아의 창의적 신체표현력, 신체적 자아개념 및 타문화에 대한 태도에 미치는 영향. 중앙대학교 대학원 석사학위논문.

김주건(1997). **유아교육기관의 경영관리**. 서울 : 창지사.

김진화(2011). **평생교육 프로그램 개발론**. 서울: 교육과학사.

김형자(2009). 포스트모던 미술교육에서 패러디를 활용한 표현지도 방안. 서울교육대학교 교육대학원 석사학위논문.

남지영(2012). 학교 뮤지컬 교육 운영 방안 연구. **음악교육공학**, 14, 61-79.

네이버 지식백과. '요들송은 어떻게 생겨난 노래일까'.

류혜숙(2003). 전통놀이를 활용한 수학활동이 유아의 수학적 문제해결력에 미치는 영향. 중앙대학교 대학원 석사학위논문.

맹상정(2003). 무용예술 활성화를 위한 문화예술정책 개선 방안에 관한 연구. 세종대학교 대학원 석사학위논문.

문화체육관광부 예술국 문화예술교육과(2014). 문화예술교육 중장기 발전계획.

문화체육관광부korea. kr(2018). **온종일돌봄**.

박경희(2005). 숲 체험활동이 유아의 자아개념 발달에 미치는 영향. 동국대학교 교육대학원 석사학위논문.

박라영(2016). 영화교육 프로그램이 탈가정 위기 청소년의 자기 효능감에 미치는 효과연구 - 청소년 쉼터를 중심으로-. 세종대학교 교육대학원 석사학위논문.

박은주(2001). 음악수업에서 뮤지컬 적용에 관한 연구 : 중학교를 중심으로. 한양대학교 석사학위논문.

박정빈, 김나원, 김영주, 정명자, 황은희(2020). **방과후 아동교육과정**. 경기 : 정민사.

박찬수(2011). 뮤지컬의 교육적 활용을 위한 제작 과정 연구 : 초등학교에서의 뮤지컬교육 적용. 단국대학교 석사학위논문.

배수을(2011). **창작무용과 민속무용의 이론과 실제**. 경기 : 한국학술정보.

백중열(2015). **아동미술교육과 심리**. 경기 : 공동체.

백훈기(2009). 뮤지컬의 특성에 입각한 리듬, 템포의 형성 -관객과의 관계 맺기 방식을 중심으로. **국내학술심포지엄** 12, 129-142.

보건복지부(2017). 보도자료.

(사)한국예술교육학회(2017). **문화예술교육개론**. 서울 : 레인보우북스.

서영숙, 허정경, 오현주(2003). **방과후 아동 지도론**. 경기 : 양서원.

서울특별시 교육청(2006). **초등 방과후 학교 업무담당자 합동연수집**. 서울 : 서울특별시교육청.

서울특별시 교육청(2017). **협력종합예술활동 뮤지컬 안내서- 나도, 뮤지컬 스타**. 서울교육

2017 -64.

서현주(2019). 학급 뮤지컬 사례연구를 통한 협력종합예술활동 현장 분석 및 제언. 한국교원대학교 석사학위논문.

소희정(2006). 자연체험을 활동을 통한 통합적 동시활동이 유아의 동시짓기 능력에 미치는 영향. 중앙대학교 대학원 석사학위논문.

송파신문(2020). 남인순, 방과후 아동청소년돌봄법안 발의.

신명희 외(2010). **교육심리학**. 서울 : 학지사.

신재흡(2012). **교육방법과 교육공학의 실제**. 서울 : 동문사.

신혜영, 유민임(2002). **방과후 아동지도**. 서울 : 창지사.

안원현, 홍은실(2017). **문화예술교육프로그램 개발의 이론과 실제**. 서울 : 동문사.

양승희, 노성향, 유지연, 조현정(2006). **창의적 활동 중심의 방과후 아동 지도 이론과 실제**. 서울 : 동문사.

엄기영(1995). **현장적용을 위한 유아과학교육 프로그램 연구**. 서울 : 청삼아동문제연구소.

오승지(2002). 무용철학 : 상징성을 내재한 강강술래의 특이성에 관한 연구. **한국체육철학회**, 10(2). 387-402.

오영진(2016). 뮤지컬 음악의 특성이 관객의 관람태도 및 행동의도에 미치는 영향. 중앙대학교 석사학위논문.

오윤선(2017). **교육심리학**. 서울 : 창지사.

용호성(2015). **예술경영**. 서울 : 김영사.

유승희(2012). 문화예술교육이 학생의 성장발달 요소에 미치는 영향 분석연구-예술꽃씨앗학교를 중심으로. 추계예술대학교 대학원 석사학위논문.

윤애희, 김은기, 이혜경(2002). **사고과정을 중심으로 한 유아 수 과학교육**. 서울 : 창지사.

윤옥한(2014). **평생교육 프로그램 개발**. 경기 : 양서원.

이강순, 최희아(2001). 유아를 위한 창작 무용 수업 연구. **한국무용교육학회**, 12(2), 65-79.

이나영(2000). 패러디 광고의 창조성에 관한 연구. 연세대학교 언론홍보대학원 석사학위논문.

이동연(2003). 문화예술교육, 그 이념과 가치(KACES-0831). 민주사회정책 연구소.

이상명(2002). 초등학생의 인터넷게임 사용과 사회성과의 관계. **이화교육논총**, Vol.13, 225-241(17쪽).

이소영(2016). 생태유아교육기관 숲반 운영의 특성과 아이들의 숲활동 의미에 관한 연구. 부산대학교 대학원 박사학위논문.

이소영, 임재택, 김은주, 송주은(2015). 전국 유아교육기관 숲유치원 운영현황과 실태분석을 통한 한국형 숲유치원 발전 방안에 관한 연구. **생태유아교육연구**, 14(1),

243-251.

이소희, 박이전, 도미향, 김민정(2004). **방과후 아동지도**. 서울 : 대왕사.

이순형, 이소은, 이완정, 이혜승, 이영미, 성미영, 권기남(2002). **21세기 방과후 아동보육**. 서울 : 교문사.

이은경, 이기원, 정남호(2016). 과학기술시대의 교양과학 교육 <자연과학프로젝트> 교과목 사례를 중심으로. **교양교육연구**, 10(3), 297-324.

이은희(2015). 숲 체험 연계 유아 수학활동의 효과연구. 위덕대학교 대학원 박사학위논문.

이정화(2012). 국내 뮤지컬 공연예술의 시장세분화에 관한 연구. 중앙대학교 대학원 석사학위논문.

이지현(2009). 일화를 중심으로 미술작품 익기 지도방안 연구. 서울교육대학교 교육대학원 석사학위논문.

이현희(2010). 유아 창작무용을 통한 리듬감 향상연구: Carl Orff의 schulwerk이론을 중심으로. 경성대학교 교육대학원 석사학위논문.

이호선(2000). 아동의 또래관계가 학교생활 적응에 미치는 영향. 충남대학교 교육대학원 석사학위논문.

임부연 외(2014). **영유아교수학습방법**. 서울 : 동문사.

임승희 외(2013). 문화예술교육의 효과연구: 토요문화학교 사업을 중심으로. 인문콘텐츠학회.

임지현 (2009). 아동의 또래관계와 사회적 기술 및 학교생활적응과의 관계. 제주대학교 대학원 석사논문.

전성원(2017). 명화 패러디를 활용한 미술수업이 학생의 효능감과 흥미도에 미치는 영향. 서울교육대학교 교육대학원 석사학위논문.

정길선, 황병숙, 유건석, 강세연, 박경준, 엄숙용(2013). **중학교 음악 교사용 지도서**. 서울 : ㈜지학사.

정옥분(2014). **아동발달의 이해**. 서울 : 학지사.

정유리(2013), 영화를 활용한 문화예술 교육지도 방안연구 - 광주지역 초등학교 문화예술교육을 중심으로. 광주교육대학교 교육대학원 석사학위논문.

정은지(2015). 뮤지컬 교육의 전인적 효과에 대한 연구 : 청소년 교육을 중심으로. 단국대학교 대학원 석사학위논문.

정현주(2009). 초등학생의 민속춤 프로그램 참여가 문화간 인식에 미치는 영향. 서울교육대학교 교육대학원 석사학위논문.

정효은(2009). 탐구-표상 중심 유아과학교육 프로그램 개발 및 효과. 전남대학교 대학원 박사학위논문.

조영철(2012). 초등학교문화예술교육 정책 실천과정에 관한 연구. 인하대학교 대학원 석사학위논문.

채선영(2012). 통합적 음악교육으로서 뮤지컬 만들기 활동. 한국교원대학교 대학원 석사학위논문.

최상철, 김아롱(2014). "상상력 기반 초등 5-6학년 무용 창작 프로그램 개발". 한국무용예술 학회 44. 159-179.

최재원(2009). 비평적 감상과 창의적 표현을 통합한 유아 춤 교육프로그램의 구성 및 적용효과. 중앙대학교 대학원 박사학위논문.

하영수(2016). 하브루타 활용 수업이 개인 및 집단창의성에 미치는 영향. 한국교양교육학회, 10(3), 73-106.

한국교육개발원(2007). 방과후 학교 성과분석. 서울 : 한국교육개발원.

한국여성개발원(1996). 방과후 아동지도 프로그램 개발. '96연구보고서 200-15.

한순미(1999). 비고츠키와 교육. 서울 : 서울과학사.

한정선(2004). 교육공학: 인포맵을 통해 찾아 본 뿌리와 줄기. 서울 : 교육과학사.

홍미옥(2018). 뮤지컬 <위키드>의 인물 및 서사 구조 분석: 융의 분석심리학을 중심으로. 홍익대학교 대학원 석사학위논문.

홍영준(2002). 문화제품의 효과적 마케팅 전략, 호남대학교 학술논문집. Vol 23. No.1, 196-173.

홍혜경(1992). 유치원 수학교육과정의 분석과 개선방향 모색. 유아교육연구, 12, 5-30.

황금숙(2008). 도서관에서의 통합형 문화예술교육 프로그램 모형 개발에 관한연구. 한국도서관정보학회지, 39(3), 73-94.

황보영(2013). 통합형 문화예술교육으로서의 애니메이션 캐릭터를 활용한 음악수업지도안 개발. 전남대학교 교육대학원 석사학위논문.

황은교(2011). 예술마케팅분야 연구동향에 관한 계량서지학적 분석. 중앙대학교 예술대학원 석사학위논문.

황진하(2017). 뮤지컬 <위키드> 대본연구 : 문학 텍스트에서 공연 텍스트로 각색연구를 중심으로. 단국대학교 대학원 석사학위논문.

SBS뉴스(2020. 10. 26.). 'SBS스페셜' 맞벌이 부부 '돌봄 공백' 문제… "아이들은 국가가 함께 길러야" 궁극적 해결안은?

Charlesworth, R,, & Lind, K. K.(2007). *Math and science for young chilren*. New Work: Delmar.

Decker, C. D. & Decker, J. R.(2001). Planning and Administering Early Childood

Programs. 7th ed. Prentice Hall.

Katz, L. G., & Chard, S. C.(1989). *Engaging children's minds:* The project approach. Norwood, N.J: Ablex Pub. Corp. Chicago (Author-Date, 15th ed.).

Martin, D. J.(2014). 초등교사를 위한 과학교육(권성기, 김동렬, 임청환 공역). 서울 : 북스힐(원전은 2012에 출판).

Smith, D.(2002). Teaching in global times. Unpublished manuscript, International Forum on Education and Society, University of Alberta.

저자약력

■ **박수연**

교육학(유아교육) 박사
전) 서라벌대학교 유아교육과 조교수
현) 호산대학교 유아교육과 조교수

■ **김현오**

대구가톨릭대학교 미술학 석사
대구가톨릭대학교 유아교육학 박사수료
현) 봄인에듀 대표
호산대학교 유아교육과 겸임교수

■ **표은진**

계명대학교 음악교육학 석사
대구가톨릭대학교 아동학 박사
현) 소리숲 뮤직센터 대표
호산대학교 유아교육과 외래교수

문화예술 중심 놀이 활동

방과후 프로그램

초 판 1쇄 인쇄 / 2021년 1월 10일
초 판 1쇄 발행 / 2021년 1월 15일

•

공저자 / 박수연 · 김현오 · 표은진
발행인 / 이 중 수
발행처 / **동 문 사**

•

서울특별시 서대문구 홍제원 1길 12
(홍제동 137-8)
Tel : 02)736-3718(대), 736-3710, 3720
Fax : 02)736-3719
등록번호 : 1974.04.27. 제9-17호
가격 : 18,000원

•

ISBN : 979-11-6328-235-8(93370)
E-mail : dong736@naver.com
www.dongmunsa.com